广西哲学社会科学"十一五"规划2006年度研究课题(批准号:06BJY011)
广西大学商学院出版基金
资助

跨越文化的界限:民俗风情旅游问题及其解决

黄爱莲　潘冬南　著

旅游教育出版社
·北　京·

序

民俗文化旅游是现代旅游的一种新兴形式。在民俗文化旅游开发中正确处理好保护与开发的关系是一个世界性的课题。解决好这一课题需要从理论和实践的结合上深入思考,不断探索。

“民俗”一词在我国古已有之。《礼记·缁衣第三十三》中就有“故君民者,章好以示民俗”之句。《汉书·董仲舒传》则有“变民风,化民俗”的说法。《汉书·王吉传》还有“百里不同风,千里不同俗”的名句。“民俗学”作为独立的人文学科的专有名词则是在1846年由英国民俗学会创始人之一、考古学家威廉·汤姆斯(W. J. Thomas)在《雅典娜神庙》杂志上首先提出来的。威廉·汤姆斯提出的Folklore(“民众的见识”或“民众的智慧”)一经出现就立即在国际学术界得到普遍的承认和使用。Folklore作为学科名称可直译为“关于民众知识的学科”,兼具民俗和民俗学两种含义。19世纪末,Folklore经日本传入我国,以后,“民俗”“民俗学”即作为专门的学科术语为我国学术界接受并广泛使用。

民俗也称为民俗风情,是指一个国家或民族中广大人民群众所创造的生活文化,这些生活文化,世代传承,相沿成习,成为一个社会群体在语言、行为和心理上的集体习惯或生活模式。民俗在社会生活中是一种普遍的文化现象。它作为民间事象文化存在于人民大众生活的各个层面,伴随着历史的发展而发展。民俗学则是研究人民大众生活文化的科学。民俗与文化的交融是民俗学的基本特点,正如我国民俗学泰斗钟敬文老先生指出的:“民俗学与文化学两个主体学科相交叉,产生了民俗文化学,它是一种新学科,也是国际国内学术潮流大势之所致。”因此,民俗学又被称为“文化之学”或“民俗文化学”。

民俗文化是一种民间文化,是蕴涵在人民群众中带有集体性、传承性、模式性的文化，民俗文化具有四种相互关联、相互制约、相互促进的存在形态和表现形式：一是物质民俗文化。即民众在创造、生产和消费物质财富的过程中不断重复的带有模式性的活动以及由这些活动所产生的带有类型性特点的产品形式。其内容包括生产、交通、交易、服饰、饮食、居住等活动及其物质表现形式。二是社会民俗文化活动。即民众在特定条件下结成的社会关系的惯制，既包括家庭、亲族、村镇、社会结构、民间职业集团（行会）关系惯制，也包括民族、国家乃至国际社会在合作交往过程中使用并传承的集体行为方式。社会民俗文化还可以具体地划分为社会组织民俗文化（如血缘、地缘、业缘等组织文化）、社会制度民俗文化（如习惯法、礼仪等）、岁时节日民俗文化、娱乐禁忌民俗文化、都市民俗文化等。三是精神民俗文化。即在物质文化和制度文化基础上形成的有关意识形态方面的民俗文化。精神民俗文化是民众在认识和改造自然与社会的过程中形成并以特定的行为方式世代传承的集体心理经验或集体心理习惯，主要包括民间宗教信仰，民间哲学伦理观点以及民间禁忌、民间口承文学、游艺竞技、民族心理素质、民间艺术等。四是语言民俗文化。即通过口语约定俗成、集体传承的信息交流体系。语言既是一种人类文化交际工具，也是一种文化载体。从广义的即作为交际工具的语言来说，主要指各民族的语言与方言；从狭义的民间语言来说，则是指在一个民族或地区流行的、具有特定含义并且反复出现的套话或熟语。如民间俗语、谚语、歇后语、街头流传语、黑话、酒令等。民间文学则主要指各种由民众创作的口头文学，包括神话、民间传说、民间故事、史诗、民间歌谣、民间说唱文学及民间戏剧文学等样式。由上可知，民俗文化内涵深广，从物质生活到精神世界，从经济基础到上层建筑各个领域包容并蓄，许多人类文化知识都融汇其中，所涉及的内容广泛而深厚。

我国是一个多民族国家，56 个民族各自有悠久的历史文化。在民族风俗上，各民族也形成了一些大体稳定的共享生活文化，如春节等。但由于地域辽阔，各民族居住分散，加上社会历史、生态环境、发展水平等原因，各民族文化发展并不均衡，各自大都有自己的民俗文化。费孝通先生指出："一个民族总是要强调一些有别于其他民族的风俗习惯、生活方式的特点，赋予强烈的感情，把它升华为代表本民族的标志。"各民族的民情风俗异彩纷呈，具有强烈的民族性，共同组成丰富多彩、绚丽多姿的中华民族的民俗文化。

旅游是现代经济的新兴产业，民俗文化游已逐渐成为世界普及的文化旅游的重要内容。特别是我国如此丰富多彩的民俗文化对游客的吸引力更为巨大。据一项对美、日、英、法、德五国游客综合调查表明，访华动机排在第一位的是为了了解当地民众的生活文化，占 100%；排第二位的是了解历史文化，占 80%；排第三位的是游览风光，占 40%。因此，大力发掘我国民俗文化旅游资源，是我国旅游发展战略的极为重要的组成部分。但从我国旅游业的发展状况看，自然景观风光旅游和人文景观中的历史文化旅游的开发利用有较大发展，而民俗文化旅游资源的开发利用却方兴未艾。要将民俗文化旅游发展起来必须从战略的高度认识民俗文化旅游资源的优势。

民俗文化作为民族文化的组成部分具有十分丰富的内容，这是民俗文化作为旅游资源的首要优势。民俗文化是由社会的主体——人民大众创造和享有的民间文化，是各民族的基础文化，其内容从生产到生活，从精神到文字，应有尽有，门类齐全，通过民俗文化大体可以反映一个国家或民族社会生活文化的全貌；其次，民俗文化具有鲜明的文化特色。我国民俗文化事象异彩纷呈，56 个民族的民俗文化各具特色，为我国民俗文化旅游的多样性、广泛性、特色性的形成，增强我国旅游的吸引力提供了前提条件；有人作过这样的比喻：中华文化是水，各民族的风俗文化是鱼，鱼与水的交融，使中华文化更加丰厚、使民俗文化更富有魅力。最后，民俗文化不仅是历史文化，更是“活”的文化。它既是传统的又是现在的。民俗文化是广大人民群众由古代、近代沿袭而来，但又存在于我们的现实生活中。“活”的历史文化可以为旅游带来新的生机活力。

在现代旅游背景下，开发民俗文化资源形成特定民族的民俗文化旅游景观是旅游发展的新潮流。我国丰富的民俗文化旅游资源也需要在开发中得到保护并发挥其作用。在近年民俗文化旅游已有一定发展的基础上，进一步思考民俗文化旅游开发的途径和策略非常必要。

当前，民俗文化旅游发展和开发策略可以从诸多方面进行思考，其中有三项基本策略可以考虑及早实施：第一，加强对民俗文化的系统深入的研究，刻不容缓。民俗文化旅游开发和发展必须建立在民族文化的特色和优势上，旅游者的旅游动机之一就是探秘猎奇的心理驱动。旅游者的兴趣点在于异质文化的不同点，即民族民俗文化的特色，只有民族文化的特色才能形成旅游吸引力的优势。民俗文化的异质性必须要在系统深入的研究基础上才能全面地认识和准确地把握。近年来，特别是自 2000 年文化部提出传统文化保护问题、继而启动中国民间文化遗产抢救工程和中国民族民间文化保护工程以来，我国民俗文化研究进入一个新的阶段。尽管民俗文化研究已取得较大的成绩，但这远远不够，特别是与民俗文化旅游开发和发展的要求相距仍远，还需要大力加强。第二，在总结经验的基础上，以保护与开发相统一原则为指导，加快探索民俗文化旅游的开发与发展方式的步伐。改革开放以来，我国民俗旅游取得了较大的发展。就民俗文化旅游形式而言,已出现了六种开发方式:集锦荟萃式、仿古再现式、原生自然式、原地浓缩式、短期流动式、主题附生式。对于这些方式的功过得失,特别是在贯彻保护与开发相统一原则方面的经验教训已到了需要总结分析并进行切实地评估的时候了。必须通过评估分析提出民俗旅游开发的指导理论才能加快民俗文化旅游的健康发展。第三,在研究总结的前提下,逐步制定并出台一系列保护开发民俗文化、发展民俗旅游的相关政策法规。民俗文化旅游的健康发展必须要以明确的指导方针统一思想达成共识,要有相应的法规、准则和制度协调各利益主体和利益相关方。因此,旅游政策法规的制定和逐步出台日益重要。

无论民俗文化旅游如何发展,在转变发展方式、实现科学发展已经全面贯彻实施的今天,一个重要的问题已经显现出来,即妥善处理好民俗文化旅游与生态环境的关系问题。民俗文化与其所处的自然环境是紧密联系在一起的。地域环境是一个民族生存、生活、聚集的基本条件。民俗文化产生于一定的自然环境中,什么样的自然环境产生什么样的民俗文化。尤其是由中华民族“天人合一”的理念而形成的强烈的生态意识使民俗文化与自然环境的关系更为悠悠相关。少数民族由于历史原因和受到历代统治者的排挤,长期生活在穷乡僻壤、甚至险恶封闭的自然环境中,少数民族的民俗习惯是与其所处的自然环境相应而生的。正是因为这些自然环境长期的封闭性,既保留下了丰富的自然资源,又保护了悠久的民族文化资源。在这里,穷山恶水对少数民族生产发展、生活改善来说,既是劣势条件,又是优势条件。尤其是对旅游开发来说,生态环境的优势构成了民族地区民俗风情旅游开发的一大特色。因此,将民俗文化与生态环境综合起来进行旅游开发成为旅游发展的一个新兴的潮流。问题还在于,在我国旅游开发中,盲目开发给生态环境带来的破坏已开始显示出恶劣的后果。有些少数民族旅游区违背生态保护原则大兴土木、营建旅舍、饭店、商场等旅游设施,对当地生态环境带来极大的损伤等情况给我们提出了严重警示,因此,切实地研究民俗文化旅游的开发模式,正确处理好旅游发展与生态保护之间的关系的问题已成为一项十分紧迫的任务。

民俗文化旅游开发还有一个人文环境生态平衡的问题。民俗文化旅游对民族文化遗产进行抢救性的发掘整理,并提供了继承、发扬、传播的条件,有利于民族文化的发展。但是如果开发不当,也可能导致民族文化受损。有些旅游地为了迎合游客的需要而改变民族生活方式和生活习惯,甚至民族语言的表达方式也被“旅游化”,使原本充满浓郁风情的原生文化丢失了;有些旅游开发者还抛弃民族文化中的真、善、美的东西,夸大一些封建迷信,低级趣味的东西;有些旅游开发的参与者甚至还想改掉自己的民族属性,抛弃自己的民族文化特色,这些现象必然会削弱民族文化的特性,最终导致民俗旅游失去吸引力。因此,在民俗文化旅游开发中,正确把握开发与保护的关系,扬长避短,实现民族文化旅游开发中的人文环境生态平衡,也是一项需要广泛关注的重要课题。

总之,民俗文化旅游开发既要推动社会经济的发展,又要为当地环境保护,文化传承提供机遇和条件,防止掠夺性和破坏性的开发;既要给当地人民群众创造社会经济发展的条件,带来直接经济效应,又要保持自然环境和文化传承的生态平衡,使旅游业与当地人民获得"双赢"的满意效果。

黄爱莲博士等所著的《跨越文化的界限:民俗风情旅游问题及其解决》(以下简称《跨越》)正是针对民族民俗文化旅游发展过程中旅游开发与生态环境平衡的矛盾开展研究而形成的一项重要的成果。这一成果主要围绕民族民间文化与生态旅游文化及其整合问题进行了全面的理性思考,并在此基础上提出发展民族风情生态旅游的新思路。这一研究成果主要在三方面取得了新的进展:

从民族民间文化保护面临的问题入手提出了积极保护的理念,是《跨越》在民俗文化旅游研究方面取得的一个新进展。作者从法律、实践、主观认识等方面对民族民间文化保护现状及其存在问题进行了总结、回顾和分析,提出了从消极保护向积极保护转变的新思路,树立生态旅游开发与民族民间文化保护整合的理念,推进人文景观与自然景观的相互整合。这一新思路既可以达到开发利用和保护民族民间文化的目的,又可以创新适应旅游的发展新态势的具有民族特色的旅游形式,实现民族民俗文化旅游持续、健康、稳定的发展。

以生态旅游与民族民间文化整合的理念为指导探索了开发民俗风情生态旅游的途径,是《跨越》在民族民俗文化旅游研究方面取得的又一个新进展。作者从民族生产文化、生活文化两个方面探讨了开发民俗文化生态旅游的途径,在整合生态旅游与民俗文化旅游资源的理念指导下形成了特色农业旅游和民俗风情游两种民俗文化生态旅游产品。对特色农业旅游开发中少数民族特色农业文化,民俗风情旅游开发中利益相关者的权利配置进行了深层次的思考和分析。以民族文化生态旅游产品为内容,《跨越》还研究了旅游产品营销和旅游资源的维护与修复的问题。至此,《跨越》构建了以生态旅游与民族民间文化整合为特点的民俗风情旅游研究的基本框架,对民俗文化生态旅游已形成较为系统的认识。

运用实证的方法进一步思考壮族风情旅游开发以及民族文化保护的一

致性和矛盾性，进一步把握少数民族文化旅游与生态旅游整合的规律性，是《跨越》在民族民俗文化旅游研究的第三方面的进展，《跨越》以壮族风情旅游问题为个案研究了壮族的宗教信仰与民俗风情的关系、壮族风情旅游与民族文化主体重建的关系以及游客对黑衣壮民族文化的感知分析，提出了旅游生活一体化的开发原则，对少数民族文化与生态旅游整合的方法、途径、要求进行了切实的思考，将民族民俗风情旅游发展过程中开发与保护的关系的正确处理建立在实践基础上，为民族民俗风情生态旅游提供了较好的可以借鉴的案例。

综上所述，《跨越》从旅游开发的视角出发，研究了民俗民间文化的保护与开发问题，提出了整合生态旅游开发与民族民间文化保护的理念，形成了民俗风情生态发展旅游产品的旅游开发思路，构建了民族文化保护的生态模式。这些新的思路和理念将会给关心、从事民俗文化旅游的研究和实践的人们带来新的启发和思考，因此，这是一本值得研读的好书，特向各位同人和广大读者推荐。

是为序。

阳国亮

（广西西大旅游科学研究院院长）

2011 年 7 月 25 日于广西大学

内容提要

现代旅游对于经济发展的巨大作用已经成为全社会的共识,但这并不是说它在促进经济与社会的和谐发展方面已不再有改进的空间。不少地区发展旅游的实践证明,旅游在推动经济与社会繁荣的同时,也使自然、文化以及环境资源遭受到不可逆转的破坏,特别是使一些本来保存完好的少数民族文化同化与退化加剧。这种现象迄今为止不仅没有得到有效遏制,反而在对利益的无限追逐中呈现出愈演愈烈之势。现代旅游的发展仍然需要追问:经济发展必须颠覆少数民族的生态文化环境吗?旅游开发与民族文化保护存在相互整合的可能性吗?在开发旅游的同时寻求民族文化的保护和延续,对于旅游学界来说,的确是一个值得持续讨论并逐步走向深入的问题。

本书从民族民间传统文化与生态旅游资源及生态旅游的特点研究出发,力求探讨生态旅游与民族民间传统文化整合的可行性。其次从微观的角度,对我们民族生产与生活中所体现出来的特色文化进行梳理,以考察二者整合的具体方式,其中以广西少数民族民俗风情旅游资源的开发与保护为重点个案研究。进而研究生态旅游资源在其内涵的不断拓展中如何实现有效的维护与修复;在此基础上,推介和引导一些观点,力图为旅游地的开发规划和增强旅游景区的文化内涵提供正确的理论依据。

本书在研究方法上,综合运用人类学、民族学、旅游学、生态经济学等相关理论,注重旅游理论与开发实践的贯通,资料分析与实地调研的结合,并根据实际需要,以定量评估与定性分析相互印证,适当引入定量研究的方法。

本书的创新之处在于:第一,生态旅游和民族文化各有其不同的内涵,但生态旅游开发和民族文化保护之间却具有一定的关系,并具有整合的可行性,生态旅游开发提供了一条保护民族文化的有效途径。第二,旅游与生活一体化的构想将为构建民俗风情旅游开发中的和谐文化生态环境提供重要理论保证,将有助于壮族民间文化的主体重建,以及壮族民间文化的重新发现与推广。第三,商品化是民俗风情旅游产品开发的必然发展趋势,认识并了解这一现象对于旅游目的地的形象策划与营销具有重要意义。

全书包括三个部分,即导论、正文(共六章)和结语。

第一章,民族民间文化与生态旅游的整合。寻求生态旅游与民族民间文化整合的可行性,充分借鉴国内外生态旅游开发的成功经验,探索具有可操作性的民族民间文化保护模式,使那些已失去生命力的文化遗留成为改变当地居民生活的必要因素,借助开发实现对民族民间文化的保护,借助保护提升生态旅游的开发水平。

第二章,民族生产文化与生态旅游。对特色民族生产文化进行梳理,探讨生态旅游与民族民间文化整合的具体方式。特色民族生产文化在提升旅游文化品位与注重生态关怀上具有天然的互补优势。其中以富有广西地域特色的耕作制度、劳动工具、劳作方式等为重点个案。

第三章,民族生活文化与生态旅游。对特色民族生活文化进行梳理,探讨生态旅游与民族民间文化整合的具体方式。其中以富有广西地域特色的居室建筑、服饰饮食、民族工艺、节庆活动、礼俗禁忌等为重点个案。

第四章,民俗文化生态旅游产品的营销。着重研究民俗风情旅游产品商品化及其实现的问题,民俗风情旅游作为商品具有价值和使用价值,其使用价值具有其他商品所不具备的独特特征,特别是在当代消费主义思潮的影响下,这些特征已经发生重要变异,认识并了解此变异现象对于民俗风情旅游的可持续发展具有重要意义。

第五章,专题研究:壮族风情旅游问题个案。民间宗教信仰主导着壮族民俗文化,壮族旅游开发应积极推动壮族地域文化精神的跨文化共享。壮族风情旅游开发的过程是一个重建壮族民间文化主体的过程,而游客对民俗文化的感知使壮族民间文化得以重新发现与推广。

第六章,民俗风情旅游资源的维护与修复。着重研究在生态旅游资源内涵不断拓展的情况下,如何建立旅游保护机制以实现人文生态旅游资源的维护与修复。

目　录

导 论

一、研究背景与意义

（一）研究背景

1. 丰富、拓展生态旅游与民族文化保护的内涵

随着旅游业的蓬勃发展，现代旅游已经从传统的观光旅游向更高层次发展，因此，生态旅游、文化旅游、海洋旅游等已经成为当前旅游发展的主流，其中生态旅游以每年15% ~25%的速度增长，代表着21世纪世界旅游业的发展方向。在我国，2009年国家旅游局将主题旅游年确定为“中国生态旅游年”，并以“走进绿色旅游、感受生态文明”为主题口号，旨在进一步加大生态旅游产品的推广力度，广泛宣传环境友好型旅行旅游的理念，大力倡导资源节约型旅游的经营方式，切实满足不断升级的旅游消费新风尚，把我国旅游业建设成为遵循可持续发展原则的绿色产业。

生态旅游要求走向保护区，回归大自然，其核心是保护。根据世界自然保护联盟（IUCN，1994）所下的定义，保护区是指运用合法或有效的手段进行管理，用以保护和维护保护区生物多样性及相关的文化和自然资源的一片陆地或海洋区域。贯穿于保护区历史的是人与自然的和谐共存，与土地、自然资源一样，文化和人也是保护区的一部分。由这一定义可知生态旅游的保护对象是涵盖了自然、文化和人的。生态旅游开发和民族文化保护之间具有天然的紧密关系。[①] 生态旅游的提出是缘于人类对自身破坏自然生态环境行为的检视，而民族传统文化的保护是缘于人们对民族文化同化和式微的反省，两者都是属于保护与开发的永恒课题。因此，我们的研究放弃了传统上单一学科范围内民族传统文化保护的议题，从生态的视角审视旅游活动和民族传统文化发展之间的关系，以其能够进一步丰富、拓展生态旅游与民族传统文化保护的内涵。

---

① 参见：马晓京. 民族生态旅游：保护性开发民族旅游的有效模式. 人文地理，2003(3)。

2. 民族地区开发旅游业的高涨需求催生了新的旅游消费市场

我国是一个多民族集聚的国家，其中55个少数民族与汉族友好杂居在一起，形成丰富多彩的民族传统文化。改革开放以来，民族地区经过30多年的旅游发展，取得了很大的成就，可以说，民族地区旅游业的发展是与国家实施西部大开发战略紧密联系在一起的。[①] 民族地区发展旅游的需求高涨，推动旅游业的快速健康发展，也催生民俗游、风情游等新兴旅游市场的发展，促进民族旅游发展政策的出台。

广西是一个多民族杂居的少数民族自治区，其中分布着壮、汉、瑶、苗、侗、仫佬、毛南、回、京、彝、水和仡佬等12个世居民族，广西少数民族具有悠久的历史和灿烂的文化艺术，并形成了自己独特的文化特点。如壮族的铜鼓、花山崖壁画早已闻名中外，各民族的民歌在全国也享有盛名。此外，包括织锦、刺绣、陶瓷、竹编和芒编在内的各色工艺品；具有民族特点的壮族干栏式建筑、侗族风雨桥、鼓楼等民族建筑，瑶、苗等民族医药，以及丰富多彩的民族民间文学、音乐、舞蹈，等等，都是广西各少数民族文化艺术的瑰宝。这些民俗文化多年来已经逐步得到开发，并且为地方经济增加了财政收入，对提高当地经济社会的发展起到了不可估量的作用。

随着国内外游客对民俗旅游的需求日益升温，当地政府开发民俗旅游资源的积极性空前高涨，民俗作为一种独特的人文旅游吸引物，其生产与生活过程中形成的习俗文化与乡村旅游高度重合，出现了民俗文化同化、庸俗化和商业化等现象，民俗旅游在开发过程中也暴露了一系列的矛盾和问题，给当地居民和游客带来了一些负面影响。[②] 因此，加强民俗风情文化旅游的生态化建设，树立文明旅游的观念，寻求民俗风情旅游与生态旅游的和谐发展，已成为当前地方政府制定发展战略、构建社会主义新农村的一项十分紧迫的任务。

（二）研究意义

1. 理论意义

当今，在旅游学界，生态旅游研究是一个受到持续关注的热点，同时民族民间文化的保护也是近年来相关学术领域内的重要话题。从生态旅游与民族民间文化各自的特点出发，探讨生态旅游开发与民族民间文化保护进行整合的可行性，有助于建立一种在开发、利用生态旅游资源的同时积极地

① 参见：李柏文. 少数民族地区旅游发展30年. 旅游调研，2010年1月13日。

② 参见：安颖，黄清. 关于生态旅游开发和民族文化保护的几点思考. 黑龙江社会科学，2006(3)。

保护民族民间文化遗产的有效模式。一方面，可以为生态旅游开发注入一种文化内涵，提升生态旅游的文化品位；另一方面，也为民族民间文化保护注入生态保护的理念，并通过有效的开发使其重获新生。但是，目前学术界对于民间文化的研究基本上还局限在学科范围之内，很少涉及生态旅游与民间文化的关系，以及如何在开发、利用生态旅游资源时去积极地保护传统文化遗产等方面的内容。本书的研究力求既可以弥补当前生态旅游研究方面的缺陷，又能为传统文化的保护提供理论借鉴，更为旅游景区的开发规划和增强旅游景区的文化内涵提供实际指导，因而具有重要的理论意义。

2. 实践意义

（1）为民族地区整合生态旅游开发与民族文化保护的相关资源寻找有效的途径。民族地区由于受到各种自然条件的限制，生态环境比较脆弱，因此，在开展旅游开发的过程中，民族文化及其遗产的保护是第一位的。民俗文化是旅游者的出发点和归结点，是旅游景观吸引力的渊薮，是发展旅游业的灵魂。生态旅游的基本吸引物既包括自然因素，也包括文化因素，但通常旅游者在旅游过程中没有明显的文化或生态倾向，或者是旅游者在旅游过程中没有明显的倾向变化情况。因此，在民族地区开展生态旅游不仅要依托自然生态环境开发旅游产品，还要"把古雅的土著习俗以及土著居民包装成旅游商品以满足旅游者的消费需求"[①]，文化保护意义上的生态旅游开发，归根结底是追求生态环境和民族文化可持续发展的旅游开发，在民族地区开发民族生态旅游将是生态旅游与民族文化保护完美整合的有效途径。

（2）为解决广西民族风情旅游出现的诸多问题提供实际指导。广西的民俗文化旅游资源独具特色，多姿多彩，民俗文化资源与旅游业的结合成为地方产业结构转型与产业升级的重要途径。但是，无论是开发者还是经营者大多急功近利，追求短期利益，没有重视民俗文化旅游的开发与保护的关系，使得民俗风情旅游出现了许多矛盾和问题。因此，本书的研究力求有助于地方政府在制定发展战略中重视生态旅游的思想，从而有利于广西少数民族地区旅游资源的永续利用和保护。

二、研究思路与方法

（一）研究思路

我们以生态旅游背景下的民族风情旅游问题作为研究对象，探讨生态

① 吴晓萍，何彪. 民族地区旅游开发与民族社区的可持续发展. 贵州民族学院学报，2000(1)。

旅游开发与少数民族民间文化保护进行整合的可行性，试图建立一种在开发、利用生态旅游资源的同时积极地保护民族民间文化遗产的有效模式，以期使生态旅游研究能有所深入。

少数民族文化与生态旅游的互动关系是本书的关键。少数民族文化成为旅游资源，并进而成为旅游产品、商品，旅游活动的开展影响当地人的思想观念、生活习惯、生产方式、生活方式，物质形态与非物质形态的文化发生演变，民族文化自觉形成并由此导致民族文化主体性地位、民族认同感增强，在此进程中上述各方面如何互动、协调、制衡，形成推动文化变迁的合力，对这个重组、更新和发展的过程应尽可能细致地描述，并从理论上加以概括提炼。

同时为民族民间文化保护注入生态旅游思想的研究，也有待于向更加宏观、更高层次攀升，如在多元框架下中心—边缘文化互动的理论，旅游影响下的民族传统文化的变迁模型，旅游带来的现代生活方式与少数民族传统生活形态的衔接与变异，旅游引起的社会流动与社会分层，旅游与民族心理现代化等问题均需纳入研究的视野。

本书研究的重点是：(1)探讨少数民族民间文化与生态旅游整合的有效性问题；(2)对少数民族民间文化精神的特质进行定性研究；(3)厘清少数民族民间文化在生态旅游中的真实性问题；(4)探讨少数民族民间文化资源的可持续利用问题。

(二)研究方法

本书将利用社会学、旅游人类学、民族学与生态旅游等多学科的理论与方法为科学指导，运用理论探讨与实证分析相结合、定性与定量研究相结合的方法进行研究，具体包括：

1. 文献分析法

在综览国内外有关文献的基础上，进行文献的总结和提炼，充分把握国内外研究动态和前沿领域，择定研究的主攻方向，并获取可供本研究借鉴的相关理论和方法。

2. 实地调查法

重视研究资源的可靠性、真实性与准确性，作者曾多次前往案例地进行相关资料、特别是第一手资料的收集工作。一方面向当地有关部门索取和收集统计、文字等文本资料；另一方面进行了大量实地调查，于2008年7月3～15日，2008年12月28～30日，2009年3月18～21日带领课题组成员前往南宁市邕宁区、大新德天瀑布、那坡黑衣壮风情园、东兴万尾金滩、桂林龙胜平安寨等进行了实地调查，收集了大量广西主要少数民族分布区的社会、经济等方面的统计资料；并对民族村寨和主要民族风情景区做了问卷调查，获取了大量问卷，为本课题研究提供了坚实的数据和资料基础。

3. 实证分析法

民俗风情旅游问题的研究归根结底是从“人”的角度对当地社区进行研究。因此，对民俗风情旅游主体的实地调查是最基本的研究方法。具体包括：观察法、参与法、问卷调查法和访谈法。

三、主要内容与创新目标

（一）主要内容

在内容安排上，本书拟从宏观和微观两个层面加以展开。首先是总体理论的论述，继而是分专题论述，最后进行总结概括。具体分为六部分。

第一章，民族民间文化与生态旅游的整合。寻求生态旅游与民族民间文化整合的可行性，较为充分地借鉴生态旅游开发的成功经验，探索具有可操作性的民族民间文化保护模式，使那些已失去生命力的文化遗留成为改变当地居民生活的必要因素，借助开发实现对民族民间文化的保护，借助保护提升生态旅游的开发水平。

第二章，民族生产文化与生态旅游。对特色民族生产文化进行梳理，探讨生态旅游与民族民间文化整合的具体方式。特色民族生产文化在提升旅游文化品位与注重生态关怀上具有天然的互补优势。其中以富有广西地域特色的耕作制度、劳动工具、劳作方式等为重点个案。

第三章，民族生活文化与生态旅游。对特色民族生活文化进行梳理，探讨生态旅游与民族民间文化整合的具体方式。其中以富有广西地域特色的居室建筑、服饰饮食、民族工艺、节庆活动、礼俗禁忌等为重点个案。

第四章，民俗文化生态旅游产品的营销。着重研究民俗风情旅游产品商品化及其实现的问题，民俗风情旅游作为商品具有价值和使用价值，其使用价值具有其他商品所不具备的独特特征，特别是在当代消费主义思潮的影响下，这些特征已经发生重要变异，认识并了解这一变异现象对于民俗风情旅游的可持续发展具有重要意义。

第五章，专题研究：壮族风情旅游问题个案。民间宗教信仰主导着壮族民俗文化，壮族旅游开发应积极推动壮族地域文化精神的跨文化共享。壮族风情旅游开发的过程是一个重建壮族民间文化主体的过程，而游客对民俗文化的感知则使壮族民间文化得以重新发现与推广。

第六章，民俗风情旅游资源的维护与修复。着重研究在生态旅游资源内涵不断拓展的情况下，如何建立旅游保护机制以实现人文生态旅游资源的维护与修复。

（二）创新之处

(1)生态旅游关注在发展当地经济的同时兼顾文化的多样性，尊重差异与加强对话的原则能够较好地解决这一难题。加强对话是为了加强理解，互通有无，实现不同文化之间的彼此尊重。承认与尊重文化之间的差异不是目的，文化现代化的目标归根结底是促进社会全面发展。

(2)旅游与生活一体化是民俗风情旅游开发的重要原则，对于旅游者、旅游经营者与当地居民来说，选择旅游无异于选择了一种生活方式。它以生活的名义对旅游开发多重主体实施约束，以旅游相号召，对旅游活动相关各方的生活方式加以引导。

(3)重建民间文化主体是民俗风情旅游开发的另一重要原则，在旅游开发活动中，旅游经营者、旅游者与当地居民共同构成的旅游开发多重主体，在观念或实利方面多有冲突，但是三者并非完全没有相通之处，如果旅游能够成为一种生活方式的选择，就有可能达成多重主体的统一，并有效阻止因片面追求利益而对脆弱的当地民间文化资源造成破坏。

(4)民俗风情旅游开发，需要真实地展示民间宗教信仰的精神力量。民俗风情旅游开发，需要突破单纯形式化的樊篱，关注无形的精神性民俗，特别是民间宗教信仰的表述，积极推动地域民俗文化精神的跨文化共享，十分必要。

(5)商品化是民俗风情旅游产品的必然发展趋势，但是对其商品属性的解读目前还没有引起学界的足够重视。认识并了解这一现象，对于旅游目的地的形象策划与营销具有重要意义。

(6)旅游开发过程中产生的问题应在旅游开发中寻求解决，建立旅游保护机制，以保护生态完整性为前提，对旅游开发活动实施全程监控，对不同阶段内不同旅游主体的行为进行定性与定量考评，对生态环境造成破坏的旅游行为给予适当的惩戒，才有可能使有限的旅游资源永续性地发挥其最大效益。

四、相关研究动态及主要概念

（一）关于旅游社会文化影响的研究进展

中国当代旅游业起步于20世纪70年代末80年代初，随着旅游规模的不断扩大，旅游对目的地社会文化的影响日益突出。80年代中期以来，旅游影响便开始引起学术界的关注。

与旅游业发展阶段相一致，国内旅游的影响研究可以分为三个阶段：20

世纪 80 年代中期至 90 年代初期为旅游社会文化影响研究的“起步阶段”，90 年代中期至 21 世纪初为“创建阶段”，2001 年以后为发展阶段。①

20 世纪 80 ~ 90 年代初期的中国旅游业发展处于起步阶段，此时，旅游研究很少涉及旅游文化的影响，政府和学术界关注的是旅游资源的开发、旅游景区及旅游基础设施的建设和旅游对地方经济发展的推动作用，人们看重的是旅游业所产生的经济效益，与此相应，旅游对接待地经济发展的推动成为一个热门研究话题。而旅游业的发展对接待地产生的影响包含三个方面：经济影响、环境影响和社会文化影响。审视当时的这三种影响，经济影响大体上是获利的，环境影响和社会文化影响大都是负面的，只不过被有意无意忽略了。

20 世纪 80 年代中期，主流文化区的旅游社会文化影响研究只能说是在寂寞中起步，一些地理学者、旅游学者开始注意到旅游开发对接待地社会文化的影响，如徐崇云的《旅游对社会文化影响初探》（杭州大学学报，1984 年第 9 期），陆景川发表的《民俗旅游发展浅析》（民俗研究，1988 年第 2 期）。

20 世纪 90 年代初，刘振礼对河北野三坡做过问卷调查，研究旅游对接待地的有利和不利影响（《旅游对接待地的社会影响研究对策》，旅游学刊，1992 年第 3 期），这一时期比较重要的文章还有申葆嘉的（《论旅游接待地的社会压力问题》，旅游学刊，1992 年第 3 期），肖洪根的［《旅游与艺术的商品化》，华侨大学学报（哲学社会科学版），1993 年第 3 期］，全华的（《从武陵源看自然风景区开发区的区域社会效应》，经济地理，1994 年第 4 期）。其中，申葆嘉通过对旅游活动过程的分析，探讨接待地社会形成的原因、影响因素，以及相关的理论问题；肖洪根则从艺术商品化的角度论述了旅游对接待地的社会文化影响；全华在研究旅游开发的社会正效应和负效应时，提到了乡土文化的“舞台化”、“商品化”、“庸俗化”和“道德的退化”。这些研究性文章，基本上都是针对旅游发展较好的主流文化地区。总体来看，这一阶段文章数量较少，多停留在一般定性层面的道德判断，具有理论深度的研究相当少，但是上述“旅游影响研究”的文章因其开先河之功而显得难能可贵。

20 世纪 90 年代中期，中国旅游业进入了高速发展的“快车道”。旅游业发展在推动社会和经济发展的同时，也给接待地的社会文化带来了显著影响，特别是一系列消极影响。因此学者们的目光逐渐从仅仅关注旅游所带来的经济效益转向旅游的整体效应，尤其是旅游产生的社会文化后果，也开

① 参见：陈煦，李左人. 民族·旅游·文化变迁——在社会学的视野中. 成都：四川出版集团、四川人民出版社，2009：第 31 页。

始重视旅游开发对旅游地民俗风情和传统文化的影响，并进行深层次研究和更为理性的评判。中国旅游社会文化的影响迅速发展，进入了开创性阶段。

根据对中国学术期刊全文数据库、中国优秀博士、硕士学位论文全文数据库、万方数据库等多主题检索统计，1994～2009 年年底，国内学者共计发表与旅游环境影响有关的学术论文 784 篇，大都属于旅游对自然环境影响的研究（包括对水、土壤、植物、景观、大气环境的影响），而旅游对社会环境影响的研究仅检索到 220 篇，占旅游环境影响研究性论文总数的 28%，而 1994 年前（即“萌芽阶段”）只有 10 篇。

20 世纪 90 年代中期至 21 世纪初期为国内旅游研究的创建阶段，此阶段还可以进一步细分为两个时期：初创期和发展期。在初创期（90 年代中期至后期），比较重要的文章有：保继刚、戴凡的《旅游社会影响研究——以大理古城居民学英语态度为例》（人文地理，1996 年第 2 期），他们的调查表明，随着大理的旅游开发，大量外国旅游者的到来，促使当地人产生了强烈的学英语的热情。保继刚、楚义芳的《旅游地理学》（高等教育出版社 1999 年版）也论述了旅游开发的区域影响，对旅游给接待地带来的社会影响和文化影响分别进行了系统分析。王雪华的《论旅游的社会文化影响》［桂林旅游高等专科学校学报（教育专刊），1999 年］，论述了旅游者和目的地居民的文化互动和交流具有不平衡性，文化价值上的倾斜引发对旅游地社会文化积极或消极的影响，并从旅游的文化交流特性来论述旅游影响社会文化的机理。在此“初创期”，仍未发现少数民族文化“旅游影响”研究的文章。

2000 年启动的“西部大开发”开启了文化旅游的新时代。国内旅游影响研究进入了“发展期”。由于少数民族文化具有“活态性”、“脆弱性”，西部旅游的迅猛发展对接待地文化的冲击、影响，便引起了人们的高度关注。以前研究“旅游影响”的学者，也纷纷将目光投向少数民族地区，把民族文化作为研究对象，于是迎来了旅游与少数民族接待地文化变迁研究的“起步阶段”。

由于旅游影响研究从起步之初并非建构在对旅游业发展的前瞻性防范研究的基础上，而是一种因问题暴露而不得已进行的检讨和探因式的辅助性研究，因而旅游影响研究一直滞后于旅游学研究的其他领域。这种“滞后性”表现在旅游—民族文化影响研究方面就更为突出。在“起步阶段”，研究成果数量少，涉及面较窄，多是一些描述性文章。与此同时，随着西部旅游的迅猛发展和旅游对少数民族接待地社会文化影响问题的日益突出，便引起了诸如社会学、人类学、民族学、地理学、文化学等学科的关注，更多学者的参与使少数民族文化的“旅游影响研究”成为一个新热点。自 2005 年下半年以后,出现了李伟的《民族旅游地文化变迁与发展研究》(民族出版社2005年版),刘晖《民族旅游学》(民族出版社2006年版),徐赣丽《民俗旅游与民族文化变迁——桂北壮瑶三村考察》(民族出版社2006年版),宗晓莲《旅游开发与文化变迁——以云南省丽江县纳西族文化为例》(中国旅游出版社2006年版),陈煦和李左人编著《民族·旅游·文化变迁——在社会学的视野中》(四川出版集团、四川人民出版社2009年版)等一批专著。以此为标志,旅游—民族文化影响研究进入了"探索阶段"。

(二)研究现状评述

通过对前面三个发展阶段研究成果的评述,我们大致厘清了少数民族文化旅游影响研究的发展脉络,即:首先引进国内外有关理论,在研究实践中逐步消化——对旅游负面影响作感性描述继而全面探讨旅游影响——进一步深入调查,实证分析成为主流——重视"基本理论"研究——开始探索研究方法、量化分析等——随着理论研究的深入,逐步走向实证研究——努力建构民族旅游目的地文化影响的保护机制,建立生态旅游—民族文化变迁理论体系。

综合前人研究的相关成果,少数民族文化旅游还有以下几个方面的问题有待解决:

(1)基础理论薄弱,实践积淀贫乏,起点较低。目前,大家所运用的理论大都是借鉴国外同行和其他学科的理论,较多成果是诠释性的论证,或停留在对旅游接待地文化产生影响的现象描述和分析上,缺乏独立的见解和理论演绎。

(2)旅游影响是一个综合性的课题,学者们研究的领域相对狭窄,各自为战,缺乏协调性和整合性研究。

(3)在研究方法上,实证研究较多,规律总结较少。定性研究与定量研究结合不够,方法论尚未成型。旅游所带来的社会文化影响,直接关系到民族地区接待地社会生活的正常运转,民族文化传承及旅游业健康、持续的发展,甚至影响人类文化多元化的构成。因此,在"探索性阶段"所取得成绩的基础上,进一步强化理论思维,创新研究方法,建立科学、系统的民族文化旅游影响研究,是学者们下一步工作的重要使命和发挥空间。

(三)相关概念的说明

1. 民族文化

民族文化,是指通过各民族的生活表现出来的价值观念和行为模式。它是使该民族区别于其他民族的特点,是该民族创造物质财富与精神财富的能力,及其所创造的物质财富和精神财富的总和。

2. 民俗文化

民俗即民间习俗，它是民间普遍遵循的行为规范。

3. 民俗旅游

民俗旅游，即借助民俗来开展的旅游项目，它以一个国家或地区的民俗事象和民俗活动为旅游资源，在内容和形式上具有鲜明、突出的民族性与独特性，给人一种与众不同的新鲜感，它的魅力就在于其深厚的文化内涵。

4. 民族旅游

民族旅游，是一种通过开发生活在一个多民族国家、地区的特定少数民族及其独特文化风俗和社会生活方式，使游客得以观察、体验、认知和了解其古代文化遗产和当代活化社会文化形态，从而实现游客和少数民族各自需求的经济社会活动与现象。民族旅游不同于民俗（文化）旅游。民俗是传统文化的核心内容之一，民俗旅游是民族旅游的重要领域和代表，而民族旅游包含有比民俗旅游更多的内容。

5. 乡村旅游

乡村旅游，指一种以农业和农村为载体的新型生态旅游业，它以生态旅游理念为指导，以良好的农村生态环境为旅游吸引物，以田园风光、农事参与、民俗体验为主要形式，融观光、体验、认知等旅游活动为一体，通过旅游发展使农村生态环境得到优化和提升，使当地社区和普通农户在经济上得到收益。

6. 农家乐

以农民为经营主体，以农民所拥有的土地、庭院、经济作物和地方资源为特色，以为游客服务当做经营手段的农村家庭经营方式。在中国，乡村旅游被称为“农家乐”。

7. 民族（民俗）文化旅游区

民族（民俗）文化旅游区，是指在原住地内集中展示当地民族民俗文化的旅游区，其地理或行政边界相对明确，其内容具有典型性和观赏性，其方式尊重当地习俗和宗教信仰。

8. 生态旅游

生态旅游，是指有目的地前往自然地区去了解环境的文化和自然历史，它不但不会破坏自然，而且它会使当地社区从保护自然资源中得到经济收益。

第一章

民族民间文化与生态旅游的整合

第一节　生态旅游理论研究新视野

当今世界,日渐突出的环境问题迫使人们不得不认真检视自己的行为,并反思人类与自然环境之间的关系。20 世纪 80 年代初期,大众旅游迅速发展,这极大地推动了旅游业的发展,也给旅游环境带来了相当大的威胁。随着人们的环境意识不断增强,生活水平、文化程度不断提高,旅游者对旅游的感知、期望、态度和价值取向也相应发生了许多变化。人们已不满足于传统的观光旅游和娱乐旅游,而是追求更高的层次,寻求既不破坏旅游环境,又能满足自身需求,并能带动地方经济发展的旅游方式。因此,生态旅游便应运而生,被认为是 21 世纪旅游发展主要趋势之一和世界旅游业的发展方向。生态旅游理论研究更为超前,目前已经形成一个比较完善的体系,可持续发展理论为生态旅游奠定了坚实基础。在与传统旅游的比较中,生态旅游自身的特点日渐鲜明,生态旅游的正负效应受到了研究者的重视,生态旅游资源的内涵不断拓展,生态旅游的可操作性研究更是一个热门话题,生态旅游开发、规划与管理,生态环境教育与宣传,等等,都得到了比较充分的关注。

一、传统生态旅游研究检视

(一)生态旅游的概念

对生态旅游概念的界定经历了一个不断深化的过程。1980 年,加拿大学者克劳德·莫兰(Claude Moulin)提出了第一个与生态旅游直接有关的概念"生态的旅游"(Ecological Tourism)。而"生态旅游"(Eco－tourism)一词则是由国际自然保护联盟（IUCN）特别顾问拉斯喀瑞(H. Ceballos Lascurain）于1983年首次提出，并在1986年召开的国际环境会议上得到确认。他认为："生态旅游是常规旅游的一种特殊形式，游客在欣赏和游览文化遗产的同时，置身于相对古朴、原始的自然环境中，尽情观赏和享受旖旎的自然风光和各种野生动植物。"[①]这可能是学术界关于生态旅游最早的定义。美国世界自然基金会（WWF－US）可持续发展分部生态旅游研究小组主要成员之一伊丽莎白·布（Boo Elizabeth）认为，生态旅游应该是"为学习、研究、观赏、享受风景和那里的野生动植物等特定目的而到干扰比较少或没有受到污染的自然区域所进行的旅游活动"。两年后她又作了修改："基于欣赏和研究自然景观、野生生物及相关文化特征等目的，为保护区筹集资金，为当地居民创造就业机会，为社会公众提供环境教育，有助于环境保护和可持续发展的自然旅游"。1992年，生态旅游学会把生态旅游限定为"为了解当地环境的文化与自然历史知识，有目的地到自然区域所作的旅游，这种旅游活动的开展在尽量不改变生态系统完整的同时，创造经济发展机会，让自然资源的保护在财政上使当地居民受益"[②]。从20世纪80年代第一次出现生态旅游的概念，在30年生态旅游的发展过程中，人们对生态旅游的认识不断深化。2002年，国际联盟在生态旅游国际年中创立了生态旅游杂志，生态旅游也成为旅游院校的一门选修课程或者是核心课程，有的院校还授予生态旅游专业学位，同时，这一领域得到了将近60多本国内外学术著作的支持，1 000多篇学术期刊探讨这一议题（截至2009年年底）。生态旅游作为一个学术领域受到极大的关注，在"百度"进行搜索中出现的关键词有：生态旅游、生态旅游者、生态旅游业、自然旅游、森林旅游、野生动植物观赏、观鸟等。但是不同学者对生态旅游定义认识的不同也导致了对生态旅游市场大小与增长认识的不一。

（二）对生态旅游内涵的共识

目前，对生态旅游的内涵已基本上达成以下共识：生态旅游的主旨是"回归大自然"，其旅游对象是原生、和谐的自然生态和文化生态系统。生态旅游的核心思想之一是保护，其保护对象主要有三个：保护当地自然生态环境不受破坏；保护当地的文化生态环境，尊重并维护当地民族传统文化的完整性；保护当地居民的利益，提高当地居民的收入水平和生活质量，带动当地的经济发展。在对生态旅游资源的认知上，自然生态旅游资源和人文生

① See Ceballos，lacurain，*Tourism ecotourism and protected area*，Switzerland：IUCN（The World Conservation Union），1996.

② 张建萍. 生态旅游理论与实践. 北京：中国旅游出版社，2003：第81页。

态旅游资源均受到研究者的重视，随着认识的不断深化，先民们遗留下来的活动遗址、伟大工程、居室建筑，以及习俗、服饰饮食、待客礼仪、礼俗禁忌、节庆活动、婚丧嫁娶，还有民族工艺、神话传说、音乐舞蹈、戏曲文艺、绘画雕塑、文娱体育、宗教仪式等已经进入研究者的视野。在生态旅游开发与管理、生态环境教育与宣传方面，保持一个地区的自然特色和文化特色不被破坏已经成为一种自觉追求。生态旅游开发注重保护当地资源的原始性、自然性和民族特色，注重对资源的永续利用，注重协调经济效益、社会效益和环境效益之间的关系。旅游承载量即“对某一旅游地而言无害于其可持续发展的旅游活动量”①。生态旅游对旅游目的地的影响表现在生态、社会—文化、经济等方面，既有正面影响，也有负面影响。生态旅游管理把旅游承载量作为关注的对象，这为在保护的前提下对生态旅游资源进行开发打下了坚实的理论基础。生态旅游开发以生态学原理和可持续发展原则为指导，以保护资源、特别是保护生态的多样性，维持资源利用的可持续性，促进环保与宣传教育，提高资源与环境的管理水平为基本特征，寻求旅游业发展与自然、文化和人类生存环境的和谐统一。

生态旅游已经形成一个初具雏形的管理模式，借助一系列具体措施保证旅游地的生态承载量不被打破。图 1－1 表明了生态旅游内容研究的结构框架。

二、生态旅游研究的新视野

（一）泛生态思想

从图 1－1 研究框架所示可以看出，生态旅游的场所不只是自然环境，也包括人文环境和社会环境。这样来看生态旅游的发展，许多资源就不能完全局限于青山绿水，也包括文化性的生态。目前，文化性生态破坏，比自然性生态破坏面临的危机更大。自然性生态会由于人流的增加而受影响，但生态环境本身是一种被动性的影响。然而，文化性生态是一种主动性参与，也会造成主动性逆反。如中国川滇交界之处的泸沽湖，在此居住的摩梭人的阿注婚制和走婚习俗被称为母系社会的活化石，引起外界极大的兴趣，但随着对外开放和旅游业的发展，在一定程度上已经变成一种表演，为此，很多人类学家、文化学家感到非常遗憾。反过来看这个问题，如果能够保留社会原生态是最好的结果，但这意味着摩梭人不能进步，只有不进步，才能保

① 参见张建萍：前引书，第 171 页。

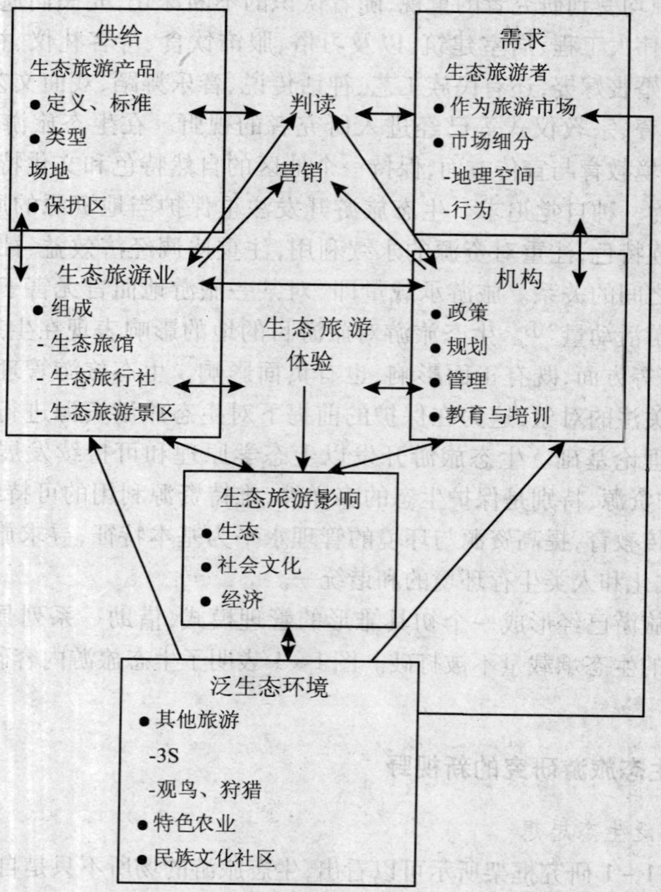

图1-1 生态旅游研究框架

持完整的原生态，但是这将形成对人权的一种侵犯，是不可行的，因为发展的目的就是最大限度地满足人民群众日益增长的物质和文化的需要。这种文化性生态发展到一定程度，自然而然就转化成一种表演。所以，旅游开发与发展过程实际上是一个充满矛盾的过程，关键在于怎么认识和解决这个矛盾，怎么寻找出正确的解决方案。

魏小安认为，生态可以分为原生态、次生态和泛生态三种。原生态是指基本没有受到人类活动干扰的生态环境，将其作为最终目标，或作为一种最优目标可以提出来，作为一个概念可以成立。次生态是受到人类活动较大影响但又保持较好的生态环境，其中有些已经是不可逆转的。所谓泛生态，一层意思是生态环境的泛化。生态环境既包括自然环境，也包括社会和人文环境。既包括好的生态环境，也包括恶劣的生态环境，还包括改造中的生态环境。另一层意思是把生态旅游当做一种原则、一种导向，研究一系列工作措施，形成全面的社会影响。也就是要把生态旅游的基本理念、基本原则、基本思想，推广到旅游发展全过程。在泛生态角度，形成生态旅游和可持续发展的真正关系，从而演化出一个泛生态的概念。①

笔者从泛生态角度出发，既将民族民间文化视为一种生态旅游资源，更研究如何将生态旅游的基本理念、基本原则、基本思想等贯穿于民族民间文化的保护与开发中，寻求民族民间文化与生态旅游的整合，充分借鉴生态旅游理论与实践的经验，探索具有可操作性的民族民间文化保护模式，借助开发实现对民族民间文化的保护，借助保护提升生态旅游的开发水平。

少数民族与众不同的建筑形式、颇具特色的服饰及饮食习惯、别具风格的庆典节日，以及形式多样、层次丰富的民族风情，形成丰富多彩的民族民间文化，是文化价值极高的旅游资源，对国内外旅游者来说无不具有极强的吸引力。异地差异明显、文化内涵丰富的民族文化旅游产品已成为我国、特别是西部地区旅游产品的重要组成部分，而西部民族文化正处于大力开发建设中，这在一定程度上促进了少数民族地区的经济和文化发展，但同时也对少数民族地区的社会文化产生了一定的负面效应。另外，随着经济全球化的发展，各国、各地区之间文化交流增多，文化全球化的趋势也日益凸显，各种文化之间撞击、竞争也越来越明显，尤其是强势文化对弱势文化的倾泄、排挤和侵蚀。这种趋势在一国之内表现得也非常明显，特别是在现代文化与古老的文化遗存之间。在文化全球化和经济高速发展的背景下，在许多传统文化不断消失、人类的文化生态平衡也在遭到破坏的形势下，如何保护民族民间文化的生存与活力，保持民族文化结构的均衡性与合理性，使民族文化生态系统得以完整保存并全面、协调、可持续的延续和发展，已引起学者们的深切关注和高度重视，探索一条有利于民族民间文化开发及保护的有效途径，促进民族地区旅游业的可持续发展，势在必行。

（二）“地方性知识”观念的引入

生态旅游尽管以联结并保护当地居民与文化著称，生态旅游的开发也必然经常表现为所谓先进文化对落后文化的强势入侵。在开发的过程中，当地经济上可能得到一定程度的发展，而这种不平等的文化关系必然导致

① 参见：魏小安. 多彩贵州，多姿发展. 贵阳：贵州人民出版社，2006：第 187 页。

一些多样性、乡土性、神秘性的特色文化形态程度不等地遭到破坏，民族民间文化可能被导致商品化、庸俗化、形式化甚至消失，人们的价值观也可能发生改变。这些变化具体表现在三个层面：一是物质形态层面，如民族建筑、服饰、饮食文化、生产生活的现代化等；二是行为形态层次，如习俗、民风、节庆活动、行为规范与宗教仪式等的商品化和庸俗化等；三是精神形态层次，民族民间文化的精神形态构成要素是隐性要素，而民族民间文化物质形态、行为形态所受的冲击，最终会反映到民族民间文化的精神形态上，影响人们的思想意识、价值观念、心理素质和宗教信仰系统等，进而影响到当地的整个文化生态系统。[①] 在我国西部少数民族地区的旅游发展过程中，不乏这样的负面案例，如泸沽湖旅游给当地经济带来了发展，但也对当地摩梭人传统的文化形态、生活方式和价值观念形成冲击，有可能导致摩梭文化的蜕变甚至消失，如母系制的婚姻家庭也受到冲击，外出打工者愿意在外安家，摩梭少女也愿意嫁出村寨。更严重的是，摩梭人神圣的走婚习俗也被误解，甚至给一些异民族男人提供了不负责任的可乘之机；在一些民族村内，民族文化的行为形态则完全是按照游客需求设计的，这不仅违背了民族大开发村设置的初衷，也扭曲了固有的民族文化，使行为文化与民族文化之间发生了断裂，失去内涵而无法延续，严重阻碍了民族文化精髓在代际间的传承。只有在所谓先进与落后、发达与不发达之间建立一种真正意义上的平等关系，经济不发达地区才能获得经济发展与文化进步的双赢。因此，在生态旅游理论研究中引入当代人类学“地方性知识”的观念同样势在必行。

1.“地方性知识”的内涵

这里所谓的“地方性知识”是与“普同性知识”相对应的概念。美国人类学家克利福德·吉尔兹认为：“这种地方性不仅指地方、时间、阶级与各种问题而言，并且指情境而言——事情发生经过自有地方特性并与当地人对事物之想象能力相联系。”[②]所谓“地方性知识”，是指任何特定的、具有地方特征的知识，也是指一种新型的知识观念。任何地方性知识都是在一定的自然和社会人文环境中建立、继而完善起来的专属性认知与应用体系，离开了这些特定的环境条件，地方性知识就会失去原有的效用。从文化的角度分

① 参见：贾小琴. 西部大开发中加强民族文化生态建设的思考. 中共伊犁州委党校学报，2007(4)。

② [美]克利福德·吉尔兹. 地方性知识——阐释人类学论文集. 王海龙，张家瑄译. 北京：中央编译出版社，2000：第273页。

析，“地方性知识”是指一种文化系统，它强调“文化持有者的内部视界”，来自于人类学对“族内人”（insider）和“外来者”（outsider）如何分别看待他们的思维与解释立场及话语表达的问题，有人概括成所谓“emic/etic”，其中的“emic”是文化承担者本身的认知，代表内部的世界观乃至其超自然的感知方式，是内部的描写，亦是内部知识体系的传承者；“etic”则代表一种外来的、客观的、“科学”的观察。[①]“地方性知识”的观念，将引导人们“由特定的历史条件所形成的文化与亚文化群体的价值观，由特定的利益关系所决定的立场和视阈”看待经济不发达地区的古老文化遗存，在强势文化与弱势文化之间建立一种互相理解与尊重的关系。“正是由于知识总是在特定的情境中生成并得到辩护的，因此我们对知识的考察，与其关注普遍的准则不如着眼于如何形成知识的具体的情境条件。”[②]把一种古老的文化遗存还原到它产生的具体情境中去重新发现，从对它的产生源流的关注中培养起一种认同心理。

2.“地方性知识”的原则

（1）尊重差异原则。在发展当地经济的同时，兼顾文化的多样性，是生态旅游发展的目标，由“地方性知识”衍生出的尊重差异与加强对话原则能够帮助我们较好地解决这一难题。尊重差异与加强对话是一个问题的两个方面。生态旅游毕竟是一种先进文化主动介入落后文化地区推动当地居民重新确认自我的文化身份，加速当地经济与文化实现现代化的活动，在这一进程中，两种文化之间必然会产生一些矛盾和冲突，是采用强制措施消除两种文化间的冲突，迫使当地文化纳入自己的运行模式、并接受自己的价值观念，还是尊重这种文化差异性，这是生态旅游在发展中必须认真解决的问题，如果以保护的名义破坏当地已处于不断衰落的民族民间文化，这就违背了生态旅游开发的初衷。吉尔兹曾在印度尼西亚巴厘岛进行田野考察，他发现巴厘人按出生的长幼而被命名为“头生的”、“二生的”、“三生的”、“四生的”四种，过了老四又开始新的循环，第五个孩子也叫“头生的”，第六个孩子则叫“二生的”。在一母所生的同胞中，叫“二生的”那个人也许是“头生的”老五或老九的大哥。这种循环往复的排序方式在现代文明社会中毫无疑问是格格不入的，已经完全不能适应现代社会的需要，不能真正反映同胞间的长幼次序，但它却体现着一种往复无穷的生命观念，它不可翻译，却是

① 参见：周尚意，吴莉萍．地域文化、地方性知识对区域发展的影响．地理教育，2007（5）。

② 盛晓明．地方性知识的构造．哲学研究，2000（12）。

具有文化特质的地域性的知识。[①] 在当地文化现代化的过程中，新的排序方式不应取代这种排序方式，而应尊重这种差异性的存在，并采取有效措施保护它。已有学者指出，一种文化的现代化不是采取强制措施取消诸如此类的差异性，而是承认并尊重这种文化之间的冲突。

(2)加强对话原则。加强对话的目的在于彼此理解，互通有无，真正实现不同文化之间的互相尊重。承认与尊重两种文化之间的冲突不是目的，文化现代化的目标归根结底是促进文化进步，历史的发展已经证明，文化的进步往往是在不同文化相互融合中获得发展动力的。如果所谓的先进文化放弃自我高高在上的姿态，与当地文化平等相处，“着眼于如何形成知识的具体的情境条件”去发现当地文化，那么，当地文化就不会像想象中的那样落后。摩梭人信奉本族的达巴教，达巴教祭司“达巴”集巫、医、艺于一身，是摩梭传统文化的重要传承者。用象形文字写成的达巴经书涉及领域宏大，除宗教外，还涉及哲学、伦理、历史、地理、文学、艺术、天文、医药、农牧及战争等社会科学和自然科学的内容。美国人类学家康克林在菲律宾的哈努诺族进行调研的学位论文《哈努诺文化和植物世界的关系》提出：当地语言中用于描述植物各种部位和特性的语汇多达150种，而植物分类的单位有1 800种之多，比西方现代植物学的分类还多500多项。[②]

从农田种植的常规来看，在山区开辟梯田是一种普遍认同的做法，也是利于水土保持的对策。由于受到普遍性知识的引导，许多山区种植大多仰仗梯田，但在温暖湿润的喀斯特地区，如果地表已经高度石漠化，修筑梯田不仅成本极高，而且贻害无穷，我国滇黔桂边区就是这样的地带。如果按照当地苗族、布依族的传统做法，则可以保证对生态环境的利用和维护到位。他们利用已经石漠化的土地资源进行保护式开发的做法是：第一，不轻易触动已有的残存植被，而是在其中见缝插针地种植有一定经济价值的木本植物，如槐树、构树、马桑、山苍子、椿树、桐油树、漆树等此类野生或半野生的植物，在取得经济效益时，只取植株的有用部分，如叶、花、果、汁，等等，无须连年种植和清除残株，也就不必连年翻土，自然不会扰动脆弱的表土，从而控制了继续石漠化的势头。第二，保持这些木本植物和野生杂草灌丛的自然存在，不强行改变其物种构成。这样做既能加速植被的扩大与恢复，支持多种动植物的生长繁殖，又能拦截从高处自然下泄的水土，使已经石漠化的土地逐步增厚扩宽表土，稳步恢复土地的生产能力，持续稳妥地获得石漠化

① 参见：叶舒宪. 地方性知识. 读书，2001(5)。

② 同上。

救治成效。[1] 由此可见，即便是较为落后的文化，也可以和所谓的先进文化互补与参证，弥补先进文化中某些方面的不足。生态旅游开发对当地人文生态旅游资源来说实际上是一种限制性开发，但是开发显然不是封存起来，不让游客接触，开发的目的是使其拥有更为久远和强大的生命力，只有在开发过程中有意识地加强不同文化之间广泛的对话，并建立一种有效的对话机制，才能做到对当地落后文化有效的保护，否则，所谓的开发与保护只能流于空谈。

第二节 民族民间文化保护面临的问题

人类在发展过程中所创造的绚烂多彩、各具特色的传统民族民间文化记录着人类社会成长的历程，构成了人类历史不可替代、不可再生的印记。民族民间文化体现的是特定民族或群体的审美个性和文化精神，其独特性是依附现代工商业社会所产生的其他文化所不能取代的。随着现代科技的高速发展，各种文化的交流与交融达到了前所未有的规模和速度，经济全球化、市场化和数字网络化的趋势，使不同地域、不同民族的不同文化所受到的冲击越来越大，更是加剧了民族民间文化的消亡速度，在某种意义上，民族民间文化的消亡将意味着民族个性、民族特征的消亡。随着人们认识的加深，民族民间文化的价值也日渐显现，对其保护的紧迫性更是日益突出，并成为国际普遍关注的重要问题，越来越多的发展中国家意识到保护本国民族民间文化的重要性，一些发达国家也逐步认识到这个问题不能忽视。

一、民族民间文化

(一)民族民间文化

文化的实质性含义是"人化"或"人类化"，是人类主体通过社会实践活动，适应、利用、改造自然界客体而逐步实现自身价值观念的过程。[2] 在征服与改造自然的漫长历史中，先民们给我们留下了丰厚的物质文化、制度文化、风俗习惯、思想与价值的创造。文化的进化与人类文明的发展进程是同步的，在人类文明发展的每个阶段，都有与之相适应的文化形态，随着人类文明的不断发展，一些文化形态必然会成为过去的文化遗留。

---

① 参见：杨庭硕. 论地方性知识的生态价值. 吉首大学学报(社会科学版)，2004(3)。

② 参见：张岱年，方克立. 中国文化概论. 北京：北京师范大学出版社，1994：第4页。

1. 民族民间文化的定义

世界上不同的国家和组织，对于这些具有民族民间特性的、具有一定历史、文学、艺术、科学、社会价值的文化的称呼和理解不同。国际上主张采用版权保护的国家和组织统称其“民间文学艺术”（folklore），世界知识产权组织称其为“民间文学表达形式”（expression of folklore），联合国教科文组织称其为“传统文化与民间文化”（traditional and folk culture）或“非物质文化遗产”、“口头或非物质文化遗产”。在第32届联合国教科文大会通过《保护非物质文化遗产公约》前，学界曾长期使用“民间文化”、“民间传统文化”和“民族民间文化”等概念，近年来，在“民族民间文化”的基础上也开始采用“非物质文化遗产”这一概念，在行政性、地方性、规范性文件和学界探讨中“民族民间传统文化”、“民族民间文化”与“非物质文化遗产”基本上是同义的。

世界知识产权组织在1982年制定的《保护民间文学表达形式、防止不正当利用及其他侵害行为的国内法示范法条》第二条中对民间文学艺术表达形式作了如下界定：由传统艺术遗产的特有因素构成的、由某国的某居民团体（或反映该团体的传统艺术发展的个人）所发展和保持的产品。并且列举了四种具体的表达形式，包括口头、音乐、活动和有形表达形式。[①] 联合国教科文组织在1989年通过的《保护传统的民间文化建议案 》中称其为“民间文化和传统文化”，并将其定义为：“来自某一文化社区的全部创作，这些创作以传统为依据、由某一群体或一些个体所表达，并认为是符合社区期望的作为其文化和社会特征的表达形式；它的准则和价值通过模仿或其他方式口头相传。”[②]

我国是一个多民族国家，各民族在地域分布上的大杂居、小聚居的特点，使得民族民间文化具有十分丰富的内涵。“民族是一个文化共同体，文化又是民族这个共同体中最持久、最稳定的联系”[③]，正是因为文化使得任何一个民族都表现为一个整体，所以文化的民族性或者民族性的文化，就成为一个民族生存与发展的标志。在我国的文化实践中，民族民间文化是一个约定俗成并被长期使用的概念，是指“由某一特定民族或一定区域的人群世

① See Model Provisions for National Laws on the Protection of Expressions of Folklore against illicit Exploitation and other Prejudicial Actions, Uneseo & WIPO, 1985 (http://www.wipo.int).

② 中国民族民间文化保护工程国家中心. 中国民族民间文化保护工程普查工作手册. 北京：文化艺术出版社，2005：第78～82页。

③ 宋才发. 论民族民间传统文化保护立法的意义. 中央民族大学学报，2004(3)。

代相传，留存于民间的，反映该民族或该区域人群历史渊源、生活习俗、心理特征及所赖以生存的自然环境、群体特征、宗教信仰等诸多内容的文化艺术表现形式的总和"。

2001 年 11 月，文化部在昆明召开《民族民间文化保护立法》工作会议时提出，民族民间文化作为一个广义的概念，指由某一特定民族代代相传，不断加工、修改，反映了该民族历史渊源、生活习俗、心理特征及所赖以生存的自然环境、群体特征、宗教信仰等诸多内容的文化表象。①

2005 年 3 月 26 日发布的《国务院办公厅关于加强我国非物质文化遗产保护工作的意见》中对非物质文化遗产定义为：非物质文化遗产指各族人民世代相承的、与群众生活密切相关的各种传统文化表现形式（如民俗活动、表演艺术、传统知识和技能，以及与之相关的器具、实物、手工制品等）和文化空间。

我们认为，民族民间文化是指在高度组织化社会生活的边缘地带散落着的那些文化碎片，它们以杂乱无章的形式分布于民间，不能有效地解决社会政治生活中遇到的实际问题，缺少有效承传，因而只能以自为的形式延续生命。诸如民族节日和庆典活动，传统体育和游艺活动，民族特色居室、服饰和器皿，民族特色建筑和设施，迥异于主流文化的手稿、经卷、谱牒、碑碣、楹联，民间艺人口耳相传的逸史，民族工艺技术和珍品，等等。它们虽然已经退出实际生活的领域，却是我们从更为广泛的角度了解先民，回溯历史不可多得的重要参考资料。

2. 民族民间文化的内容和形式

国务院颁布的《关于加强我国非物质文化遗产保护工作的意见》中规定："非物质文化遗产"的范围包括："（1）口头传统，包括作为文化载体的语言；（2）传统表演艺术；（3）民俗活动、礼仪、节庆；（4）有关自然界和宇宙的民间传统知识和实践；（5）传统手工艺技能；（6）与上述表现形式相关的文化空间"。对于"文化空间"，作了如下解释："文化空间，即定期举行传统文化活动或集中展现传统文化表现形式的场所，兼具空间性和时间性。"

具体来说，民族民间文化在内容上包括："工艺生产技艺及其制品；在民族民间流传的诗歌、音乐、歌舞、戏曲、曲艺、谣谚、皮影、剪纸、绘画等艺术表现形式；反映某一民族或区域习俗的礼仪、节日和庆典活动、游艺活动、民族体育活动、饮食、民居、服饰、器具、工具、建筑物、设施、标志及特定的自然场

① 参见：樊智义. 对民族民间文化概念及分类思考. 朔方 · 文艺评论，2006（12）。

所;在一定区域或群体中流行的语言、文字;传统医药知识;有价值的手稿、经卷、碑碣、楹联等。"

从形态上看,民族民间文化除了无形的部分外,还包括有形的部分。"所谓无形的是指那些依附个人、群体存在的非物质形态化的部分,如口传文学及语言、传统表演艺术、传统工艺技能、传统民俗节庆、传统知识、特定的文化场所或空间等。所谓有形的是指那些记录或承载无形文化遗产的物质形态化的部分,如传统工艺美术制品、文献典籍、服饰器具等"①,这些文化遗产、特别是其无形部分,与世代传承的民族民间文化的技艺者、表演者、知识者密切相关,最大的特点就是不脱离特定民族和群体现存的特殊生活生产方式本身,是其生活生产方式的组成形式,是民族个性、民族审美的活的显现,它们互相关联,有机地存活于共同的社区或群体之中,并进行着从传承到创新的演进过程,标示出了其生生不息的深层生命运动和丰富久远的文化蕴涵。

从我国近年来对民族民间文化的论述来看,显然只是从狭义的角度来理解和认识民族民间文化,即认为它是社会意识形态类的事物或是各民族在长期的社会历史实践过程中所创造的物质财富。事实上,民族民间文化是两者的总和。

(二)民族民间文化的特性

不同种群的文化在进化速度上存在明显的快慢之别,民族民间文化在被主流社会文化逐渐抛离的过程中,开始显现出一些自身独有的特性。

1. 自为性

民族民间文化具有主体参与集体性和广泛群众性的特征,民族民间文化是不同民族、不同社群的民众在历史长河中自己创造和传承的,它既不是个人行为,也不是政府行为,而是一种民间自主的行为。民族民间文化在民间以自为的形式存在,它有一种独立的自我保护与生存机制,用以延续虽然不断衰败却还不至于寿终正寝的生命。每一个民族都有自己的创世神话。在广西壮族流传着姆六甲神话,姆六甲是开天辟地造万物造人类的圣母,神话说,姆六甲命蜾蜂去修整天,命拱屎虫去修整地,又把地皮扯起来,高处为山岳,低处为河海沟谷。又见大地毫无生气,便想造人。她站在两座大山之间,突然吹来一阵风,觉得尿很急,便撒了一泡尿,尿湿了土地。她便用泥土照自己的样子捏了很多泥人,经过七七四十九天,这些泥人竟活了起来。如

① 朱兵.文化遗产保护与我国的实践.湖北行政学院学报,2002(3)。

今在壮族的节日中有一个“敬岩节”,它是专门为纪念圣母姆六甲而设立的,每年农历七月十四都有壮族男女老少拥进岩洞去烧香唱歌、祭岩洞。[①] 原始初民的创世神话以民族节日庆典的形式保留下来,这是女阴崇拜、圣母崇拜的表现,也是壮族创世神话自我保护与自我延续的生存机制的表现。

2. 地域性

由于各民族的文化传统、信仰、生活习俗的差异,形成了各种不同特色的民间文化和民俗,俗语“十里不同风,百里不同俗”,就是地方性特征和地域性限制的写照。从地域上来看,民族民间文化都具有明显的地理特征和乡土特点,任何一类民族民间文化的特征和形式都受一定地域的生产、生活条件和地缘关系的制约,一种民族民间文化形式只在某一特定地域内具有相同生活方式和审美心理的群体中流传,同时也凝铸着该地域的民族精神和民族性格,带有明显的地域特征。

民族民间文化的这种地域性也使各种民族民间文化各自区别开来,以一定的群体如氏族、部落、村庄、民族等形态的各种人群集合体为载体,不仅表现为民族民间文化中所表达的思想感情,反映的心理愿望,还表现在民族民间文化从创作到流传,从不断加工到长期保存的整个过程,这都是与群体分不开的,而且各群体相互区别,各具特色,表现出群体的智慧和艺术才能。

3. 边缘性

在高度组织化的社会生活中,主流文化因与时代主流精神同步而居于中心的位置,民族民间文化因其解决实际社会生活问题的能力不断减弱,而不断地被边缘化,以至于不得不寄身于一些贫穷落后地区,或者干脆进入一种隐形状态。对于现代医学来说,把巫术与医术合二为一是一件荒诞不经的事,但是在菲律宾群岛的矮黑人那里,“一切疾病都是鬼魂造成的,要想使什么疗法有效,必须先驱走身体中的鬼魂。对于患病的土人的意识来说,医生用的草药和与这个药草联系着并保证着它的效验的神灵(神灵是由这个医生召请来的)彼此不能分开……显然,他们的草药也不是像我们的药品那样由于其本身固有的化学性能而发挥作用,而是由于它们里面有神灵(它们是神灵的最中意的媒介)才发生作用的。同样,这个神灵又是由于巫医的巫术的召请才发挥作用的”[②]。我国湖南、贵州两省的毗连地带杂居着汉族与侗族,这里的汉族居民和其他地区的汉族居民一样,已经普遍使用各种化学

① 参见:农学冠.岭南神话解读.南宁:广西民族出版社,2000:第28~31页。

② 彭金泽.民族民间文化的保护及立法思考.中国政法大学博士学位论文,2007:第112~113页。

杀虫剂去对付水稻害虫(我国绝大部分地区都已使用这种方法),使用化学除草剂,除去水田中的杂草,并大量施用化肥。目前类似做法已造成严重的环境污染,浅水湿地生物群落的生物多样性也蒙受了重大的损害。然而在侗族居民的水田里却不会这样,原因在于侗族对于稻田害虫的价值定位不同,他们凭借地方性知识建构起来的治理办法也不同。侗族是将好几种水稻害虫作为食品食用,他们在收集害虫供作菜肴的同时,控制了虫害的蔓延。此外,侗族的水田里还要放养鱼虾,田中的许多动植物也是他们的取食对象,因此,侗族的稻田不会轻易使用化学药剂和化肥,他们的水田生态环境当然也不会像汉族地区那样受到损害。在类似的情况下,民族文化间的制衡机制发挥了作用,使各民族的地方性知识获得了免疫力,有效地控制了生态受损范围的扩大,可是这种方法因复杂等原因已不再大范围使用。

4. 多样性

在久远的历史长河中,各民族创造并形成了包括语言、宗教信仰、自然崇拜、神话传说、故事、歌谣、舞蹈、节日、服饰、建筑、手工艺、礼仪习俗以及生存理念、生活和生产方式等在内的民族民间文化。这些内容有的在不同民族中是相近或相似的,有些则相去甚远。即便是同一民族,因为部落不同或居住地不同在许多方面也有很大差异,民族民间文化由此更显出丰富多彩。这种多样性不仅表现为一种文化在不同群体间的差异和多样性,而且表现在民族民间文化的各种表现形式上,如在服饰和建筑方面,如壮族的干栏式建筑,苗族、土家族的吊脚楼,藏族的碉房,维吾尔族的阿以旺住宅,傣族的竹楼,彝族的土掌房,等等,这既与各民族的传统习俗有关,又与各民族居住地的环境与气候等外部条件密切相关。服饰方面更是丰富多样,每个民族的服饰都各具特色,如朝鲜族的木屐、草屐鞋,赫哲族的鱼皮衣,满族的旗袍,回族的礼拜帽,苗族的银饰,纳西族的“披星戴月”,藏族的藏袍等;语言方面,除汉族和回族通用汉语外,其他各个民族大都有自己的语言或文字;音乐舞蹈方面,有产生于青藏高原的藏戏,关中的秦腔,西部乐舞和纳西古乐,东北的说唱艺术。流行于西北的“花儿与少年”,流行于西南与西北的口弦琴,盛行于云南的彝族舞蹈阿西跳月,傣族的孔雀舞,苗族、侗族的芦笙舞,青海土族的安昭舞,新疆维吾尔族的赛乃姆,蒙古族的安代舞,土家族的摆手舞,等等;饮食方面,由于地大物博,人口众多,各地区所处的地理气候、条件不同,人们的生活习惯以及政治、经济、文化等发展的差异性,因而形成了各种不同的风味菜系,有“南甜北咸东酸西辣”之说,更有四大菜系、八大菜系和十大菜系的细分;在民族节庆方面,蒙古族的“那达慕”大会,维吾尔族的肉孜节和库尔班节，回族有古尔邦节和圣纪节，藏族有藏历年、雪顿节和望果节，傣族的泼水节，白族的三月街，壮族的三月三，瑶族的祝著节，苗族的苗年、龙舟节、四月八，等等。

5. 散乱性

民族民间文化是代代相传、世世延续才得以存在下来的，任何一个传承单元都是其传播时期，也是再创作时段，它是在不断流传的过程中，与那个时代的社会背景与文化实践相结合，而逐渐增加新的内容和新的表达方式，它的存在必须依靠传承主体和社群民众的实际参与，体现为特定时空下的立体复合的能动过程。同时，它在时间上的续展性，表现出了它的流变性。现存的民族民间文化都是在与自然、现实、历史的互动中不断生发、变异和创新的结果，这也注定了它是在不停息的运动之中的，是发展变化着的，是无法被强制性地进行静态和凝固地保存的。

民族民间文化作为一种形而上的文化形态，较之意识形态领域各种专门学科学术而言，它与物质生活的联系更为直接，其传播范围具有鲜明的民族性、地域性特征，它们的存在方式不是书本和固态形式，主要是依附于某一群体或个体的传承人，因而其表现形态也具有个性化和不确定性特征。这既造就了民族民间文化的不可替代性，也是其难于保存的原因。民族民间文化在民间的存在有两种方式，或者以可触摸的有形实物的形式被收集保存，或者以无形的观念、思想的形式在上下代之间言传身教。那些羁留民间的文化人的主要动机是个人兴趣与爱好，且在财力与能力上受到很大限制，而普通百姓基本上没有什么明确的保护意识。民族民间文化属于主流文化承传链条上无关紧要的环节，暂时还不能得到政府机构的充分关注，因此，缺少系统整理、杂乱无章是民族民间文化一般的存在形式特征。有些实物形式以诸如封建迷信等各种理由被毁弃了；有些由文字记录下来的手稿，在辗转传抄过程中错漏百出，且不同版本之间互相矛盾；有些庆典礼仪在流传的过程中被简化变形了；还有一些不见于文字记录的民族逸史、神话，在不同的讲述者之间存在很大差异。

6. 与所处环境的不可分割性

许多情况下民族民间文化是以无形与有形的有机结合而存在，与它所处的环境息息相关，不可分割。民族民间文化的创生与传承都与特定环境密不可分，什么样的环境必然产生什么样的民族民间文化，同时，民族民间文化也反映着该地域的文化环境。它因环境而生息，由环境而传承，随环境而变化，因环境而衰落，二者无法分割。这个环境实际就是以一定民族、社区的民众为主体，集自然与人文、现实与历史、经济与文化、传统与现代于一身而形成的互动的文化生态系统，是民族民间文化生存、传承和发展的土壤。

二、民族民间文化的保护

(一)民族民间文化保护的内涵

由于民族民间文化本身的多样性，保护的手段、措施也不尽一致，“保护”也就含有丰富的内涵。下面从五个方面对民族民间文化的保护本质进行把握和理解：

1. 以“活化石”的方式保护应成为保护的基础

民族民间文化与其生存环境密不可分，因此，必须从源头和根本上探寻民族民间文化的基因谱系和生命之根，找到它的灵魂和脉搏及贯穿其中的核心价值观，对“活化石”的保护应该成为整个保护的基础，最佳保护办法就是保护它的生态环境，把它存放在民间，让它与其赖以存在的文化生态环境的关系“活”起来，保护其自身的演变链，营造能适合存活的文化生态，从而使民族民间文化得以永恒的延续。

2. 保护必须激发民族民间文化的创新能力

民族民间文化保护必须激发其创新能力，这样的保护才具有本质性的意义。这也是民族民间文化续展性特点的必然延伸。民族民间文化不可避免地在与自然、社会、历史的互动中不断发生变异，在面对新的生存环境时，民族民间文化自我调节变革的结果是传统价值观与现实理念交合转化后的新生，[①]也就是说尽管其外形已有所不同和变化，但其内里却始终保持着基因谱系的连续性，这种积极的创新，有助于保护对象应时而变，推陈出新，生生不息，也只有继往开来，注入时代因素，张扬其优秀文化个性，民族民间文化才能在新的社会环境和文化建设中起到更大作用。

3. 要有整体保护的理念

在对民族民间文化进行保护时，必须连同与其生命休戚与共的生态环境等一起来进行整体的保护，否则，将会走向愿望的反面。如果割断与之生活的民众环境，民族民间文化就会失去原有的生命，从而蜕化变质，直至消亡。“整体是众多局部的有机整合，但任何局部都不可能完全代替整体，在进行保护的实践中，若只重视代表性事项，轻视乃至割弃其他相关事项，也会造成不应有的损失”。

① 参见：阳柏苏等. 生态旅游研究进展. 株洲工学院学报，2005(6)。

4. 保护必须和权利人的实际情况相结合

只有特定民众社区的人们才是保护的无可替代的主人，民族民间文化的全部生机活力，都存在于生它养它的民族（社区）民众之中，他们一定会想方设法积极参与，在困境中努力寻求两全之策，找到有效保护和弘扬的办法，也只有依靠这些与保护对象相依为命的真正主人，保护才能有可靠的保障。在进行保护时，必须关注和尊重相关民众的现实需求，决不能以妨碍经济发展降低人的生活质量为条件，如果限制或改变这种民间性，没有了民众的自主参与，保护将失去生命之源。

5. 提高全民族的保护意识

民族民间文化的保护首先应该唤起各民族和各地域民众对自己特色文化保护的自觉意识，有了这种自觉自愿，才能有效地使民族民间文化得到保护与发展。政府的工作不在于包办一切，更不能取代民族民间文化发展中民众的作用，而在于积极倡导，通过宣传、倡导、制定制度等方式使人们认识到民族民间文化的重要性，并积极主动地参与到民族民间文化保护中来，最根本的就是提高全民族的保护意识，使人人都懂得保护的重要性，明了为什么要保护，以及如何保护，从而形成强大的社会舆论，使保护进入人们的日常生活，代代相继，真正实现有效保护。

（二）民族民间文化保护现状

长期以来，我国民族民间文化虽得到一定程度的保护，但对它的重视和保护程度尚不及物质文化遗产，未被纳入国家法律的保护范围。在保护观念上还存在不少误区：“一是轻视或忽视民族民间文化在主流文化中的地位和作用；二是和长期以来对有形的文物保护的重视和对无形的文化遗产保护的忽视的认识有关，在实践和法制建设中，民族民间文化往往被文物所取代；三是在现有经济条件下，国家财力有限，无暇顾及。”[①]这些认识上的误区对有效开展民族民间文化的保护工作产生了不小的影响。

1. 法律角度的保护

全国人大代表多次提出制定保护民族民间文化的法律议案，呼吁将保护民族民间文化工作纳入法制轨道，以适应社会发展的需要，实现科学有效的管理。由于我国文物保护法主要是针对有形文化遗产制定的，其内容并不涵盖无形文化遗产部分，因此，制定民族民间文化方面的专门法律，建立完善的民族民间文化法律保护制度，不仅必要而且紧迫。

① 张建世. 文物及民族民间文化遗产的内涵与统一立法保护. 西南民族大学学报（人文社科版），2005(3)。

(1)国家对于民族民间文化的法律保护。在我国,民族民间文化遗产保护方面的法律制度主要包括《宪法》和《民族区域自治法》所确立的基本法律依据、准则和文化遗产保护的专门法律、法规两个方面。这里大致可以分为三个阶段,第一阶段:从新中国成立前后到 20 世纪 60 年代初创时期,行政命令是文物保护的主要依据和规范,对文化遗产的认识也仅限于重要的文物古迹本身。1950 年 5 月,国务院发布保护古迹的政令。1961 年,国务院颁布《文物保护管理暂行条例》。同年,国务院公布首批全国重点文物保护单位。第二阶段:20 世纪 80 年代前后改革开放时期,最重要的突破在于文物保护的范围得到大大拓展,虽然这些进展仍是围绕有形文化遗产来进行的。1982 年,全国人大常委会颁布实施《文物保护法》,该法突破了文物古迹的单纯保护,注意到历史城区保护问题,确立了历史文化名城的保护概念,并将其纳入法律调整的范围。1984 年,国务院下发通知,提出设立"历史文化保护区"的概念,以作为历史文化名城的补充。第三阶段:90 年代以来,我国开始注意到无形文化遗产保护的法制建设问题,但限于认识,立法实践零散而不完整。1990 年颁布、1991 年实施的《著作权法》首次确认民间文学艺术作品享有著作权、并受法律保护,同时规定具体保护办法由国务院另行规定。由于理论界对民间文学法律保护方式存有争议,有的学者认为,民间文学艺术作品符合著作权保护的条件,因此可由著作权法进行保护。也有的学者认为,民间文学艺术作品与著作权保护客体在权利主体、保护期限等问题上存在很大差异,因此应突破著作权保护的限制,进行特别立法。[①] 1997 年,国务院制定颁布《传统工艺美术保护条例》,规定了作为民族民间文化一部分的传统工艺美术的具体保护措施。

(2)地方立法对民族民间文化的保护。20 世纪 80 年代以来,江苏、河北、宁夏、浙江等省(区)相继制定了本地区的工艺美术保护办法和民间艺人保护办法。2000 年 9 月,云南省颁布《云南省民族民间传统文化保护条例》,这是我国第一部保护民间传统文化的地方性法规。该条例主要通过行政手段对民族民间文化予以保护,而未将其作为一种财产具体规范所有者与使用者的权利义务关系。该条例对民族民间传统文化的内容、范围、交易与出境、保障措施、奖惩等方面作出了明确规定。贵州省于 2002 年颁布了《贵州省民族传统文化保护条例》、福建省于 2004 年颁布了《福建省民族民间文化保护条例》,广西于 2005 年颁布了《广西壮族自治区民族民间传统文化保护

① 参见:贾鑫鑫.浅谈我国民族民间文化的保护.山西高等学校社会科学学报,2007(3)。

条例》。湖南省湘西土家族苗族自治州制定了地(州)级的《民族民间文化遗产保护条例》,江苏省苏州市颁布了《苏州市民族民间传统文化保护办法》,2006年湖北省长阳县出台的《长阳土家族自治县民族民间传统文化保护条例》是我国县级地区第一部民族民间传统文化保护的法律。

此外,一些地方还制定了以单项民族民间文化为保护对象的地方性法规,如安徽省淮南市为保护和发展在淮河流域流行的民间艺术花鼓灯,专门制定了《花鼓灯艺术保护条例》。云南丽江为保护"活着的象形文字"《东巴经》和独特的民间风俗,颁布了《云南省丽江纳西族自治县东巴文化保护条例》。江苏省苏州市颁布了《苏州市昆曲遗产保护条例》。

2. 实践角度的保护

民族民间文化形式多样,人们对民族民间文化进行保护的方式也是如此。

(1)政府层面的行政保护。在政府层面上,对民族民间文化的行政保护最早的浩大工程是1979年开始实行的国家大型文化普查、记录、整理、出版"十部民间文艺集成志书"工程,是由文化部、国家民委、中国文联各有关协会发起的,按行政区划立卷,每省(区、市)各十卷,共计300卷。包括《中国民间歌曲集成》、《中国戏曲音乐集成》、《中国民族民间器乐曲集成》、《中国曲艺音乐集成》、《中国民族民间舞蹈集成》、《中国戏曲志》、《中国民间故事集成》、《中国歌谣集成》、《中国谚语集成》和《中国曲艺志》,全国约有五万余人从事十部文艺集成志书的收集、整理、编纂、审稿工作,十部民间文艺集成志书在全面普查收集整理过程中,收集到了大量的文字、声音、录像资料,这些都是民族民间文化的宝贵资料,通过对民族民间文化艺术的抢救、发掘、整理和研究,不仅保存了大量珍贵的文化资源,也造就了一支有相当学术积累的科研队伍,为民族民间文化的保护工作奠定了坚实的基础。①

2004年,文化部、财政部、中国文联、国家民委等部门,联合启动了"中国民族民间文化保护工程",并且成立了专门的领导小组和专家委员会。这项工程在以往民族民间文化保护工作成果的基础上,结合新时期的新情况和新特点,由政府组织实施推动,对珍贵、濒危并具有历史、文化和科学价值的民族民间传统文化进行有效保护,这对维护国家文化主权和文化安全等均具有重要的现实意义和深远的战略意义。2004年8月,十届全国人大常委会第十一次会议批准我国加入联合国《保护非物质文化遗产国际公约》,我

① 参见彭金泽:前引书,第134页。

国成为世界上最早加入公约的国家之一。2006 年 5 月 20 日,国务院批准并公布了我国第一批国家级非物质文化遗产名录,共 518 个项目,国家级名录的公布,标志我国非物质文化遗产名录体系的初步建立,也标志着我国的非物质文化遗产保护工作进入了一个新的阶段。①

(2)自我保留和传承。本族民众的自我保留和传承是一种常见的保护方式。在这种方式下,文化保护的生命力较弱,一些民族民间文化因缺乏继承人才而濒临消失,或已经消失。据介绍,湖北省恩施咸丰县过去的一种核桃雕工艺就已经失传;湖北恩施人常引以为豪的"南、堂、灯、傩、柳"五种地方戏曲剧种也基本处于濒危的边缘;而傩面具只有谭学朝一人会制作,恩施灯戏传人廖南山去世后,全面精通灯戏的老艺人便少之又少了;此外,传统的吊脚楼木房不断被拆除,取而代之的是钢筋水泥楼房。随着吊脚楼木房的不复存在,它所负载的传统文化也就跟着消失。面对这一文化困境,湖北恩施州政府引导、规划抢救传统文化,通过对培养与扶持传承人,开展群众的艺术娱乐活动,重建民族建筑,建立文化生态保护区等措施取得了良好效果,使民族民间文化完整地展示在世人面前,并永存于群众之中。

(3)发展旅游,进行保护与传承。通过发展旅游来保护和传承文化、促进当地经济发展,成为一种大众化的保护方式。四川各地开发的旅游项目,有大凉山彝族的火把节、阿坝藏族羌族自治州茂县的"转山会"、都江堰市的"放水节"、成都龙泉山的桃花会等,都具有了相当的知名度,有民族民间文化参与而形成的旅游产业解决了多方面的问题:一是为农民创造了一条增收渠道,加快了脱贫和实现小康生活的步伐,极大地推进了少数民族地区的现代化进程;二是加快城乡基础建设,营造和改善了投资环境;三是提高了地方政府和民众对民族民间传统文化的保护意识,使他们具体感受到民族民间文化对地方经济繁荣和社会发展所起的独特作用,在一定程度上解决了民族民间文化的传承问题。但旅游的发展也对这些地方的民族民间文化形成一定程度和不可小视的负面影响,包括物质形态层面的影响,如民族建筑、服饰、饮食文化、生产生活的汉化和现代化等;行为形态层次如习俗、民风、节庆活动、行为规范与宗教仪式等的商品化和庸俗化等;以及精神形态层次如人们的思想意识、价值观念、心理素质和宗教信仰系统的变迁等。

三、民族民间文化保护面临的问题

民族民间文化在不同社会发展速度下变化幅度也会有所不同。在一个

① 参见彭金泽:前引书,第 142 页。

平稳、常态的社会行进背景下，民族民间文化的变化是“渐进式”的，变化维持在一个较小的幅度内。中国长期的小农经济社会里，民族民间文化缓慢地变化。而在如今现代化、城市化步伐不断加快的背景下，民族民间文化的消亡速度明显加快。因此，在全球化趋势与工业化社会的不断冲击下，民族民间文化的独立存在面临着越来越多的问题。其中有些是其在发展过程中不可避免的，还有一些是由于所谓先进文化的持续关注所衍生出来的。总的来说，民族民间文化保护面临以下问题：

1. 本族后人抛弃

在经济全球化、区域脱贫化、市场经济商品化、地区城镇化的历史背景下，人们的民族民间文化意识逐渐淡薄，其阵地不断缩小，生存环境不断恶化，加剧和凸显出民族民间文化的脆弱性。随着西部地区现代化进程的加快，文化环境面临巨大改变，从而延缓了一些民族民间文化的发展。绚丽多姿的民俗文化的价值往往被外界所认识，民族地区的居民却往往对这种优秀的文化熟视无睹。同时，受经济利益的影响，人们研究和传承民族民间文化的意识有所减弱。尤其是一些通过口传身授、参与感受等方式传承的民族民间文化，随着传承者的离世，文化也就随之基本消亡。在一些民族地区，确实存在着本民族文化后继乏人的问题，一些本民族的后代不乐于接受前辈的思想观念，也不愿继续扮演前辈人在本族中所扮演的文化角色，为了一种更为舒适的生活而主动融入主流社会。如湖北恩施州是古代巴文化的发祥地和土家族文化的诞生地之一，这里的民族民间文化丰富多彩，底蕴深厚，特色鲜明，仅民间表演艺术就多达数十种。传统戏剧有南剧、堂戏、灯戏、傩戏及柳子戏；音乐、曲艺有恩施扬琴、利川小曲、山民歌等；舞蹈有撒尔嗬、摆手舞、肉连响等，许多品种都是本地区和民族独有的，其中摆手舞、撒尔嗬在民族文化宝库中占有重要的地位；吊脚楼、风雨桥等富有特色的传统建筑工艺享誉国内外；各种民间工匠的技艺，如竹编、纸扎技艺，傩面制作、乐器制作令人叫绝。[①] 然而，其中一些传统的民族民间文化正面临着衰退、濒危和消失。

2. 其他文化同化

任何一种民族民间文化的生存，都是与其所处的自然历史环境相适应的。环境一旦改变，文化生存的土壤随之消亡，文化亦不再生。客观而论，当代社会在由农耕文明向工业时代转变的过程中，随着城市的变迁、科技和

---

① 参见：彭晓全等. 保护民族民间文化的典范之举. 中国民族，2005(12)。

通信技术的进步，市场经济和工业化、城市化的飞速发展，生产生活方式的改变，民族民间文化的生存环境发生了变化，民族民间文化所生长和依赖的土壤正在逐步消失，在全球一体化的趋势下，文化的多样性受到严重冲击，保护民族民间文化的多样性受到了外来文化的强烈挑战，民众的兴趣也发生了一定的转移，对于传统文化的保护更是缺乏自觉性，从而导致民族民间文化的生存空间日益缩小，一些固有的文化习俗、服饰、建筑、传统工艺逐渐被消融，民族民间文化也在慢慢地淡出人们的视野。

民族地区脱贫致富必然促使主流文化大规模地进入本地居民生活，这不但改变着当地居民的思想观念，也改变着当地居民的生活与工作方式。这种同化作用在以民族特色资源为基础发展旅游的地区最为明显。旅游开发实际上是多元文化的交会行为，随着国家、地方的开放，异地、异国文化的介入，大量游客带来的思想观念、生活方式以及外界信息的进入等，打破了原来的文化封闭氛围，造成对民族地区传统文化的冲击，甚至出现局部的对立，干扰民俗变化的原有秩序和发展进程。例如：当地居民对于时尚的追求使他们的思想意识、价值观念发生转变，进而影响他们的行为习惯；一些体现高尚伦理道德规范的传统礼仪习俗被逐渐废弃；丰富多彩的民族服饰也在日常生活中慢慢消退；民间节庆活动也都发生了很大变异，致使旅游地社会、生产和生活现存的和谐失衡，使旅游地的民族民间文化被冲淡和同化。伴随着现代化进程的加快和民俗旅游的发展，民族民间文化资源和其生存环境受到更加强烈的冲击，面临着严峻的挑战。

3. 主观认识不足

就主观方面来说，还存在着认识不足，重视不够的问题，对什么是民族民间文化和怎样对民族民间文化进行保护，认识还颇为模糊，还没有认识到民族民间文化保护工作的长期性、复杂性和艰巨性，对这一文化的概念理解不透，对这一文化的评判标准把握不准确，忽视这一文化的生命活态和深层底蕴，不能深入细致地、脚踏实地地做好普查、抢救工作，现有的民族民间文化保护工作机构也是基本不能适应该文化保护工作综合性、多部门协作性、专业性、广泛性、长期性的要求。再者是保护体系还未建立，缺乏专门性的保护法规和有效的保护机制，宣传也不足，没有在全社会形成保护民族民间文化的合力。文化生态环境持续恶化，传统民族民间文化项目参与者越来越少，传承者和受众群体均出现明显断层。传统民族民间文化在中老年人中还具有一定影响，而年青一代大多数对这种文化不了解、不熟悉，更谈不上热爱、保护和传承。另外，经费不足造成保护设施落后，有关部门的整理、研究和抢救工作难以开展，大量民族民间文化的实物和资料散落于民间，得不到收集，从业人员待遇过低，也使许多民族民间文化研究和表演的专业人才外流，民族民间文化的保护和弘扬难以延续。

4. 民族民间文化保护与开发的关系处理失当

为追求直接的旅游经济效益，很多民族地区在一定程度上忽视民俗文化的保护，旅游地的文化传统受到异地强势文化的冲击和同化，文化生态环境保护亦受到破坏，致使传统价值观式微，地方文化的独特性逐渐消失。随着民俗旅游的开展，由于没有事先对民俗文化采取有效的保护措施，游客的旅游行为会对民间文化造成不自觉的伤害，使得外来文化对旅游地文化的冲击渐趋强烈，孕育民俗文化环境的地象因素也在逐步消失，使民俗文化环境同样遭到破坏；民俗习惯的同化和变异也日趋突出，文化多样性在逐渐丧失；同时在市场经济作用下，民族地区的思想道德观念出现金钱化、庸俗化趋势和真、善、美的价值观迷失，淳朴的民俗也正在悄然变化。价值观是民俗文化的核心，民俗文化因子逐渐脱离它适宜生存的原有社会环境和文化氛围，游客难于从中体味到民俗文化的自然、古朴和纯真。

在旅游开发中，由于片面追求经济效益，致使出现传统文化舞台化、商品化、庸俗化的现象。如有些民俗表演为了追求热闹好看，或迎合某些游客的猎奇需要，漠视民俗固有的形式、内容和基本特征，扭曲了民俗的历史文化内涵；更有个别旅游项目与个别地区以低格调民俗包装进行过多的文化场景模仿，再现民俗事象的同时曲解其历史文化内涵，人为地再造民俗节目，甚至任意编加、拼凑一些旅游地根本不存在的民俗，导致“伪民俗”的出现，其结果使一些民俗旅游脱离当地的社会生活，淳朴的民风被歪曲，甚至一些不健康的、迷信的陈规陋习也被错当民俗特色大加渲染，以致失去了民族民间的本色与乡土气息。

第三节　从消极保护到积极保护

一、民族民间文化保护的意义

对一个民族来说，其有异于其他民族之处，除了人种的遗传基因这一自然决定因素外，那些社会性特征主要是靠文化延续来传承的。民族民间文化凝聚着一个民族在其历史的自我发展中不断形成的智慧、理性和创造力，以及自我约束，这是一个民族有别于其他民族最本质的东西。共同的语言、生活习俗与精神信仰，构成了一个民族最基本的文化认同，也构成了连接民族情感的无形纽带和增强民族凝聚力的重要精神支撑。民族民间文化具有丰厚的传统文化历史底蕴与鲜明的民族特征和地域特征，含有大量的历史文化遗产和丰富多彩的文化资源。在全球化趋势与工业化社会的不断冲击下，民族民间文化的独立存在面临着越来越多的问题，其边缘性越来越明显，而有些问题则是可以通过一系列有效保护措施避免的，保护珍贵的民族民间文化资源已成为一项重要而紧迫的任务。

（一）民族民间文化是一个民族发展的重要象征

民族民间文化是一个民族在其所依存的自然地理环境、社会人文环境中，在漫长的历史变迁中发展、形成的物质文化和精神文化的综合体现，它的全部构成了一个民族完整的文化生态。因此，民族民间文化是一个民族发展的重要象征。它集聚着一个民族整体劳动生产、聪明智慧的结晶，蕴涵着浓厚的民族文化积淀，心理结构，意识形态和生活习俗等特点，这种文化传统蕴藏于每个人的身上，寄存在由无数个体组成的民族群体之中，作为一种群体意识，影响着该民族群体及其成员的发展并世代相传。而各民族群体又依赖于各自的文化传统而紧紧凝聚在一起。它是一个民族乃至社会的精神基础，文化结构是否完整，文化生态是否健全，关系到一个人的精神心理健康与否，甚至直接影响人的生存质量。“民族文化问题与民族团结问题和社会稳定问题，形成了一个相互关联的综合性社会问题。对于民族文化生态的保护与建设，必然会促进民族的精神文明建设和民族地区的社会稳定。”①从这个意义上讲，民族民间文化是一个民族的精神载体和精神依托，它体现出该民族的精神品格和精神力量。因此，民族民间文化的多样性与自然生态的多样性同样重要和珍贵，它是各民族生存和发展的精神家园，见证着一个民族的发展历程，是人类文明与进步的精神源泉，它具有物质经济和自然条件无法替代的价值与功能。

（二）民族民间文化是中华文明传承与发展的基础

我国有56个民族，其源远流长、各具特色的民族民间文化，是璀璨的中华文明的重要组成部分，为人类文明的发展作出了重要贡献。在世界文明发展史上，中华文明并不是最早的、唯一的，但一些早期盛极一时的文明如玛雅文化、巴比伦文化都已消失，而源发于黄河、长江流域的中华民族文化却日渐繁衍壮大，尤其在东亚和东南亚地区，中华民族文化的影响超越了其他任何文化的影响。比如汉文字的使用，儒家、道家思想、古代礼仪、节气，

① 赵晓东. 对民族民间文化保护的几点反思. 内蒙古艺术，2004(1)。

如春节等传统的民俗节日等的广泛传播，对中国人发明的围棋技艺的推崇，对中国画、书法、陶瓷等艺术品的热爱，对原产于中国的茶饮的嗜好等，在东亚、东南亚乃至其他地方生活以及工作的各方面都有程度不同的影响。这说明，中华民族民间文化自有其先进的、不可替代、不能摧毁的文化特质，这种潜藏于中国民族民间文化中的优秀基因，奠定了中华文明传承与发展的坚实基础。

（三）保护民族民间文化有利于民族地区文化事业的发展

据统计，我国西部的 12 个省区现有国家和省级文物保护单位 2 231 处。[①] 诸多的历史文物遗迹，如秦始皇兵马俑、楼兰、布达拉宫等和革命纪念地延安、重庆，是各族人民在这些地方生息、繁衍的历史见证，也是中华民族开发西部、建设西部的历史丰碑。我国政府非常重视民族地区的开发和文物的保护管理，文物保护工作被列为其中重要的组成部分，这无疑将大大地加快民族地区的文化建设，同时也给这些地区的历史文物、少数民族文物等博物馆建设带来了新的发展机遇。政府历来十分重视民族民间文化的保护工作，50 年前，就系统开展了对民间文化艺术的抢救、记录、整理、发展的工作；20 年前，由文化部组织实施了十大集成的编撰、出版工作，为我国民族民间文化保护工作奠定了坚实的基础。在新形势下，国家确定要在 2020 年之前，来完成民族民间文化保护的系统工程。这确是一项功在当代、利在千秋、造福民众的重要文化建设工程，具有非常重要的战略意义。[②]

（四）有利于继承我国优秀的民族文化遗产，避免民族传统文化精粹的消失

由于民族民间传统文化自身传播方式的脆弱性、边缘性和现代工业社会文化潮流的冲击，富有特色的民族民间传统文化正面临大量流失的危险。如基诺族富有特色的民居、服饰，傣族的竹楼民居正在被内地汉族式砖木结构的楼房所取代。纳西族的东巴文化在民间渐渐绝迹，并面临无人传承的境地。另外，民族文学语言也被汉语所代替，母语交流大都只存在于老人之间，民歌、民谣、谚语、民族舞蹈等在衰落。物质生活的改变必然促进精神文化生活的变化，这些变化正在从各个方面显示出来。比如中国传统的年节文化有拜年的习俗，不论城乡社会，在大年初一晚辈给长辈拜年祝寿，亲朋好友之间相互登门贺岁，是千百年来华人共同的习俗。现在过春节虽然还是保持着拜年的习惯，但其方式方法却变得多样化了，电话问候、电子贺卡

① 国家旅游局网站（http://www.cnta.com/），统计截至 2009 年 12 月 31 日。

② 参见：张在德. 保护和合理利用民族民间文化. 四川戏剧，2004(4)。

已成为亲朋好友之间年节问候的一种常见方式，礼仪性成分增加，民俗气氛减弱，有的甚至演化为一种例行公事的行为。又如农村中传统的春节，过去是从节前就开始准备，一直到大年十五闹元宵结束，其间有社火、庙会、演戏、化装游行、舞狮等许多全民自发参与的群众性活动。而近年来由于农村青壮年纷纷进城打工，许多人为了找一份工作，有的放弃了春节期间的团聚，有的在大年初二、初三便离乡踏上打工旅途。在一些乡村甚至出现了这样的情况，某些需要青壮年才能完成的群体游艺活动如舞龙灯、踩高跷、大鼓，等等，因为找不到足够数量的村民参与而无法完成，其活动及相关技艺自然逐渐消失。在大中城市里，由于互联网出现而兴起的电子网络游戏，吸引了许多的青少年，国外输入的网络游戏不仅改变了他们的休闲娱乐方式，而且将西方文化观念（包括一些不健康的观念）注入了他们的思想，青少年已经淡忘、甚至从来都不了解这些民族民间文化，由此带来的对我国民族民间文化传承的无形冲击，影响难以估价。保护民族民间传统文化，将会避免这些民族传统文化精粹的消失。

（五）有利于促进民族地区旅游业的发展，带动当地经济与贸易的发展

旅游者的需求已经不再是简单的观光游览，特色的、能带给旅游者体验的旅游资源、景点、景区越来越走俏。富有生命力的民族民间文化是最为活跃、生动和最具特色的一种旅游资源之一，对旅游者具有很强的吸引力。许多人都认识到，发展特色旅游，就必须挖掘当地的特色文化。西部民族地区不仅是文化资源丰富的地区，自然资源也独具特色，百里不同风、十里不同俗，这些地区开发文化旅游业的潜力极大。鲜活的地方民俗文化、民间艺术与固态景观（文物和自然风光）的有机交融，互为丰富和补充，是营造一流旅游景区的最佳途径。如在世界自然遗产之一的四川九寨沟风景区，旅游者们既可以观赏神话世界般的自然景色，也可以欣赏雪域高原的藏族音乐舞蹈，体验藏族群众的生活，对民族地区的经济和文化发展作出了贡献。西部地区的经济发展处于明显的劣势地位，资源丰富，但生态脆弱、交通不便、缺水少电、人才缺乏，高附加值产业难以实现，不能靠地域优势来吸引较多的外资投入。另一方面，西部地区拥有瑰丽的自然风光和丰富的民族民间文化。大力发展特色文化旅游业，是中国广大西部地区，特别是少数民族地区脱贫致富的重要途径。人文景观与自然景观相融合，才是发展旅游业的最好模式，才能赋予旅游业强大的生命力。在开发中合理有效地保护利用民族文化资源，才能形成可持续发展的良好态势，才能真正使旅游业产生巨大的经济效益和社会效益。同样，作为无形民族民间文化的民间文学艺术，在中国的对内对外贸易中已显示出越来越重要的作用，中国生产的纺织品、美

术品、实用艺术品和其他轻工业品采用民族文学艺术造型的情况数不胜数，也是制造业等行业创新的一个重要来源。民族地区蕴藏着极为丰厚的民间文学艺术，如果能对其进行有效的保护并利用其中的音乐、文字、舞蹈、美术等针对市场开展贸易活动，必将推动民族地区整体的经济贸易发展。

二、生态旅游开发与民族民间文化保护的整合

从上述相关分析来看，民族民间文化面临着不利的生存环境，在很大程度上受到本族后人的抛弃，出现后继无人的困境，没有妥善处理民族民间文化保护与开发的关系，致使其旅游开发遭遇舞台化、商品化、庸俗化等现象，进而忽略民族民间文化作为文化所具有的生态性，破坏旅游地的文化生态和自然生态环境，使各种民俗文化受到不同程度的破坏，民俗文化旅游的持续、健康和稳定发展受到影响。我们的主要研究目的旨在寻求生态旅游与民族民间文化的整合，充分借鉴生态旅游理论与实践的经验，探索具有可操作性的民族民间文化保护模式，使那些已失去生命力的文化遗留成为改变当地居民生活的必要因素，借助开发实现对民族民间文化的保护，借助保护提升生态旅游的开发水平。

（一）有利于促进两种旅游、两个学科领域的发展

生态旅游研究仍然是当前学界持续关注的热点，作为一种新的旅游发展模式，一种新的旅游产品，抑或一种新型旅游消费方式或行为方式，它对旅游产业的发展产生了重要影响。保护民族民间文化是近年来相关学术领域的重要话题，2003 年 10 月，文化部在贵州召开了中国民族民间文化保护工程试点工作会议，制定了《中国民族民间文化保护工程纲要》并提交大会讨论，明确提出对本土的优秀民族民间传统文化实行有效保护。

目前学术界对于民族民间传统文化的研究基本上还局限在本学科的范围之内，较少涉及与其相关学科的联合，在具体保护措施的制定上还没能打破消极保护的局限。开展生态旅游开发与民族民间传统文化保护的整合性研究，从生态旅游与民族民间传统文化各自的特点出发，探讨生态旅游开发与民族民间传统文化保护进行整合的可行性，并最终建立一种在开发利用生态旅游资源的同时积极地保护民族民间传统文化遗产的有效模式，有助于同时激活两个学科领域，为生态旅游开发注入一种文化内涵，提升生态旅游的文化品位，也为民族民间传统文化保护注入生态保护理念，不断推动理论研究的进展，并通过有效的开发使其重焕生机。

（二）可以借助生态旅游开发的经验加强保护

民族民间文化及其环境氛围是脆弱的，倘若开发不当，将使民族民间文

化受到破坏，甚至遭受消亡的厄运，继而影响民族民间文化的继承与可持续发展，以及下代人拥有和享受这些宝贵的传统文化资源的机会。面对旅游开发对旅游地形成的社会文化冲击或潜在的破坏，以及当前的消极保护，找准民族文化与生态旅游两大特色旅游产品的结合点，充分、合理地开发民族民间文化旅游资源，促进当地经济发展和提高居民生活水平，同时实现民族文化传承与旅游的可持续发展，正是民族地区旅游开发要解决的当务之急。

生态旅游开发与民族民间文化保护整合性研究的意义还在于，充分借鉴生态旅游开发的成熟经验，把生态旅游意识融入民族民间文化的保护之中，创造一种具有可操作性的保护模式，把对民族民间文化的保护提升到一个新层次，让那些失去生命力的文化遗留成为改变当地居民生活的必要因素，借助开发实现对民族民间传统文化的保护。主要表现在：

1. 有利于培养本民族文化的继承人

生态旅游开发强调当地居民的积极参与，注重使居民了解生态旅游的益处及带来的经济效益和成本，以得到他们的支持。在经济发展滞后的民族地区，生态旅游开发是以追求经济效益为直接目的，而将当地的人文生态旅游资源改造成为旅游吸引物的，依托当地丰富的资源基础开发出来的旅游产品，必然会给当地居民带来相当程度经济条件的改善，有利可图必然吸引当地没有其他赚钱渠道的青年人投身其中。因此，人文生态旅游资源开发的过程，既是美化、激活当地民族民间文化的过程，又是培养本民族文化继承人的过程。

2. 有利于建立主流文化与民族民间文化的良性互动关系

民族民间文化在发展过程中被抛离了主流文化的发展道路，生态旅游开发依照当代人类学的视野将其还原到“如何形成知识的具体的情境条件”之中去观照它，在两者之间建立一种良性互动关系，在承认并尊重彼此间差异的基础上互相借鉴与学习。这就涉及人文生态旅游资源开发中“建设或破坏”地方性资源和民族民间文化的问题。保持民族特色与引进现代意识之间的冲突永远也不可能以一种和谐的形式出现，当地居民需要更好的生存条件，民族民间文化需要不断发展，而发展必然意味着某种文化变异。发展是硬道理，故步自封才是民族民间文化传承最大的障碍。

3. 有利于建立官方意识与民族民间文化的平等对话关系

目前，我国政府正在全国范围内有组织、有计划地开展大规模、全局性的民族民间传统文化的系统保护工作，这是一项由政府组织实施的对我国境内具有历史、文化和科学价值的民族民间文化资源，进行系统保护的一项规模庞大、涉及面广的系统工程。因此，尽快促成建立政府与民众之间的平等对话关系就成了一个困难却又无法绕开的话题。只有尽量避免以雄厚的财力与人力,以及强制性措施迫使民族民间文化被纳入施动者的观念模式,尽量做到尊重并承认民族民间文化作为"他者"的存在价值,民族民间文化才不会被官方意识强行改写,才不会在保护的名义下遭到严重破坏。

第二章

民族生产文化与生态旅游

第一节　特色农业旅游的文化景观

"到乡下去旅游"已经成为城市居民的一种旅游时尚。据意大利环境联盟公布的数字显示,2009 年,有 160 万意大利本国旅游者和 40 万外国游客前往意大利各地的"绿色农业旅游区"休闲度假,游客人数比 2002 年同期增长 40%。意大利人休闲度假的观念已发生变化,"崇尚绿色、注重提高生活质量"已成为人们的新追求。在我国,被称为观光休闲农业的农业旅游也在全国各地开始启动并发展,各地结合具体的市场需求和开发条件,取得了不菲的成绩。这一趋势表明,乡村旅游作为一种新的旅游方式已经成为人们的共识。必须指出,乡村旅游一经出现就以极快的速度发展,传统意义上的观光游览在实践中发生了很大改观,人们到乡下去已经不仅仅是深入乡村,接触大自然,呼吸新鲜空气使身心得到放松。那么旅游者对乡村旅游提出了何种要求?本节主要提出特色农业旅游的概念并进行必要的辨析,以期能够对旅游业发展中出现的新情况进行归纳。

一、特色农业旅游

目前,学术界对"到乡下去旅游"基本上还是各执一词,诸如农业旅游、农业生态旅游、观光休闲农业旅游、乡村旅游等提法不一而足,不过大致上可以理解为乡村旅游。有人认为,观光农业旅游是在充分利用现有农业资源的基础上,通过以旅游内涵为主题的规划、设计与施工,把农业建设、科学管理、农艺展示、农产品加工及旅游者的广泛参与融为一体,使旅游者充分领略现代新型农业艺术及生态农业的大自然情趣的一种新型旅游形式。①

---

① 参见:舒伯阳. 中国观光农业旅游的现状分析与前景展望. 旅游学刊,1997(5)。

也有人认为,农业生态旅游是以农村自然环境、农业资源、田园景观、农业生产内容和乡土文化为基础,通过整体规划布局和工艺设计,加上一系列配套服务,为人们提供观光、旅游、休闲、增长知识、了解和体验乡间民俗生活,再结合季节性的果、菜、花,实地现场采摘及参加传统项目、观赏特色动植物等融为一体的一种旅游活动形式,也是一种新型农业经营形式,是旅游业和农业的有机结合,体现出人类与大自然、生产与消费和谐一体的可持续发展观。还有人认为,狭义的乡村旅游是指在乡村地区,以具有乡村性的自然和人文客体为旅游吸引物的旅游活动。乡村旅游的概念包含两个方面:一是发生在乡村地区,二是以乡村作为旅游吸引物,二者缺一不可。在诸多提法中,观光农业旅游的概念沿用了传统农业旅游观。农业生态旅游比较接近到乡下去旅游的实质,但是没有注意到旅游者与旅游目的地之间那种平等相待的和谐关系。乡村旅游虽然是对到乡下去的现象的一个比较全面的把握,但是学界在某种程度上依然存在着理解混乱,起因于乡村蕴藏着丰厚的旅游资源,没有对乡村旅游这样的笼而统之的概念进行细化。这显然不利于对乡村旅游资源进行深度开发。所谓特色农业旅游是以乡村为旅游目的地,以当地长期延续的特色农业文化为主要开发对象,让旅游者在设身处地的体验中与当地社会建立一种和谐关系,并最终推动当地经济与文化的可持续发展。乡村文化的本质就是农业文化,特色农业旅游能够较好地把握到乡下去旅游的本质方面。如果追溯中国文化的起源,上古时代诗乐舞无一不是起源于农业生产劳动,如《吕氏春秋·古乐》所载"昔葛天氏之乐,三人操牛尾投足以歌八阕",就是上古乡村文化的实录,它有力地证明了乡村文化发端于农耕活动,并与其保存直接或间接的联系。

乡村有丰厚的文化蕴涵,也有优美的自然风光,特色农业旅游能够满足旅游者观光、休闲及参与的需求。在乡村纯净的自然山水间观光休闲、流连忘返是都市人所向往的,它能帮助城市居民摆脱都市现代文明对健全人性的束缚、重新找回真正的自我。来自城市的旅游者还有机会体验一种完全陌生的文化带来的快感,特色农业旅游将大量展示乡村特有的地方性农耕经验,种植技术,生活习俗,引导旅游者参与农业生产活动,在亲手操作中丰富自己的阅历,在与农民亲密接触中回溯我们共同祖先创造的灿烂农业文明史。

二、特色农业旅游的文化生态景观

到乡村旅游,不仅仅是去看一看在土地上劳作的农民,认识一下他们手中古旧的工具,吃几个他们生产出来的水果,了解一下乡村古老的风俗,乡村生活当然不止这些,特色农业旅游如果仅仅止于此,显然是对纷繁多姿的农业文化的曲解。特色农业旅游是一次生态文化之旅，对特色农业文化的正确认识是我们开展特色农业旅游的理论先导。农业文化的核心是农业生产活动，以及由此衍生出的一个完整的价值观念、耕作制度、劳动工具、生活方式、习俗禁忌体系，在不同的时间与地域内其表现千差万别。自从人类认识到土地可以作为自我赖以生存的物质资源，农业劳动就成了人类生活中的一件大事，在上万年的时光流转中人类创造了灿烂的农业文化，不断地证明着自身的发展与世界的进步。广阔的地域分布造就了农业文化纷繁多姿的地域差异，仅在我国就有北麦南稻、旱地水田、红壤绿洲、牧场果园、梯田平川，以及相应的农牧方式、作业周期、除病防灾等农事表现和过程，还有因祈盼风调雨顺、五谷丰登、六畜兴旺而产生的祭祀、崇拜、禁忌传统。① 这些体现地域特征的农作方式——同时也是地域性文化的重要表征，构成了特色农业文化的重要内容。

在归纳前人提出的各种分类的基础上，对农业文化可作出以下分类：②

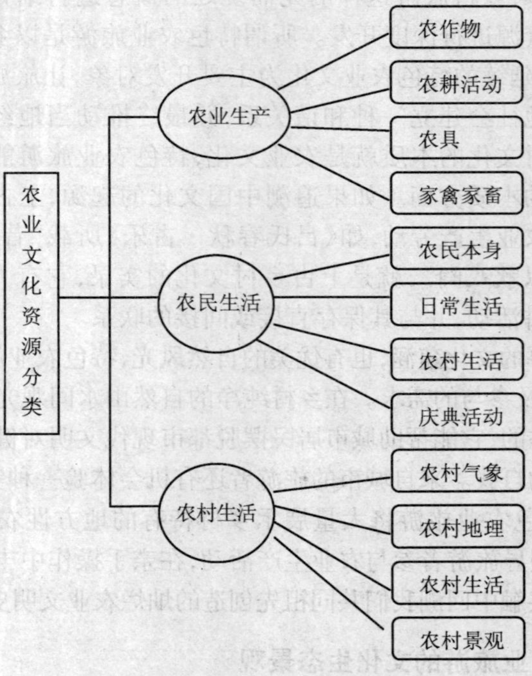

图 2－1　农业文化资源分类框架

① 参见：李伟. 论乡村旅游的文化特性. 思想战线，2002(6)。

② 参见：叶美秀. 休闲活动设计与规划. 北京：中国建筑工业出版社，2009：第 19～23 页。

(一)文化之旅

特色农业旅游能够极大地满足旅游者对异文化的需求，也必将给农村广大落后地区尽早实现现代化提供现实的途径。从旅游活动发生的心理机制上说，特色农业旅游的实现，是因为它在两个向度上满足旅游者，特别是大量城市游客的旅游需求。

1. 返古

特色农业旅游能够弥合时间差异。历史悠久的农业文化已经存在成千上万年，那些发生在过去的农业活动已经淹没在历史的长河中几乎不为人知，对这些已经被现代农业抛弃的古代耕作技术的回溯，恰如寻找遥远历史年代中遗留下来的人类文明的化石，能够激发起都市人的好奇心，因为如今的都市人大都被病态的现代都市文明所蒙蔽，他们自然有一种渴望，渴望回到古代传统中去体验那种自然的心灵状态。特色农业旅游正好满足了他们的需求。农业发展经历了原始农业、传统农业与现代农业三个阶段。原始农业时期人类使用简陋粗糙的工具，采用刀耕火种和轮垦种植的耕作制度，依靠长期休耕的方法去自然恢复地力。传统农业时期，人类在冶铁术和畜力使用的基础上发明了犁耕技术，改变了此前依靠自然力去恢复地力的状况，创造了利用人工施用有机肥来提高土壤肥力的办法，发明了选择农作物和牲畜良种来改善农作物与牲畜性状的技术，此外，还创立了间作、套种等复种制度。现代农业是农业发展的最新阶段，实现了全面机械化，各种现代科学技术在农业中广泛应用，生产经营达到高度社会化、集约化、专业化和企业化，农业生产结构发生了根本变化，农业劳动生产率得到大幅度提高。[①] 中国农业全面实现现代化还有很长的路要走，广阔地域散布着刀耕火种与集约化经营等各种生产力水平下的农业形态，这为特色农业旅游的开展提供了一个契机，可以轻而易举地取消农业生产所受到的时间与地域的限制，向旅游者共时性地呈现农业演变的历时性景观。

2. 求异

特色农业旅游能够弥合地域差异。巨大的城乡差异为开展特色旅游提供了现实动因，即便是在农村长大，也会因为自己生长于一个特定的地方而对其他地域的农业文化感到陌生。从南方的水田到北方的旱地，从一望无际的平原到充满奇异风光的雪域高原，气候、水源、土壤条件是如此的不同，

---

① 参见：武文，赵长保. 农业现代化与现代农业. 转引自《农业现代化问题研究综述》(http://www.rcre.org.cn)。

在不同地域内也就形成了不同的耕作特色，这为满足人们的求异心理提供了条件。在我国，根据农业用地水分条件的差异以及对水资源的利用特点，农业地域类型可分为水田农业、旱地农业、灌溉农业、绿洲农业。不同的农业地域类型又衍生出不同的生活方式与禁忌习俗，海南琼海农村种植椰子树，多选初一或十五，名曰吉利。椰子树若结果少，也于初一或十五用刀在树干上砍一圈，此俗沿袭至今。农民购买耕牛，必须察前额毛旋、口舌、头脚、尾蹄等部分有无印痕。有印痕的牛为“犯忌”，会伤害主人。购买猪苗，则观察其全身是否有破相之处，如耳后有白毛、背上有黑白花点的叫“插花”，尾巴翘卷的叫“卷圈”，属于破相猪苗，难养大。但有的人家则喜欢买破相猪，据说破相猪命贱，易活易长。[1] 诸如此类的当地文化在其他地方是很难被发现的，每个人都是在一定的地域范围内长大，北方人希望看到南方的生产方式，南方人又希望看到北方的生产方式，充满神秘色彩的异文化对旅游者具有强大的吸引力。

（二）生态关怀

从旅游人类学视角来看，特色农业旅游资源无疑属于典型的“地方性知识”，我们唯有“着眼于如何形成知识的具体的情境条件”去解读它，才能与之展开真正的对话。在中国这样一个幅员辽阔的国度内，东部与西部，山地与平原在农业现代化水平上还存在着巨大的差异，既有居住在山区以刀耕火种轮歇农业为主的，也有居住在平原以集约化农业为主要生计的，显示了极其复杂的文化和经济上的多样性。特色农业旅游关注现代大农业，它同样关注那些所谓边远落后的地区，那里蕴藏着更为丰富的具有地域性特征的农业文化，不可用现代大农业的标准去统一文化。我们一向认为，当地农业走向现代化的途径应该是多重的，除了把当地文化强行融入现代大农业之外，当然还应该有其他更为便捷的途径，在不损害当地文化丰富性的同时，促进当地社会的进步是开展特色农业旅游的初衷。

特色农业旅游资源是不能简单地进行自然或人文的划分的，它综合了自然与人文两方面的优长。当一块麦地，或是一处稻田成为人们的观赏对象，我们会发现它是与自然融为一体的优美风光，也是生物界生生不息的生命力的宣示。它们是属于自然的，它们同样也是人类征服与改造自然的确证，因为人类长期的劳作已经在很大程度上改变了它们的生长习性。当代人类学将帮助我们重塑特色农业旅游资源的生态景观。

① 参见：海南习俗：一种种树习俗（http://www.gotosanya.com）。

1. 原生性

特色农业旅游的对象是真实的乡村社会，或者说就是乡村生活本身。它不是城里人透过车窗观察到的乡村风景，或者一两场农作物种植习俗的舞台表演，旅游者要到田间、地头，到农民中间去，去体验真实的农民生活，加深自我对于农业文化的了解和认识，以此唤醒一种迥异于自我熟悉的都市文化的遥远记忆。中国原始农业发端于距今一万多年前，那是典型的刀耕火种时代，这种原始耕作方式在一些边远的少数民族地区至今还有遗留，如云南的怒族是怒江和澜沧江两岸的古老居民，这里山峦重叠，江河会聚。清代夏瑚在《努俅边隘详情》中说，怒族"农器亦无犁锄，所种之地，唯以刀伐木，纵火焚烧，以竹锥地成眼，点种包谷，若种荞麦、稗、黍等类，则只撒种于地，用帚扫匀，听其自生自实"①。贫瘠之土地与闭塞之交通给怒族人民的生活造成了重重困难，致使其社会发展相对迟缓，使这种真实的原始形态农业文化景观一直保持到新中国成立才有些许改变。特色农业旅游的开发既可以有效地保护当地农业文化的原生性，又可以帮助怒族人民尽快脱贫致富。如何推动当地社会的进步是一个难题，不能审时度势地引进现代农业生产技术只会使当地恶劣的生存环境雪上加霜。

2. 地域性

特色农业旅游是对那些充满地域性特征的乡村社会的发现，但它并不试图轻易改变它们。中国有一句古话叫"十里不同俗"，在我国广阔地域内的农村，各地的农业文化总是或多或少地表现出一些差异，特色农业旅游认同当地农业文化这些具有巨大差异的地域性特征，并致力于为这些处于弱势的当地文化寻找重新发扬光大的理由。水族的农业文化就是比较有特色的农业文化，为了使稻子有疏松的生长土壤，且能均匀受水，水族人民需要平整水田。他们使用的耙田工具以"船耙"和"石耙"最为特殊。"船耙"即木制长3尺左右的平底"小船"，底部安装有木或竹的齿，耙田时，船内装泥巴或石块由人拉船，或牛拉船而人站在船内。还有由一块长方形条石制成的石耙，宽厚无定制，于两头适当位置打孔或稍作打制，拴绳拉着在田里来回蹚，将泥块蹚烂。最简陋的耙是用4根小木头排列做成的长方形踏板。②这些劳动工具与现代农业机械相比的确是落后了，但当代人类学认为先进与落后是相对的，它们的存在虽然不能用于大幅度地提高生产力水平，却可以演绎出一段中国农业文化的发展史，引导旅游者在历史的长河中寻觅。

---

① 郭文韬. 中西耕作制度发展史的比较研究. 古今农业，1994(3)。

② 参见：裴盛基. 云南的民族传统文化与自然保护. 中国民族，2000(8)。

3. 相对性

相对性涉及特色农业旅游开发的深度平等原则。"地方性知识"意味着我们接受了一种观念,在旅游产品开发的过程中,必须彻底抛弃现代与传统,先进与落后,城里人与农村人的二元对立,"由特定的历史条件所形成的文化与亚文化群体的价值观,由特定的利益关系所决定的立场和视阈"①,看待经济不发达地区的古老文化遗存,把一种古老的文化遗存还原到其产生的具体情境中去重新发现,从对它的产生源流的关注中培养起一种认同心理。圣山是西双版纳重要的特色农业文化生态景观,在每个傣族村寨附近均可见到一个原始森林植被覆盖的圣山。圣山构成了一类具有丰富生物多样性的自然保护区,其中的土地、水源和所有的动植物,借助于神的权威而神圣不可侵犯,采集、狩猎、伐木活动被严格禁止。圣山与传统信仰和宗教仪式有十分密切的联系,西双版纳傣族从社会机制上对人类在圣山的活动进行了严格限制。下列一段话引自一本傣族经典书《土司警言》:"不能砍伐圣山的树木,不能在圣山建房,否则会触犯鬼魂、神灵和佛。"②面对傣族人民对生态家园虔诚的保护,沐浴在现代工业文明中的人们无法不为自己对自然的野蛮行径感到汗颜。特色农业旅游开发应充分尊重傣族地区的宗教信仰,无须以现代农业的规范去改变它,否则,就是对当地农业文化的破坏。

第二节 特色农业旅游开发

一、特色农业文化资源的运用问题

(一)特色农业文化资源的运用

特色农业旅游作为根植于农村的休闲服务业,虽然经历了快速发展,却因经验不足而产生了各种相互模仿的情况,如要在旅游市场上占一席之地,并期望能永续经营,加强整体的规划使特色充分展现是非常重要的,其中农业资源规划是最基础的、也是最重要的一环。近年来,游客对游憩质量的要求越来越高,农业资源其实非常丰富,如果加以灵活运用,一方面可以发挥农业资源的最大效益,另一方面也有望成为发展旅游与形成市场区隔的最

① 参见:张志伟. 全球化、后现代与哲学的文化多元性——简论中国哲学面临的困境与机遇. 现代哲学,2004(4)。

② 参见:裴盛基:前引文。

重要的利器。而优良的规划可以达到上述功能，不当之发展则可能造成资源浪费难以回复的后果。以下将对资源运用的相关问题分为规划面和游客面加以阐述。[①]

1. 规划层面

目前，多数有关休闲农业的规划报告中，对农业资源的调查分析过于简单，或偏重于硬件设计，以至于无法发挥农业文化资源的潜力。表现在：(1)分量与深度不足。在以休闲农业为主的规划报告中，直接与休闲农业相关者，在分量上经常仅占极小的篇幅，并无专章或专节描述；(2)忽略农作物的四季生产变化；(3)忽略与农业生活及生态有关者。

2. 游客层面

现有农业资源运用方式的重复性越来越突出，且不够深入，无法满足游客对多样化游览的需求。表现在：

(1)重复性太突出。随着参与休闲农业经营农民人数的增加，农业资源运用的重复性也越来越突出，模仿情况亦常有发生，如某农场推出桂竹笋大餐，或举办做粿活动受到欢迎时，具有类似条件的农场常常马上跟进，而造成恶性竞争的状况；另外，也会带给游客同质性太突出的感觉，而降低其重游的意愿；因而必须将农业资源的范围与深度扩大，使休闲农业区的特色得到更加充分地表现，将其知性内涵发挥出来，用多样化、丰富化的特色休闲农业体验吸引更多的游客。深度开发发展农业文化资源能使其拥有别人看不懂，学不来，而且在别处买不到的竞争优势。

(2)农业资源运用不当，可能对农业生产及旅游开发造成不良影响。在台湾将农业资源运用于休闲活动已有数十年的历史，由 20 世纪六七十年代的观光果园开始，到让游客参与种植体验的市民农园，以及今日可赏可玩，甚至还可住宿的综合性休闲农场，农业资源应用由简单的采摘体验发展到包含操作参与、观赏、解说等多元化的运用，其间运用恰当与否，尚有许多问题有待探讨。如在观光果园时期，果树被折损枝条、未熟果实丢弃、果园中榨汁或果园配置规划不当、无适当的休憩场所等，问题尚属单纯，随着农业资源应用范围越来越大，不仅农作物，甚至包含农村环境、农村建筑、农村动物及节庆活动等，无一不可用作为游憩之资源，如举办赶猪、斗鸡的活动，是否造成反面教育的效果，各种节庆的举办，是否流于形式化等，由此而衍生的问题更加错综复杂。一个正确的规划可引导经营者步入正确的方向，而

① 参见叶美秀：前引书，第 8 页。

农业资源规划是其中一项重要的基础。

农业资源可以作为旅游活动的潜力：

(1)农业拥有自然环境与开阔空间，可以满足人们舒展身心的企求。农业由于其产业特性，得以保留其自然环境与绿地。对于久居都市的人们而言，一个自然的环境是舒解身心所必要的条件，农业位于都市边缘与森林之间，可达性强，故具有吸引游客的基本条件。

(2)生活性特质满足人们回归纯朴生活的企求。在日常生活中，一般人对于农业产品非常熟悉，但所见者皆为最后成品。对于其性状、成长过程、采摘过程并不明了，休闲农业可提供游客认识其平常所食农作物的机会，此种与生活充分结合的游憩机会，可满足游客在疲惫的工作之余，回归农业生活的放松感受，可品尝到最新鲜的果菜，满足现代人生活的各种需求，因此，各种采摘活动深受游客欢迎。

(3)技术性特质满足人们求取知识的需求。农业生产是一种技术性工作，由品种选择、播种、栽种、耕耘到收获，每个环节无不蕴藏着许多技术；农具的使用，运用多种物理性的原理；有机的耕作方式，含有完整的生态观念，即使在各种农作物的性状辨别与品尝，亦属农学、园艺学中的重要一环，故在休闲农业中，处处是可撷取的知识宝库，足以吸引许多喜爱知识性之旅的游客。

(4)丰富性特质满足人们求新求变的要求。农业资源的种类包罗万象，由农作物、农具、农宅、农业活动、农村庆典以及农村中的动物等，种类繁多。由于资源丰富，可提供的休闲活动也越来越多，可满足人们求新求异的要求。在农业资源发展为休闲活动的规划方面，除基于地方特色外，须将该地方资源的生活性、技术性以及丰富性进行充分挖掘与深入发挥，使其多样化、精致化与独特化。

(二)农业资源应用于休闲活动的困境

虽然农业潜力丰富，但毕竟是为生产而来，在转型过程中，不免会遭遇一些困境，这也是规划者所必须了解并适度加以解决的。

1.最了解农业资源的农民不了解休闲，而了解休闲的人不了解农业资源

为了充分发展农村经济，只要有意愿，农民皆有机会参与休闲农业的经营。但农民常囿于农业资源仅为生产所用的认知，不了解农业资源的游憩潜力，常会做出将旧建筑拆除，砍掉老树，甚至将耕地铺上水泥，种上外来树种等破坏原有资源的事，而了解休闲的人若不了解农业资源，常将其商品化，以致失去了农业资源的原味。

2. 高技术农业与休闲活动根本上的冲突

如种植水梨、水蜜桃等较高技术性的农作物，或养殖有经济价值的禽畜类，游客的行为能使农作物受到伤害，甚至带来病源等问题。

3. 超限开垦及使用农药、化肥的问题无法在短时间内解决

农业超限开垦的情况到处可见，农药、肥料及抗生素的使用无法在短时间内根除，而这些行为都是与标榜健康与有机的休闲农业有冲突的。困境固然有，但一个适当的资源规划可引导农民将农业资源作充分且适当的发展与运用，并能适度地将农业的负面因子减低，对农民进入休闲农业经营的方向有很大的帮助。

4. 农村中不良的景观

农村的快速发展在一定程度上致使许多不良建筑物的侵入，如电线杆、铁皮屋，以及各种杂物的随意堆置，破坏或遮掩了原有美丽的农村聚落景观。

二、特色农业旅游开发的内容

（一）开发原则

特色农业旅游显然不是对旅游者进行枯燥的农业知识教育，旅游者对农业文化的认知不会有专业人士的那种深入细致，也不可能把旅游活动当成一种艰深知识的获取，旅游业就有责任也有义务把艰深的农业文化浅显化，使对农业文化的认知成为一种赏心悦目的娱乐。既要有特色农业文化的展示，又要有生动有趣的形式对游客产生足够大的吸引力。因此，在相关旅游产品开发的过程中，必须把握好化繁为简，深浅适度，生动直观的原则。特色农业旅游的开发必须充分考虑客源因素，否则，不但人为地延误当地经济的发展，也于当地特色农业文化的保护无补。就目前形势来看，或者依托城市，以城郊观光农业的形式出现。或者依托景区，在一些有号召力的景区周围建立观光农园。或者在一些地域性文化特色显著的地区独立开发，这要综合考虑各方面的制约因素，不宜贸然实施，不过这是特色农业旅游的发展方向。具体地，少数民族地区特色农业旅游的开发应遵循以下原则：

1. 保护优先的原则

少数民族地区的特色农业生产文化是少数民族世代传承下来的非物质文化遗产，对其进行旅游开发，最终的目标是为了实现可持续发展。当前，很多世界遗产地发展旅游在提高地方经济水平的同时也对遗产本身造成了很大破坏，少数民族生产文化进行旅游开发也不可避免地会出现与其他遗产地相类似的问题；而且由于少数民族生产文化本身固有的特性，其脆弱性可能会更大。因此，在进行少数民族特色农业旅游的开发时，必须强调保护优先的原则，合理设计旅游项目，严格控制旅游者人数，在少数民族地区合理的旅游容量范围内开展旅游活动。本着可持续发展的战略，使旅游真正成为少数民族地区的富民产业、便民产业、利民产业，实现少数民族地区生产文化与经济的协调发展。

2. 坚持以市场为导向，注重营销

少数民族地区特色农业旅游的开发要坚持以市场为导向，这主要体现在两方面：第一，特色农业旅游产品的开发要以市场需求为导向，在进行充分的市场调研的基础上，开发适合国内外旅游者需求的旅游产品和项目；同时旅游产品和项目还必须随着旅游者需求的变化而作出相应的调整，只有这样，才能不断地满足旅游者的需求，才能不断提高旅游产品和项目的生命力。第二，少数民族地区特色农业旅游的发展要以市场为导向，搞好促销工作。民族地区要集中人力、物力和财力，通过宣传促销工作，营造旅游氛围，树立特色农业旅游整体形象，提高特色农业旅游的知名度。同时，要通过政府推动和企业联合，有计划、有重点地在主要客源市场建立营销网络。另外，要加强与旅行社的合作，开展推销外联工作，邀请旅行社或旅游业的专业人士前来考察、观光；增加旅游线路等，吸引外地人士前来观光旅游。通过上述措施，宣传当地的大旅游观念以及塑造整体旅游形象，开拓特色农业旅游的国际与国内市场，促进民族地区旅游经济的快速发展。

3. 社区参与的原则

社区参与旅游发展是指在旅游的决策、开发、规划、管理、监督等旅游发展过程中，充分考虑社区的意见和需要，并将其作为主要的开发主体和参与主体，以便在保证旅游可持续发展方向的前提下实现社区的全面发展。① 相关实践研究已经证明：居民从旅游中获得的发展机会和收益越大，他们对社区旅游就会抱以一种支持和欢迎的态度，相反，则持排斥和厌恶的态度，对旅游业的可持续发展产生重大影响。对于少数民族聚居区来说，社区农民是保护民族生产文化的重要主体之一，他们的参与方式、参与程度和参与积极性等都将直接影响民族地区特色农业旅游发展模式的构建。民族地区要积极寻找社区农民参与特色农业旅游开发与发展的道路，使农民从中真正受益，并自觉保护当地的农业生产文化。因此，必须建立和完善社区参与机制，才能保证旅游地的正常、持续经营与发展。要提高社区居民参与旅游开

① 参见：孙九霞，保继刚. 从缺失到凸显：社区参与旅游发展研究脉络. 旅游学刊，2006(7)。

发的意识，将居民纳入到开发主体中，使其能够广泛参与规划、开发、经营、管理、监督等各环节，并能够公平地从中受益，促进旅游地健康、持续、快速地发展。

4. 经济、社会、环境效益相结合的原则

对少数民族地区特色农业旅游的开发，应追求经济、环境、社会三大效益有机结合。旅游业是经济产业，讲求经济效益是旅游业应当遵循的主要原则之一。因此，少数民族地区特色农业旅游的开发，必须以市场和资源为导向，以客源为基础，力争用较少的投入获取最大的经济效益。当然，少数民族地区特色农业旅游在遵循经济效益的同时，还要遵循社会效益和环境效益，这是不可或缺的。旅游开发的最终目的就是为了提高少数民族地区当地的社会发展水平、社区农民的素质，给社区农民创造一个良好的社会环境，因此，社会效益是不可以忽视的。此外，少数民族地区特色农业旅游的开发还必须考虑当地环境的承载力，不能为了获取短期经济利益而忽视环境容量，要兼顾环境保护与生态平衡，应适时、适度地开发，并采取有力措施，将旅游活动对农业资源与环境的不利影响降至最低点。只有这样，才能实现特色农业旅游的可持续发展。

5. 独特性与多样性相结合的原则

独特性与多样性相结合是少数民族地区特色农业旅游资源开发的一项重要原则。独特性就是要有特色，而特色是旅游业赖以生存和发展的灵魂。当今，求新、求特、求异已经成为旅游者的一大特征，只有特色，才能把少数民族地区特有的生产文化内涵体现出来，才能对旅游者产生强烈的吸引力，同时也才具有竞争力。在开发中，一方面充分利用少数民族地区特有的整体环境，如地形、地貌等环境特色，另一方面充分挖掘少数民族地区特有的生产文化，如耕作制度、劳动工具、劳作方式等，规划设计出一批具有当地特色的少数民族拳头旅游产品，实现"人无我有、人有我新、人新我特"的优势。同时，独特性还必须与多样性相结合。在现代旅游业中，旅游者的需求已呈现多样化，旅游者不仅要求要有独具特色的旅游项目，还要求必须有其他多样化旅游活动内容作辅助配合。此外，从充分利用的资源角度看，也要求综合开发和多样性利用。当然，独特性与多样性两者之间应以独特性为前提，否则，就会导致少数民族地区旅游地成为毫无特色的大杂烩。

6. 与当地建设规划相结合，合理利用农业资源

少数民族地区特色农业旅游发展的资源基础是当地现有的农业资源，应以此为依托把最典型、最具农业特色的内容提供给游客。所以在发展特色农业旅游，开发特色农业资源时一定要结合当地农业生产的发展规划，避免因对农业资源进行过度开发而导致农业资源受到破坏和农业特色的丧失。此外,在旅游资源开发的同时要合理开发和利用土地,搞好少数民族居民住所和乡村道路的建设,改善当地的生活环境,兴建体现当地农业生产特色的居民新住所,以供游人参观与居住。[①]

(二)特色农业旅游开发的核心内容

特色农业旅游是乡村旅游必不可少的组成部分,其开发应纳入乡村旅游开发的整体规划统一运筹。目前,对特色农业文化的发掘还有待于进一步深化,如果能够做到这一点,一方面有助于突出乡村旅游开发的农业文化特色,提升旅游产品的文化内涵,另一方面也会为保护民族民间文化找到一个切实可行的办法,把保护工作引入良性发展的轨道。因此,特色农业旅游开发应以农业生产劳动为核心,以耕作制度,劳动工具,劳动产品,生活习俗与禁忌的开发为基本方向。

1. 特色耕作制度

耕作制度亦称农业经营制度、农作制度。它是耕作制度、农作物种植制度及有关技术措施的总称,是指以土壤耕作为中心,包括施肥、灌溉、除草、水土保持、轮作倒茬等各项农业技术措施在内的农作体系。因地制宜,采用科学的耕作制度,可有效地利用土地资源,保持良好的农业生态环境,并获得较高的经济效益。当前,农业旅游的对象主要是居住在大城市的城市居民,他们对我国农业文化的认识还是相当欠缺的,农业文化对他们来说有较大的吸引力。而特色耕作制度是农业文化的重要组成部分,它规定了当地农业文化的基本特征,对特色耕作制度的了解与认识就是对少数民族地区农业文化的了解与认识。因此,根据少数民族地区特有的耕作制度,结合旅游者的需求,开发相关的农业旅游产品,还是具有很大的吸引力和生命力。

2. 特色农产品

特色农产品是农业生产的果实,可以让旅游者充分体验收获的快乐。由于气候、土壤等多方面的因素,不同的少数民族地区均生产富有当地特色的水果、蔬菜等农产品,这些农产品物美价廉,营养丰富,品质优良,便于携带,因而往往得到旅游者的青睐。特色农产品具有很大的经济价值和旅游价值,通过旅游开发,不仅能够使旅游者认识更多的农产品,参与农产品的采摘,充分体验收获的快乐;同时,也能够大大提高当地农产品的销量,扩大农产品的知名度,进而促进当地农业的发展,达到旅游业与农业双赢的目的。

① 参见:马瑛. 西安观光农业旅游的开发研究. 陕西师范大学博士学位论文,2003:第13页。

3. 生活习俗，特别是与生产相关的习俗

生活习俗是少数民族地区人们在长期生活实践中形成的风俗，对他们的日常生活起到指导和训诫的作用。生活习俗、特别是与农业生产有关的生活习俗及各种禁忌，以生动的形式与充满想象的内容展示了农业文化发展的历史与现实。这些生产习俗主要包括农作物的种植习俗、田管风俗、积肥习俗等，相对于居住在大城市的旅游者来说，这些习俗还具有较大的神秘感和吸引力，因此，只要利用合理，突出地方特色，就有可能开发出好的旅游产品，同时弘扬和保护当地的农业文化。少数民族地区的生产、生活习俗可以开发出特色旅游项目，如广西的京族是我国唯一的海洋民族，可以设计大型的渔民劳作场景汇演，也可以设计一些让游客参与的简单生产活动，让旅游者充分享受“渔家乐”，等等，这些都能极大地激发旅游者的热情，同时也是对农业文化的弘扬与传承。

4. 劳动工具

劳动工具也是比较容易开发为旅游产品的，从原始农业到现代农业的劳动工具发生了很大变化，原始人类使用石制的工具。夏、商、周时期出现了木制的耒耜。春秋战国时代开始制造铁铲和铁锄。秦汉时代的农具出现直柄式与曲柄式之分，特别是由踏犁过渡而成了犁。三国两晋南北朝出现了耙、陆轴、耱、耖、畜力磨、连机碓、碾、磨车、舂车，等等。隋唐时代耕犁定型了，碌碡的分工更加明确了，耧车也基本定型了，唐代出现了裤镰和用来灌溉的筒车。明清时代发明了木牛与代耕架，另外，还找到了风力这一新的动力源。新中国成立前夕出现了农业机械。[①] 中国是个欠发达的农业大国，在广阔的田野上有现代化的农业机械隆隆作响，也有最原始的生产工具在发挥作用，从刀耕火种到大机器生产，先进与落后、发展与停滞相互交织于同一地平线上。从农具的使用我们可以清晰地看到中国农业文化每一点滴的进步，也可以看到中国农业文化现代化的步履是如何的艰难。认识农具实际上就是认识中国农业现代化的历史，如果进行适宜的开发，完全可以成为绝好的旅游产品。

三、特色农业旅游的产品开发

（一）特色农业旅游产品的功能细分

特色农业旅游应积极融入观光农业旅游开发的热潮中，借鉴国内外观

① 参见：周昕. 中国农具史纲暨图谱. 北京：中国建材工业出版社，1998：第79页。

光农业旅游开发的成功经验，推动其提升自我的文化品位。特色农业旅游产品应开发成以农业观光、休闲为主，兼具度假、娱乐、健身等多功能的综合性游览区。根据各部分资源性质的不同，特色农业旅游产品可以进行如下功能划分：

1. 观赏功能

游览区内的农田果园、花卉苗圃、动植物饲养场应精心美化，让游客找到返归乡村的真实感受，在优美的田园风光和勃发的自然生机中享受回归自然的快感。

2. 示范功能

游览区内的农业科技示范园、生态农业示范园、科学普及示范园，应以浓缩的典型农业模式，展示农业发展的历史与现实，展示特色农业生产景观与经营模式，让游客了解足够系统的农业生产进步的知识，使游客与当地农业文化之间建立情感联系。

3. 参与功能

游览区内的乡村特色民居、乡村工艺作坊、乡村农事活动场，应为游客提供能够深入乡村生活的空间，使游客参与农耕活动，学习农作物的种植技术，农机具的使用技术，农产品加工技术以及农业经营管理等，亲身体验农产品的生产过程，了解乡村生活中的各种习俗与禁忌。游览区内还应提供可采摘的直销果园、农产品集市等。让游客有机会购买乡村旅游产品，充分体验收获的愉悦。

（二）特色农业旅游产品体系

旅游产品的设计是对旅游过程的生产与交换的系统构想，这个最终产品要同时实现游客、开发商与当地社区的价值满足。① 因此，少数民族地区特色农业旅游产品开发的核心理念应该是：在少数民族特色农业生产系统——人与自然和谐系统的脉络指导下，构建一个典型的旅游社区，展示少数民族地区和谐的生产、生活方式，让游客在充分接触少数民族地区特有的生活和自然环境中感受生活，营造现代人精神回归的心灵家园。② 由于旅游是旅游者的一次亲身经历，旅游者都希望能够从中获得精神上的最大满足，产品开发更需要从整体环境的营造中实现游客的价值满足，满足其多方面的需求。因此，少数民族地区特色农业旅游产品体系应由本地区独特的生

① 参见：邹统纤. 旅游开发与规划. 广州：广东旅游出版社，1999：第 83 页。

② 参见：李享：乡村旅游商品的开发与营销（http://ly.bjnw.gov.cn/xcjt/zjlt/200709/t20070905_98761.html）。

产方式延伸到当地的民族风情，延伸到人与自然完美融合的情境中去。所以，特色生产方式是产品体系的主要方面，而当地的民族风俗、建筑、餐饮等是产品体系的重要支撑。具体地，少数民族地区特色农业旅游产品体系包括以下方面的内容：

1. 科考教育产品

科考教育旅游产品是游客在旅游过程中接受科学知识教育，增强生态意识，提高生态环保自觉性的产品，以多样化的自然生态系统与生态环境为依托。

少数民族地区特色农业，包括其耕作制度、劳动工具、劳作方式、生产习俗等，这些都是世代传承下来的宝贵遗产，是中华民族历史文化的重要组成部分，具有重大的科学研究价值，因此，会吸引相关研究者和爱好者来考察。此外，对于久居在大城市的一般旅游者来说，少数民族地区特有的耕作制度、劳作方式、生产习俗等都具有较大的神秘感和新鲜感，了解和认识这些是对中国农业文化的学习，因此，也具有重大的学习与教育意义，是对他们进行文化教育、生态教育和环境教育的绝佳教材。科考教育旅游产品的潜在客源群体包括遗产、农业、水产、生物等相关领域的研究者和爱好者，接受文化教育、生态教育和环境教育的青少年群体等。可以采用博物馆的形式，但是博物馆应从呆板的馆舍形式转变为灵活、半露天的形式，博物馆中除了历史资料和文物外，还要有看得到的田鱼、听得到的牛哞、摸得到的水和泥土，调动游客的感官。

2. 乡土娱乐产品

久居在大城市的旅游者前来乡村的主要目的就是为了远离喧闹的城市、排除一切烦恼，享受乡村特有的乡土气息，愉悦身心。因此，少数民族地区特色农业旅游产品的开发应在乡土气息上做文章，重点突出“土味”、“乡味”，挖掘和设计出一批具有浓厚乡土气息的娱乐产品。在这方面，我们可以向国外学习，美、韩、日等国的成功经验值得我们借鉴。例如在韩国的一个村子（gwangyang dosunguksa），人们注重乡村旅游劳作的亲身经历。春季：采野生绿茶和庆祝收获茶叶的仪式，采摘山药和李子，制作木水和豆浆。夏季：采摘韩国李子，精心雕刻李子核。秋季：摘栗子和柿子，编草帽、做米糕托。冬季：炒栗子，生火等。Chulwon Odaemi 村是大米的故乡，游客可以亲手种水稻，放生蜗牛，收割，打谷，制作米糕。少数民族地区可以结合自身的农业特色，开发具有吸引力、娱乐性强的旅游产品，如组织游客到村民的田间地头喂鱼食、修田埂、捞鱼、插秧、割稻打谷；到村边摘蔬菜、采野菜；到村民家里观看、甚至帮助制作田鱼干、腊肉等农家特色肉，一起做饭、吃饭、聊天、喂家禽、家畜等。另外,垂钓、烧烤也是值得向游客推荐的项目。

3. 山村风情观光产品

少数民族地区拥有独特的乡野风光,不仅具有优美的自然山水风光,还具有优美的乡村劳作风光,两者的完美结合便是一幅绝好的、颇有诗情画意的田园山水画。因此,可以开发和设计一批山水观光旅游产品。但是这种产品的开发要摆脱传统的观光模式,而社区旅游则是摆脱传统模式的理想选择。

4. 美食旅游产品

少数民族地区因其特殊的地理位置,农产品种类丰富,同时还少用或不用化肥与农药,农产品营养丰富,无公害,因此,为美食旅游的开展提供了坚实的物质基础。首先,少数民族地区种植稻谷较普遍,瓜果蔬菜品种丰富多样。其次,村民自养的鱼和家禽、家畜可以现杀、现烤、现吃,经过烹饪后色、香、味俱全。民以食为天,因此,依托田鱼、禽畜、有机稻米、瓜果蔬菜等原料,少数民族地区开发美食旅游产品的空间广阔,将会具有很大的吸引力和竞争力。可以建立乡村美食村,开展有机美食、生态美食、家庭美食等项目。组织游客自采自摘瓜果蔬菜、宰杀家禽、家畜,享受劳作与烹调的乐趣。此外,举办节庆活动对提高举办地的知名度和美誉度,以及对旅游业的发展具有重大的促进作用。因此,可以定期开展旅游美食节,邀请国内外的名人专家前来献计献策,不断提高举办活动的规模与水平;同时,加大对美食节的宣传力度,提高美食节的知名度,吸引更多的游客。美食节要常办常新,采取不同的形式,不仅要充分利用当地的特有资源,还应努力使游客从中获得乐趣,享受收获的喜悦。

5. 乡村文化体验产品

文化是旅游业的灵魂。地方文化利用得好,往往就能为当地创立知名的旅游品牌,例如黔东南地区,反排的木鼓舞、掌坳的铜鼓舞、岜沙的原生态狩猎文化、肇兴的鼓楼、小黄的侗族大歌等都成为旅游知名品牌。[①] 少数民族地区所拥有的农业生产文化是一种地域标志性文化,具有重要的历史价值和现实意义;同时,民族地区也具有丰富多彩的民俗文化、建筑文化等。以独特的农业生产文化为主,辅以多姿的民俗文化,民族地区特色农业旅游完全可能开发出独具特色的、具有互动性的乡村文化体验产品,具体地可以细化为农耕文化体验旅游产品和民俗文化旅游产品。关于农耕文化体验旅

① 参见:苑利.农业文化遗产保护中应关注的几个问题.见:闵庆文,钟秋毫.农业文化遗产保护的多方参与机制:“稻鱼共生系统”全球重要农业文化遗产多方参与机制研讨会文集.北京:中国环境科学出版社,2006:第112~113页。

游产品，主要展示少数民族地区世代传承下来的农耕文化，包括生产资料、生产工具、劳作方式等，可建设传统农耕民俗馆，展示农业资料、文物、劳动工具等；建立"有机生活"体验馆，让游客参与插秧、放牛、犁田、捉鱼等农业劳动。或者两者合二为一，既展示少数民族地区的农耕文化，又能让游客参与该文化中的农业劳作，享受其中的乐趣。而民俗文化旅游产品主要是展示当地的民俗风情，如歌舞表演等。

（三）特色农业旅游产品开发的建议

中国旅游业的主题口号往往反映出当今旅游业的重大趋势。从1993年的"中国山水风光游"，到1995年的"民俗风情游"，1996年的"休闲度假游"，再到1998年的"98华夏城乡游"，1999年的"99生态环境游"，2002年的"中国民间艺术游"。近年来的主题口号更反映出当今中国旅游业的发展趋势，2006年全国旅游宣传主题为"2006中国乡村游"，宣传口号为"新农村、新旅游、新体验、新风尚"；2007年全国旅游宣传主题为"2007中国和谐城乡游"，宣传口号为"魅力乡村、活力城市、和谐中国"。这些中国旅游业的主题口号明确反映出当今都市的人们渴望回归自然的强烈愿望，也为农村经济的加速发展提供了新机遇。少数民族地区应抓住这个有利时机，充分利用当地优越的自然条件、资源条件发展特色农业旅游，并将其纳入民族地区农村社会发展和经济建设的轨道，合理科学规划，统筹建设，促进旅游业与其他各行业的快速、协调与可持续发展。

1. 发挥资源优势，突出地方特色

当前，少数民族地区特色农业旅游开发的主要任务是如何把资源优势转化为最大限度地利用和开发农业资源，为当地经济发展服务。少数民族各地的农业优势有别，且具不同的农业资源特色，各地区应结合当地的实际情况，根据不同的农业资源状况，确定农业旅游的发展思路，突出农业资源的优势与特色。

当今，很多高科技术在农业中已得到较为广泛的应用。因此，农业旅游的开发，可以利用高科技优势来发展现代农业观光、旅游购物及科普旅游。例如，可以充分利用国家农业科技园区的现代农业设施技术、工厂化农业技术、种苗脱毒技术、良种畜禽繁殖技术等，建设现代农业技术，展示休闲观光旅游园区，营造旅游观光现代农业设施，向城市居民开放具有农业科技特色的农业观光旅游。[①] 同时，加强与所在省市的大学、科研机构开展合作，建立

① 参见：程运康等. 发展重庆都市农业旅游产业的探讨. 西南农业大学学报（社会科学版），2005(6)。

科研基地,充分利用其先进技术与人才、现代农业技术市场等,建立农业科技园,配套旅游观光农业科普设施,发展具有农业特色的农业科普教育观光旅游,吸引更多的旅游者观光、学习。此外,利用当地的特色农耕文化发展民俗文化、生态劳作旅游。例如可以利用当地独特的自然环境、丰富的农产品、特有的农业劳作方式,建设成以观赏天然花卉、采摘瓜果蔬菜、参与农业劳作为主题的农业旅游度假区。

2. 重视游客体验,设计多样化和参与性强的游憩项目

在体验经济时代,旅游者的体验是构成旅游现象最基本的结构性要素。随着顾客“机能价值”消费观的日趋弱化和“情绪价值”消费观的越发明显,体验需求正逐步超越物质需求而成为主导型的游憩需求。对于农业旅游的消费者,他们有回归自然的强烈愿望,因而更加专注于消费前的殷切期待、消费中的美妙享受和消费后的难以忘怀。因此,只有重视体验的功效,努力营造浓厚的体验气氛,设计以休闲娱乐、参与性为主,常变常新的旅游项目,才能满足农业旅游者多元化的需求。少数民族地区要根据市场需求提供更多的面向普通消费者的休闲、娱乐设施,创新与开发多样化的、参与性强的旅游项目。例如组织游客到村民的田间地头喂鱼食、修田埂、捞鱼、插秧、割稻打谷;到村边摘蔬菜、采野菜;到村民家里观看、甚至帮助制作田鱼干、腊肉等农家特色肉,一起做饭、吃饭、聊天、喂家禽、家畜等。另外,垂钓、烧烤、野营、篝火晚会等也是值得向游客推荐的项目。活动设计要细致、到位,让游客玩得有专业性,才能尽兴体验。另外,家庭旅游是当今主要的旅游方式,很多旅游者都是出于增加家庭感情、享受家庭温馨的目的来旅游的,因此,在项目的设计上,应该多设计一些适合家庭参与的活动项目。例如对现有旅游设施,可以改造成为适合家庭、情侣的温馨风格;同时提供各种家庭型的休闲活动,如骑多人自行车、家庭竞赛等,以丰富的参与项目和浓厚的体验氛围提高游客的满意度与重游率。

3. 开发和创新旅游商品,提高经济效益

旅游购物是旅游六大因素(食、住、行、游、购、娱)之一。作为非基本消费需求的旅游购物,其弹性非常大,对旅游景点景区增加旅游收益,促进旅游景点景区轻工、农等行业的发展,提高资源利用率等。① 当前,很多地方的旅游购物发展不尽如人意,对旅游经济效益的贡献不大,而购物旅游资源还未能引起大家的足够重视,缺乏名牌产品,没有树立自己鲜明的特色,是旅

① 参见:洪艳. 对国内旅游购物消费行为的探讨. 江苏商论,2008(2)。

游购物发展缓慢的主要原因。因此,要树立旅游大商品观念,淡化旅游商品与非旅游商品的界限;扩大购物服务内容,开发和创新能充分体现少数民族地方特色、具有纪念意义、质量高、便于携带保管,能满足不同层次游客需求的旅游商品。

少数民族地区旅游商品开发涉及供应、生产、销售等多个环节,开发旅游商品必须注意以下几点:[①]一要从当地资源优势和经济条件出发,确定开发重点。着重在本地资源丰富的农副土特产品上做文章,运用高科技、现代化生产手段把资源优势转化为产品优势,进而转化为经济优势。二要充分挖掘农产品的各种用途,用无污染、无公害的农产品开发出品种多样、味道鲜美、营养丰富的绿色食品和包含当地农业资源特征与农业文化特征的工艺品。三要对原有商品进行改进、完善和提高,不断开发符合游客需求的旅游商品。四要在商品多样化、特色化、加工工艺、设计和产品包装等方面多下工夫。

结合少数民族地区自身的资源优势、文化优势,可以开发的旅游商品有以下四类:(1)旅游文化商品、纪念品。突出少数民族地区特有的生产文化、民俗文化,利用当地特有的传统工艺和艺术风格,开发和设计景区风光画册、明信片、导游图、旅行手册、旅游指南、景点介绍、交通图和光盘等。少数民族工艺品应多取材于文学名著、民间传统和历史故事,以增加其文化附加值,其花色品种要多样,做工精细,上档次。(2)药用植物保健品。少数民族地区由于地理位置的优势,山林中往往有许多的药用植物,因此,可以利用药用植物这个资源优势,结合现代高科技,把中草药材纳入旅游商品生产系统中,加强中草药保健品的开发、研制力度,着力开发研制具有地方特色,融保健、治疗功能为一体的中草药保健品系列。(3)绿色食品。少数民族地区拥有品种丰富的名优特产,如亚热带水果、蔬菜、花茶、香米、糯米,等等。可以把这些可食用的土特产品加工成便于携带的旅游商品和礼品,如对水果进行深加工,形成绿色食品和果珍饮品系列。(4)土特产品。指具有地方特色的农副产品和特色食品。包括水果、特色蔬菜、珍稀禽兽和水产品、苗木、花卉、盆景等。这些都可以形成具有地方特色的旅游商品,提高旅游经济效益。

4. 加强基础设施建设,提高接待水平

旅游服务设施建设及其配套是否完善,是农业旅游能否发展的前提条件。旅游服务设施设备不完善,将会影响农业旅游地多功能的发挥、损坏旅游地的形象,进而影响当地旅游客源的稳定增长。因此,民族地区要努力建

① 参见:曹扬.重庆市农业旅游开发研究.西南大学博士学位论文,2006:第122页。

立齐全的配套服务体系，为旅游者提供更多的便利，以培育和维持游客的忠诚度，促进游客对游憩地的忠诚度。发展特色农业旅游，就要彻底改变那种只注重利用景观、忽视改善、完善各项服务设施及其配套建设的做法，根据具体情况，合理配置和完善交通、餐饮、住宿、娱乐、购物、通信、环卫等各项服务设施，以完善农业旅游景区的服务功能。观光农业景点应该及时了解旅游消费的各种动态信息和发展趋势，根据本地实际情况进行交通、水电、饮食等配套设施的规划建设，设计专门的旅店、餐厅、农宿以及娱乐场所，开发具有特色的农副产品及旅游产品。在交通方面，要充分发挥当地旅游集散中心的作用，增加到农业景区景点的专线车，并在城市内多设一些发车点，而且旅游专线车要能够直接到达目的地；并加强对专线车的管理，每个站点、站牌都要注明发车时间和间隔时间，运营一定要准时。[①] 景区内部的交通可以是电瓶车、马车、牛车等多种形式，既可以环保，又能够增强游玩的乐趣。完善道路指示牌、停车场等配套服务设施；编制详细准确的导游图，标明景点和服务设施的相对位置、距离，方便游客根据其体力和时间，合理安排游程。此外，还要提高农业景区、景点的就餐环境质量、餐饮质量和服务质量，要加大地方餐饮文化的开发力度，提供特色餐饮产品，以提高游客的重复购买率。

5. 改进产品营销方式，提高旅游地的知名度

由于季节、气候、农业特色不同等原因，少数民族地区农业旅游地会出现旅游热点和冷点，旅游热点供不应求、而冷点供过于求的现状。因此，要打破传统的观念以及宣传促销的手段与方式，加大宣传促销的力度，以提高旅游地自身的知名度和吸引游客，才能改变旅游供求在空间（地域）上出现失衡、旅游热点供不应求、冷点供过于求的现状。在品牌传播模式上，应该是"景区主导、企业参与、政府服务"的多元营销主体模式，即由旅游景区主要负责品牌传播的策划、组织、实施等工作，同时联合与旅游景区紧密联系的衍生行业（包括食、住、行、游、购、娱等）的企业共同参与，而政府则从行政服务、政策支持、事务协调等方面对旅游景区的品牌营销活动予以支持。在传播方式上，旅游地不要仅仅局限于低层次的宣传推广活动，而要创新性地策划、实施独具创意的多样化主题营销活动以吸引媒体、社会公众和目标市场的兴趣与关注，如事件营销、会议营销等都是很好的品牌传播方式。在传媒方面，要做到多种媒体互补，综合优化配置内外营销媒介，以取得最佳的

① 参见：卞显红. 城市旅游空间分析及其发展透视. 北京：中国物资出版社，2005：第145页。

宣传效果。景区应灵活运用景区的建筑造型和环境布置、景区运输工具、景区员工制服、景区内各类标志性路牌、旅游纪念品等内部的多种营销媒体宣传品牌。另一方面，要通过电视广播、旅游杂志、海报、户外广告等传统营销媒介开展宣传；邀请旅行机构和旅游记者参加体验农业旅游活动项目，以高密度、全方位、多层次的"宣传轰炸"来吸引目标市场的关注；运用以互联网为核心的高科技营销手段，建立网络营销平台，扩大旅游地的品牌影响。只有这样，才能不断提高农业旅游景区、景点的知名度，获取稳定的客源，促进景区、景点的正常经营与管理。

6. 重视人才培养，提高游憩地的管理和服务水平

特色农业旅游是一项涉及面广的产业，同时随着城市居民旅游需求的日益多样化和个性化，旅游地必须重视培养各类、各层次的旅游从业人员。首先，强化从业人员培训。由市、区县旅游局、景区景点等联合当地劳动局、高校等部门共同组成培训体系，对当地从业人员进行多种方式和多种内容的培训，从以技术培训为主逐步转向素质培训为重，从而达到强化服务意识、规范服务程序、提高经营管理能力的目的。其次，引进优秀人才。目前许多旅游景区高学历、高层次的管理人才十分紧缺，而民族地区经济较为落后、环境不良，待遇、管理体制不善等多方面的因素使得许多人才流失，或者优秀人才难以引进，这对特色农业旅游地的可持续发展非常不利。因此，旅游地要努力改善管理体制，采用系列优惠条件，吸纳素质高、知识面广、懂管理的人才，才能使景区在资源开发、规范设计、管理、营销等各方面有所突破，以丰富且独具特色的产品吸引城市居民。再次，"引智"。要引进国内外知名景区的先进管理经验，实现管理水平上的飞跃，促成农业旅游景区，景点的快速升级。最后，政府应从开发、管理、经营等方面加强对农业旅游地的宏观调控功能，对旅游地的旅游产品、设施和服务等实行统一管理，保障消费者的利益，促进环城游憩带的有序发展和规范运作。①

第三节　广西特色农业文化的开发

广西壮族自治区居住着勤劳、勇敢的壮、汉、瑶、苗、侗、仫佬、毛南、回、京、彝、水、仡佬等12个民族。目前，全区已建有三江侗族自治县、融水苗族

① 参见：孟明浩，顾晓艳. 近年来国内关于城郊旅游开发研究综述. 旅游学刊，2002(6)。

自治县、龙胜各族自治县、恭城瑶族自治县、隆林各族自治县、富川瑶族自治县、罗城仫佬族自治县、环江毛南族自治县、巴马瑶族自治县、都安瑶族自治县、大化瑶族自治县、金秀瑶族自治县等12个民族自治县。长期以来，广西各族人民繁衍生息在这块美丽富饶的土地上，共同劳动、共同斗争，创造了广西的物质文明和精神文明。在与大自然搏斗的过程中，广西各少数民族形成了具有本民族特色的农业生产活动。

一、广西主要少数民族的特色农业文化

(一)壮族的特色农业

壮族是广西古老的土著民族，是一个历史悠久的民族，据古籍记载，最早居住在今广西境内的有“百越”族群中的“西瓯”、“骆越”等部落，今天的壮族就是由这些部落发展而来的。壮族的自称有20多种，新中国成立后，统一称为“僮”，后改为“壮”。壮族是我国人口最多的少数民族。广西的壮族人口为1 500多万，占全自治区总人口的33.2%。主要分布聚居在广西西部的南宁、百色、河池、柳州四个地区，少数分布在桂林市、钦州市、贵港市和贺州地区。壮族是一个思想比较开放、善于学习的民族，易于接受其他民族的先进文化。如能较快地学习汉语、汉文，学习汉族的先进生产技术和一些优良生活习俗，以丰富自己的民族文化。

1. 以稻作农业生产为主，兼种其他作物

壮族依山而居，以稻作农业为主。从考古发掘和史书记载来看，大约在新石器时代，壮族先民就已开始从事稻作农耕，此后一直是壮族及其先民主要的生计方式。壮族称田为“那(naz)”，他们根据田地的形状、高低、肥瘠、大小、水源、方位等特点，分别给田起不同的名字，并以这类名字转称该田块所在的村庄或地带，如那坡县，即“水养田”之意。经过长期的实践，壮族人已经总结出一套相当完整的稻田耕作技术，包括季节安排、耙田、育秧、垫农家肥、插秧、耘田、沤肥、排灌、防虫、除虫、防倒伏、选种、收割、运输、晾晒、储藏等环节。在年复一年的水稻种植过程中，壮族人民培育出许多优良的品种，如南宁横塘的细米、柳州的油黏米、环江的香粳米、靖西的香糯、东兰隆林的黑糯。除了种植水稻外，壮族人民还种植玉米、芋头、红薯、木薯、豆类等粮食作物。根据水稻播种期、生长期和成熟期的不同，耕作方法一般为一年二熟，即早稻和晚稻，外加一季豆类等。

2. 劳动工具丰富多样

壮族人民传统的农业生产工具主要有犁、耙、锄头、滚轮耙、斧、镰刀等。黄牛、水牛为主要的畜力，脱粒工具是谷桶、谷围等，用人力摔打稻谷，以水

碾、旱碾(畜力带动)、脚碓或水碓、磨、臼、砻等加工谷物。用水渠、水沟、筒车、龙骨车等灌溉农田,以人畜粪便、豆饼、塘泥、草木灰、绿肥、石灰等为肥料。随着农业科技的传播,现在许多地区的壮族还普遍使用插秧机、收割机、打谷机、脱粒机、抽水机等机械化生产工具和化肥,生产效率大为提高。

3. 农产品品种多样

长期的水稻种植,使壮族人民以稻米为主食,辅以玉米、芋头、红薯、木薯、荞麦用豆类,稻米的做法有焖、蒸、煮、烫等,喜用豆子掺米一起煮。糯米也为壮族人所喜食,节日期间多做成五色饭(白、红、黑、黄、紫)、糍粑、粽子、沙堆、水圆等特色食品。主要经济作物有甘蔗、茶叶、桐油、油茶果、棉花、田七、辣椒等,其中甘蔗的种植最为普遍,产量高、质量好,是我国主要的蔗糖基地,也是广西壮族群众主要的经济来源之一。此外,广西壮族地区素有"水果之乡"的美誉,盛产热带、亚热带的水果,主要品种有柑橘、枇杷、小金橘、龙眼、荔枝、芒果、菠萝、菠萝蜜、柚子、橙子、荸荠、香蕉等,其中,荔枝、龙眼、芒果、沙田柚、菠萝,被誉为广西水果的"五大名旦"。不少地方的壮族现还以种植水果为业,成为壮族的主要经济来源,随着经济的发展和社会的进步,壮族人传统的生计方式逐渐得到改变。

4. 生产与生活习俗较多

壮族禁忌较多,大致可分为生产禁忌、日常生活禁忌、妇女禁忌、小孩禁忌等。如正月初一至初十,不能从事野外劳动,每月逢戊午、戊申、戊戌日不能下田;客人夫妇及女儿女婿来家留宿,禁止同房,新房落成后,要择吉日入住;女儿媳妇不能在家里唱山歌,孕妇不能走过神台、跨拴牛马的绳索和农具;小孩不吃鸡肠,婴儿出生后第一次出大门要择吉日,忌脚踏灶台和火塘内的三脚架,忌坐门槛或站在门槛上,妇女忌坐上席,前后门忌对开,等等。

(二)侗族的特色农业

侗族是广西的主要少数民族之一,主要集聚在广西三江县,即三江侗族自治县。该县是全国五个侗族自治县中侗族人口最多的一个县,全县35万人,侗族人口19.2万,侗族人口占57%,同时又是一个多民族聚居的少数民族县,除侗族外,有汉、苗、瑶、壮等民族。此外,龙胜、融水等县也聚集着侗族人民。侗族也是一个历史悠久的民族,与古代南方百越族群有渊源关系。在长期的发展过程中,侗族形成了具有本民族特色的农业生产文化。

1. 以稻作为主,具有稻田养鱼的习俗

侗族是一个以稻作为主的农耕民族,历史上,侗族主要实行水稻一熟制耕作。按照生产节令安排生产,晚稻栽插最迟不超过公历七月,否则要减产。主要种植籼稻、粳稻和糯稻。粳稻和糯稻有20多种,如糯谷有红糯、黑糯、白糯、长须糯、秃壳糯、旱地糯、香禾糯、荣帕糯、大同禾等品种,其中以香禾糯为"糯中之王",香甜可口。旱地作物主要有玉米、红薯、豆类等作物。侗族讲究精耕细作,水田按水利、阳光、土质等自然条件一般可分为三等,等级越低,所费工也越大。多数水田一犁三耙或二犁三耕。从选种、育秧、下种、施肥、薅秧、收割、晾晒、入仓等,都极为讲究时令、技术。侗族还有稻田养鱼的习俗,主要有鲤鱼、鲢鱼,粮鱼双丰收在侗族地区极为普遍。当前,稻田养鱼已成为广西三江侗族自治县的一张名片,县党委、政府正在依托三江作为广西优秀旅游强县这张名片,把稻田养鱼、下田捉鱼与生态旅游结合起来,发展生态、休闲、观光为一体的现代渔业,打造渔业新的增长点。

2. 生产工具多样化

侗族主要的生产工具是锄头、镰刀、禾剪、犁、耙、刮子、刀、畚箕等。侗族人民至今仍保留着原始的互助习惯,如春耕、秋收、砍树、开垦新地时,往往三五成群换工。此外,由于靠水而居,捕鱼成为侗族人的一项经常性生产活动,常用的捕捞工具有渔网、鱼枪、鸬鹚、鱼筌等。常用的捕鱼药料有:石灰、茶麸、铜钱草、辣蓼草等。

3. 农产品丰富,茶叶知名度高

侗族盛产稻谷,大米是侗族人的主食,也有糯米、小米等。蔬菜种类颇多,青菜、油菜、瓜类等应有尽有。此外,还有油茶、油桐、毛竹、板栗、八角、茶叶、柑橘、沙田柚等。其中三江侗族自治县的茶叶是最出名的。由于三江县位于云贵高原南麓九万大山边缘的低山、丘陵山区,是广西柳州市最北的一个民族居住县,平均海拔 1 000 米,境内无工业污染,山清水秀,长年云雾缭绕,极适宜优质茶叶的生长。该县每年都会聘请专家传授茶叶加工技术、研发茶叶系列产品、培训茶农种茶技术,引进"福鼎大毫"、"乌牛早"、"龙井"系列和"梅占"等 10 多个高新品种。2009 年 6 月,中国"恒天杯"名优茶评比在北京举行,三江"天池绿剑"、"大歌仙子"、"布央仙剑王"参评,并荣获两金一银的佳绩,至今共夺得区内外绿茶评比 30 多个荣誉。三江人民有悠久的种茶、饮茶的历史,并形成了独特的侗族茶文化,接待佳客的"打油茶"宴席便是中华茶艺苑中的一朵奇葩。

(三)瑶族的特色农业

瑶族是广西的主要少数民族之一,占广西全区总人口的 3.06%,占全国瑶族人口的 62%。在广西 81 个县市中,有 69 个县市都有瑶人居住。主要聚居在都安、巴马、金秀、富川、大化、恭城等 6 个瑶族自治县,其余分散在贺县、凌云、田林、南丹、全州、龙胜、融水等县。大分散、小聚居是瑶族分布的特点。河池南丹县的白裤瑶族是一个奇特的瑶族支系,该民族目前还处于母系氏族向父系氏族转型的时期,至今仍然保留着传统的原始民族风俗。瑶族是中国南方一个比较典型的山地民族。在长期的历史发展过程中,瑶族人民创造了具有本民族特色的农业生产文化,耕作制度、劳动工具、劳作方式等具有浓厚的瑶族风情。

1. 以稻作生产为主,劳动形式主要以户为单位

俗话说:"岭南无山不有瑶",绝大多数瑶族居住在山区。进入大山区的瑶族,当时因地广人稀,实行插标占地,刀耕火种,"种了这山种那山"。后来随着人口增多,封建统治势力逐渐向大山区深入,瑶民的土地逐渐被侵占,为了生计,被迫借土耕种。借土的条件是"种树还山"。即瑶民在借种的土地上播种作物时,要为"山主"种上林木;在护理作物时,要结合护理林木,待林木成长,土地不能再种作物时,才把土地和林木交还"山主",再到别处借土耕种。造林,习惯"插条"和林粮间作。新中国成立后,在党和政府的大力帮助下,瑶族地区刀耕火种的耕作方式基本改变,有的地区已使用机耕和化肥。粮食作物以玉米、稻谷为主,兼种红薯、旱禾、谷子、荞麦、山芋,此外,还有油桐、棕片、茶叶、药材等,肥料就是利用新伐地土壤中的腐殖质和烧垦的草木灰。生产工具主要是锄头、镰刀、斧头,辅以竹木工具。运输主要靠人力背、挑。背篓是瑶民最习惯用的运载工具。劳动形式,以户为单位,男女同劳动,需要请帮工时,被请的人不管自己的事多忙,都得去帮忙。垦殖大片山场,则采取按户或按劳动力入股,秋后按股分红的方式进行集体劳动。

2. 赶山围猎

打猎是大山区瑶族人民的生产内容之一。主要是打野猪,只要发现野猪危害作物,就集体进行围猎,直至捕获或赶走为止。围猎时1~2人带猎犬觅踪,其余人守卡。捕获野兽的分配即使是背着的小孩,也可分得一份。个人捕猎,主要是放套绳和装弩。

桂林地区龙胜县瑶族的狩猎习俗颇为典型。过去,赶山前要祭山神,祈求保佑狩猎顺利和人员安全。有些则行"偷鸡"祭"媒山"仪式,据说让鸡主人臭骂一顿,更加吉利。到围猎点后,猎手们设卡、分散包围,同时放猎狗搜寻。发现野兽,猎狗狂吠报警,守卡猎手迅速做好准备,伺机出击。这种办法也叫"围广",一次"围广"落空,再行组织,直至猎获为止。

3. 农产品丰富,知名度高

广西6个主要的瑶族自治县,由于地理位置、季节、气候等多方面的原因,农产品品种多样,且知名度高,产品常常远销国内外。巴马瑶族自治县盛产稻谷、珍珠黄玉米、木薯、茶油、火麻、黄豆、猫豆、竹笋、玉桂、西瓜、香猪、山羊、油鱼、银鱼等。香猪是巴马的名贵特产,古时曾是宫廷的贡品,

1995 年,巴马被国家命名为“中国香猪之乡”。巴马是桂西茶油主要产地之一,现有油茶林 26 万多亩。恭城瑶族自治县盛产茶叶、甘蔗、橘柑、月柿、柚子、红瓜子、槟榔芋、黄片糖、香菇、木耳、黄笋干,其中“恭城月柿”远销香港、澳门,饮誉海内外;恭城柚子 1996 年荣获全国第四次柚类评比金杯奖,1996 年,恭城荣获“中国月柿之乡”、“中国椪柑之乡”的称号。富川瑶族自治县目前形成粮食、烤烟、反季节蔬菜、台湾小南瓜、东升南瓜、冬菜、花生、油菜、茶子、芋头等十大生产基地。富川产的优质米、水果、烤烟、蔬菜、植物油等农产品远销美国、加拿大、日本,以及中国香港、澳门、台湾以及东南亚等地,其中富川烤烟曾获全国农牧渔业丰收奖,富川的夏阳白、东升小南瓜、芋头等特优农产品驰名港、澳、台,年产值超亿元。金秀瑶族自治县享有“中国八角之乡”荣誉称号,八角种植面积广,产量高。

4. 农业与旅游业相结合,农业旅游兴旺

随着旅游业对国民经济贡献的优势越来越明显,瑶族地区也充分利用当地特有的自然条件和资源条件,开展农业旅游。农业旅游的开发不仅提高了当地农民的经济收入,同时也促进当地农业的进一步发展,可谓是双丰收。如巴马的旅游资源丰富而独特,巴马寿乡探秘游已列为广西十大旅游精品之一。主要可供开发的旅游景点有赐福湖风光、龙洪田园风光、弄友原始森林、盘阳河风光、百鸟岩、百魔洞、好龙天坑群等自然旅游资源和巴马长寿探秘、民族风情、革命史教育基地等人文旅游资源。恭城瑶族自治县红岩村是“全国农业旅游示范点”、“全国十大魅力乡村”、“全国生态文化村”,从 2003 年起,依托月柿产业,红岩村村民逐步探索走上了生态旅游致富之路。为了搞好旅游业,红岩村于 2005 年 9 月成立了红岩村农家乐旅游协会党支部,在党支部的带领下,协会组织会员赴阳朔等地去参观学习当地“农家乐”的布置摆设,并邀请大专院校旅游管理老师来为会员授课,教他们如何改善客房条件、用文明礼仪待客等。农家乐开展得如火如荼,农民都尝到了甜头,参与旅游业的势头迅猛发展。

(四)京族的特色农业

京族是一个很有特色的少数民族,它是中国南方人口最少的少数民族之一,也是中国唯一的一个海滨渔业少数民族。京族主要分布在广西壮族自治区防城港市下属的东兴市境内,主要聚居在江平镇的“京族三岛”——巫头岛、山心岛、万尾岛,以及恒望、潭吉、红坎、竹山等地区,其他一小部分京族人散居在北部湾陆地上。京族的祖先原居越南吉婆。后来有一部分人自越南涂山沿海捕鱼来到巫头岛等地定居,至今已有 400 多年的历史。京族过去被称为“越族”。新中国成立后,正式定名为京族。京族有本民族语言,通用汉语，信仰天主教、道教。京族的生产活动以渔业为主，以农为辅，属沿海渔业和农耕混合的经济文化类型。

1. 早期以从事渔业捕捞为主，农业次之

历史上，京族是一个主要从事沿海渔业捕捞的民族，农业次之。在长期的和平实践中，京族人积累了丰富的渔业生产经验，他们不仅能准确地预测潮水的涨落和海上气候的变化，还掌握了各种鱼类洄游的规律，并以不同工具捕捞鱼虾。农业是次于渔业的一个生产部门，一般渔民都兼营农业，主要从事水田、旱地耕作，以旱地为主。农作物有水稻、红薯、芋头、玉米、花生及豆类等。农具有犁、锄、耙、镰刀、田刀、禾叉等。制盐业在生计方式上也占有一定的比重。20 世纪 60 年代，京族地区实行填海造田，一度“以粮为纲”，大力发展农业，但受自然条件限制，不仅当地群众的粮食问题没有解决，而且对生态环境也造成了一定破坏。80 年代后，这种状况得到逐渐改变。

2. 后期边贸、旅游等兴起，农业逐步退出

20 世纪 90 年代后，海洋捕捞、养殖业、边境贸易、旅游业成为京族人主要的经济来源，在一些地方，如万尾和巫头，农业已逐步退出主要的经济活动。渔业生产发生了几大变化：一是由过去的浅海捕鱼发展到深海作业；二是过去的竹筏小船已改为大中型渔船；三是从单纯的捕捞发展到捕捞、养殖、加工相结合的生产形式。边境贸易是随着中越关系改善后而发展起来的。京族人充分利用地缘优势和语言优势，参与了不同层次的商贸活动，如国产汽车零配件经营，纺织品、橡胶制品、建材、海鲜等的经销。北部湾是广西著名的旅游胜地，近年来，京族人也积极参与旅游业的开发，主要从事旅游服务行业，如餐饮、住宿等，扩大了京族人的收入来源，传统的生计方式发生了较大变化。

（五）毛南族的特色农业

毛南族是广西土著民族之一。1956 年 12 月被正式确认单一民族，称“毛难族”。1986 年 6 月，经国务院批准，改为“毛南族”。毛南族是从古“百越”中的“僚”支分化、发展而来的。史籍载，汉末至隋唐，毛南族同水族、侗族和仫佬族都分布在僚人居住的黔桂边境。在经济生活、文化习俗诸方面，有很多相似之处，尤其是语言，毛南语同水语最接近，同侗语、仫佬语四分之一左右词汇相同，这反映他们有着共同的历史渊源，都是从“百越”中的“僚”支发展而来。毛南族有 71 万多人，主要分布在广西壮族自治区北部的环江毛南族自治县和河池、南丹、都安等县。其中，居住在环江的毛南族，数量约占毛南族总人口的 80% 以上，环江县素有“毛南之乡”的称号。毛南族以农业为主，以饲养业和副业为辅，主要种植杂粮、少数地区种植水稻。

1. 耕作工具以脚踏犁为主,耕作技术相当精细

脚踏犁是毛南族主要的耕作方式,这与毛南族的地形、地势有关。在山地和旱田均很适用的脚踏犁,结构小巧,操作方便。由于结构简单,材料易取,从犁架到锹口,毛南族人均能自行制造,操作又简便省力,特别适合山地耕作,所以群众很喜欢使用,仍然是当地最主要的农业生产工具。由于脚踏犁的耕作面积有限,因此,牛拉铧犁也在普遍推广,适合大块田地耕作。在耕作技术上,水田普遍经过一犁三耙,播种、移栽,合理密植,并广泛使用厩肥、自然肥料作基肥。一般中耕除草两三次,三个多月便可收割,亩产少者一两百斤,多者三四百斤,不低于附近壮、汉族地区的水平。在山区旱地则以种植玉米为主。在翻地、耙地后开坑点种,一般每亩放基肥五六担,株距约二三尺。待玉米长高,有的还在株距间间种红薯、饭豆、猫豆、南瓜等,或套种黄豆。中耕除草两三次,亩产可达一百至一百五十斤。

2. 生产工具种类多样,部分工具可以自行制造

毛南族常用的生产工具有脚踏犁、铧犁、耙、锄头、三角钩锄、刮子、镰刀、柴刀、斧头、禾剪、谷桶等。耙有两类,一类是牛耙,铁齿木架,宽约 4 尺,齿长约 7 寸,耙时入土 3 ~ 4 寸,一天可耙田 3 ~ 4 亩。这种铁、木结构的牛耙,毛南族均能自行制造,使用相当普遍。另一类是手耙,用于稻田耘田和积肥等。三角钩锄是毛南族特有的生产工具,专门用于播种黄豆。其他生产工具如锄头、刮子、斧头、镰刀、禾剪、谷桶等都与壮、汉族地区相同,只是体形略小,适用于山区耕作的特点。

3. 农作物的品种丰富

毛南族以农业为主,以饲养业和副业为辅,主要种植杂粮,少数地区种植水稻;日食三餐,均以大米和玉米做成的各种饭为主食。种植的粮食作物有水稻(黏稻、粳稻、糯稻等)、玉米、三角麦、红薯、黄豆、饭豆、猫豆、高粱、谷子、芋头、南瓜等品种;经济作物有油菜、棉花、黄麻、苎麻、花生、芝麻、甘蔗、烟草等品种,还种植了大蒜、萝卜、生姜、青芥菜、番茄、香瓜等蔬菜。其中,甜薯是毛南族的三宝之一(毛南族三宝:甜薯、菜牛、花竹帽)。

4. 菜牛饲养方法独特,远销国内外

毛南族人已有 500 多年饲养菜牛的历史,有“菜牛之乡”的美称。比如以善于饲养菜牛而闻名的下塘村,就继承和发展了毛南族养牛的传统,成了广西著名的养牛村。家家都养菜牛,专供食用,不作劳役,成为毛南族的特产,畅销中国内地及香港、澳门市场。在长期的实践中,毛南族人民形成了饲养菜牛的独特方法。菜牛都是围栏圈养,牛圈干爽、避强光、很清静,夏防蛀虫,冬防受冻。对刚入圈的菜牛要细心观察其习性和喜吃什么饲料,有时要在草上洒盐水以增加食欲。同时对病牛有一套民间草药疗法，很多人家的园子里都种有草药。除喂草之外，还喂玉米、高粱、饭豆、红薯、南瓜等杂粮，并煮熟拌潲喂食。这是圈养阶段。第二阶段是“囤肥”，即把菜牛育肥满骨架。这个阶段喂牛的草要在日出前割回来，草叶上要有露珠，且越嫩越好，一头牛每天吃60公斤左右。中午和晚上还要各加喂10公斤杂粮潲水料，半夜再喂一次半生半熟的青草潲水。第三阶段是攻膘。每天除供给大量嫩青草外，还要加喂泡发的小米及黄豆浆。

5. 生产习俗多样

毛南族在生产方面有不少禁忌。如戊日不犁田耙田，不种地，因为在毛南话中，“戊”和“腐”字音相近，此日耕田种地，禾苗长得不好，会像豆腐一样烂掉。“谷雨”日不能在外面烧火，否则天旱。六月六不能下田，下田后禾苗会生虫。“立秋日”不能进田，否则，杂草铲不尽。走远路或出门做生意时，遇到煮饭不熟或打破碗时，则不能去，怕在路上被拦路抢劫。农历正月初一初二不能吃青菜，怕田地生草多，初一至十五不能在外洗衣、扫地、晒衣被，怕扫除家财。尝新米、新玉米时，要选好日子，不能让外来的人吃，否则，粮食会不够吃。粮仓不能给外人或小孩子看，怕老鼠偷吃。

(六)苗族的特色农业

目前全国苗族人口738.4万，广西苗族人口约43万。广西苗族人主要居住在融水、隆林、三江、龙胜四个自治县，其余则散居于资源、西林、融安、南、都安、环江、田林、来宾、那坡等县(自治县)境内。其中，融水苗族自治县成立于1952年，是全国最早成立的苗族自治县，也是广西唯一的苗族自治县。该县东邻融安县，南连柳城县，西与环江毛南族自治县接壤，北与贵州省从江县毗邻。境内山高路陡，交通不便，最远的乡距县城140多公里。融水苗族人民在长期的发展过程中创造了自己灿烂的农业生产文化。

1. 以农林为主，大部分地方耕作粗放

融水是一个典型的“九山半水半分田”的少数民族贫困山区县，也是国家扶贫开发重点县。苗族人民的经济收入以农林为主，大部分地方耕作粗放，仍保留种着一定的老品种，产量低，生产工具主要有犁、耙、手耙、锄头、镰刀、钩刀等。“禾剪”则是独具特色的收割工具，该工具只是剪“老禾”才用。大牲畜有水牛、黄牛，家家都有舂米石碓。农作物有水稻、玉米、红薯、洋芋、小麦、谷子等，而苗族人民历来以糯米为主食，辅以玉米、木薯、红薯、芋头等。

2. 生产习俗多样

苗族信奉多神，属泛灵信仰，耽于迷信神鬼，信精灵、好占卜。还有鬼树、鬼石、鬼泉、鬼山之禁,逢年过节,要烧香祭祀,以求保佑。现常见到的祭祀方式有“开田祭”、“农活祭”、“草标祭”、“粽粑叶祭”等。

(1)“开田祭”是在开工建造梯田时举行的祭祀活动,有“开工祭”和“竣工祭”。苗族人认为开山建造梯田是一项较大的工程,容易撼动许多山神,未动工前必须请巫师到现场主持一定仪式,讲述开田事由,虔诚地请各类山神暂时让位,避免铁器、刃具创伤,使工程顺利进行,确保人身安全。竣工时,也请巫师到现场咒念,为各类山神安位,即是庆功之意,也是请山神保佑主人今后年年丰收,家庭幸福安康。

(2)“农活祭”在当地也叫“打口嘴”,这种祭祀活动一般在栽完秧后进行。他们认为秧栽完后可能会惹来许多口舌,影响秧苗生长,家景不顺,所以要请巫师来家“打口嘴”,咒念一番,以消灾除邪。咒念完后把巫师剪成的白纸条、荆棘根、辣椒、木炭等,捆扎成一束插在田中。

(3)“草标祭”的祭祀方式虽然简单,但根源久远。据当地巫师和理老说,这种祭祀方式源于开天辟地起,“妹榜妹留”游方十二夜,生下十二个蛋,由鹡鸟抱十六年,孵出雷公、水龙、老虎、蜈蚣、老蛇、苗族祖先姜央等,其中有一个蛋是花草树木等植物,妹榜妹留对这些万物的职能作用都有吩咐,对芭芒草有过交代,它除了能给牛羊吃,为它们充饥外,还能象征刀剑用来扫除阴间一切鬼神。开启活路、栽秧、放鱼苗等都以插“草标”为祭。即每栽完一块田的秧,就找一根或数根芭芒草插在田中,意为避人口舌。水田里放鱼苗也用一根芭芒草插于田中,除了辟邪外,还可警示他人此田已放鱼苗,他人不得随意开田放水或捕捉。

(4)“粽粑叶祭”,即是薅完第一道秧后,吃端午粽时把粽叶留起来,捆扎成一小束吊在竹竿上,每块田插上一束,一般 7~13 张(取单数)为一束。这样秧苗才会长得茂盛,秧叶大如粽叶。

(5)开启活路,也是一种祭田方式,种植水稻一般于农历十一月,在这之前,必须由“活路头”(寨老)先“开活路”。“活路头”在择牛场天亮之前带一些粪土去倒在自家的田中间,再插上几根芭芒草就回来,路上不能遇见妇女,更不得与女人谈话,否则会被认为不吉利。“开活路”的当天早上,“活路头”家要杀鸡宰鸭,煮糯米饭吃,其他人家虽不用杀鸡宰鸭,但也要煮鱼和糯米,预祝来年丰收。

(6)拔秧和插秧要“开秧门”。“开秧门”时由“活路头”择牛场天亮之前到自家的秧田去拔一小把秧苗,拿到自家田去插上几株就回来。此后各家各户方能随时插秧。这一天,各家各户都煮花糯米饭、肉、鱼等,并烧香纸祭祀祖先,以求来年丰收。插秧结束,也要煮糯米饭庆祝一番。

3. 桑蚕生产形势喜人

在政府的大力宣传与教育下，融水县苗族人民逐渐开展新型的农业生产，如大力种植桑园，为增加经济收入拓宽了一条路。政府在政策和资金上给予重点扶持桑园种植，农业部门组织人员深入蚕区，大力开展桑蚕生产的宣传、指导工作，使群众了解种桑养蚕的好处。同时深入乡、村举办技术培训班；蚕农种桑养蚕的技术水平不断提高。努力抓好桑蚕高产、高效、生态样板建设。全县已落实桑蚕高产高效示范样板 7 片，面积 1 500 亩，采用“猪——沼——桑——灯（黄板）”生态农业模式，该示范点沼气入户率达 90%。苗族人民的生活条件有了很大的改善。①

（七）仫佬族的特色农业

仫佬族是广西壮族自治区的一个古老民族。据 2000 年人口普查统计，仫佬族有 207 352 人，其中 90% 以上分布在广西罗城仫佬族自治县，其余散居在环江、宜山、融安、融水、都安、忻城、柳城、柳州，以及贵州省麻江、福泉、瓮安、都匀、黄平、凯里等县市。仫佬族聚居区位于广西北部，东经 108 ~ 109 度，北纬 24 ~ 25 度之间，属北温带气候。境内气候温和，雨量充沛，重峦叠嶂，林木葱翠，风光奇异，龙江支流天河和融江穿境而过，素有“仫佬山乡”之称。群山怀抱中，一块块肥沃的小平坝连接成百里长廊，是仫佬山乡的政治、经济和文化中心。②

1. 生产方式独特

在长期与自然界的斗争中，仫佬族人民创造了自己独特的生产方式。由于仫佬族聚居地区两面环山，中间丘陵峡谷错杂，石山居多，荆棘丛生，大田平地少。在这样的环境中，富有智慧的仫佬族人民一直沿用老祖先保留下的“踏犁翻番”耕作技术，现在仍与机耕并存。反映了仫佬族人民因地制宜，发展生产，辛勤劳作的优良品格。还有“马代牛耕”，也曾为仫佬族先民改造自然、发展农业生产、改善人民生活发挥了重要作用。

2. 以稻作农业生产为主

仫佬族以稻作农业生产为主，“仫佬”俗称“种田人”或“耕田人”。按照年历四季，仫佬族形成了周而复始的生产习惯，主要有修水沟、放肥、翻地、犁田、耙地、收麦、插秧、中耕、收谷子、烧石灰、种荞麦、种晚稻、收红薯、砍柴、搞副业、纺织，等等。过去一些地方还有由“冬头”、“长老”组织“开土迎

① 参见：梁代林. 融水县桑蚕生产形势喜人（http://www.rsny.gov.cn/NewsView.asp? id = 840）。

② 参见：韦鸿雁. 广西特色农业概述. 广西农学报，2005（5）。

春"的仪式,带领广大群众投入春耕生产。主要生产工具有:犁、耙、锄、锹、斧、钩刀、虫梳、谷桶、龙骨水车、戽斗、扁担等。有水稻、玉米、红薯、大麦、小麦、荞麦、小米、高粱等粮食作物和黄豆、棉花、花生、油麻、芝麻、桐油、烤烟、油菜等经济作物。

3. 家庭副业未脱离农业生产

根据仫佬族居住地区的自然条件和生产情况,仫佬族家庭副业以竹木器编织较为普遍,且未脱离农业生产成为单一的生产部门,仫佬族人民向来"以农为主,以商为辅",即农忙时候从事农业生产,农闲时兼做小商小贩。这样,在仫佬族地区形成了众多的小集市,习惯上人们把它称作"以商补农"。得天独厚的自然条件,使仫佬族从事农业的同时,还从事编织手工业,主要产品有箩筐、棕裙、草帽、竹簟、草鞋、畚箕等。仫佬族妇女编织的草帽则是仫佬族颇负盛名的手工艺品。同时,仫佬族民间的打铁和制陶手工业历史悠久,较为出名,所制作的沙罐远近闻名。此外,山区仫佬族在冬春或农闲时,有集体赶山围猎之习俗。

二、广西少数民族特色农业的开发

通过对广西主要少数民族的特色农业,包括耕作制度、劳动工具、农业产品等的详细分析可知,广西少数民族特色农业具有如下特征须在旅游开发中予以特别关注:

(一)生产的区域性

各少数民族分布在广西不同的区域内,各地自然条件的差异性决定了少数民族农业生产的地域性。由于特色农业所要求的气候、动植物物种、技术水平、生产条件比常规农业高,而这些条件并不是任何地方都能满足的,广西少数民族特色农业生产的地域性特征较为突出。[①] 如京族是我国唯一的海洋民族,沿边沿海的区域优势,造就了京族以渔业为主,以农为辅,属沿海渔业和农耕混合的经济文化类型。又如毛南族的土地,面积小块,石头多,同时土地太黏,用脚踏犁较为方便,土容易碎,所以从古至今,脚踏犁仍是当地最主要的农业生产工具。

(二)传统的继承性与发展性

广西少数民族地区的农业生产具有传统的继承性,既是继承,又是扬弃,是对传统农业精华的发展和提高。少数民族地区许多耕作制度、劳动工

① 参见:韦鸿雁.广西特色农业概述.广西农学报,2005(5)。

具、劳作方式都是代代相传，并根据当地生产环境以及社会进步的需要不断地得到改进和发展的。在各个不同的地方，在种植、养殖等方面都有自身的优势和特色。20 世纪 60 年代，京族地区实行填海造田，一度“以粮为纲”，大力发展农业，但受自然条件限制，不仅当地群众的粮食问题没有解决，而且对生态环境也造成了一定破坏。80 年代后，这种状况得到逐渐改变。90 年代以来，海洋捕捞、养殖业、边境贸易、旅游业成为京族人主要的经济来源。

（三）经济的高效性

少数民族特色农业的发展，即耕作制度变迁、生产工具改良、农产品品种增多等，最终追求的是经济效益，增加少数民族地区的经济收入，进而提高少数民族地区居民的生活水平和综合素质，促进当地社会的发展。如，广西少数民族部分地区素有“水果之乡”的美誉，不少地方现以种植水果为业，成为其主要的经济来源，传统的生计方式逐渐被改变。各地形成的水果之乡，如恭城——中国月柿之乡；富川——中国椪柑之乡；灵山——中国荔枝之乡等。其中恭城所取得成绩的较大，20 世纪 90 年代后期以来，实现了水果规模化生产，人均水果面积、人均水果产量、人均水果收入均在广西居首位。

（四）特色农业与旅游产业相结合

广西少数民族地区自身具有丰富的特色农业资源，为充分利用这些优势资源，转变为经济优势，当地县委、县政府实施“跳出农业抓农业”，大力发展独具特色的农业旅游，如恭城的生态文化旅游。该县曾成功举办了六届桃花节和六届月柿节，开辟了“观文物古迹，品瑶乡风情，赏生态田园风光”生态旅游线路，以“农家乐”为代表的旅游业带动作用越来越显著，农民得到了较大的实惠，也增强了农民保护环境的意识，成为了恭城又一新的经济增长点，农民从三产中获得了更多的“农外收入”。又如京族人也积极参与旅游业的开发，主要从事旅游服务行业，如餐饮、住宿等，扩大了京族人的收入来源，传统的生计方式发生了较大的变化。

第三章

民族生活文化与生态旅游

第一节 特色民俗生活文化

就旅游活动与人的密切关系而言，旅游活动是一项重要的文化活动，选择旅游就意味着主动踏上一次绚烂多彩的文化之旅，旅游者热衷于认知神秘莫测的异域文化，津津乐道于他乡基本生存状况的真实体验，其目的不过是对一种生活文化——人类栖身于世界与世界由此展开的现实方式的感同身受。民族民间的特色生活文化成为众多论者在旅游产品开发及相关问题研究中所关注的重要对象，并不让人感到意外，据统计，在涉及这一论题的文献中经常使用的概念有“民族文化旅游”、“民族地区旅游”、“少数民族地区旅游”、“民族风情旅游”、“少数民族风情旅游”、“少数民族旅游”、“少数民族专项旅游”、“民族民俗旅游”，以及“民俗旅游”、“民俗文化旅游”、“民俗文化村”、“民俗旅游村寨”、“民俗特色旅游”、“区域民俗文化旅游”、“民俗旅游学”、“民俗风情旅游”、“生态博物馆”等。考虑到我们的主要论题，在以下讨论中将采用民俗风情旅游这一概念。

一、民俗风情旅游整体观

民俗风情旅游开发研究是近年来的一个学术热点，每个人当然可以选择属于自己的研究视角，但是，目前学界对民俗风情旅游似乎还没有一个整体性的把握，因此，通过下述辨析达到对民俗风情旅游的整体认知应该是必要的。

（一）何谓民俗风情旅游

1. 民俗风情旅游的概念

关于民俗风情资源，国内学者有不同的定义。李慕寒认为，民俗风情指一国或一个地区的民俗事象和民俗活动；张紫晨把民俗概括为四个方面：经济民俗、社会民俗、信仰民俗、游艺民俗；周霄把民俗划分为“物质型”、“社会型”、“口承语言型”和“信仰型”四种类型；等等。根据中华人民共和国国家标准《旅游资源分类、调查与评价》，民俗风情类旅游资源分为八大类，分别是：①地方风俗与民间礼仪；②民间节庆；③民间演艺；④民间健身活动与赛事；⑤宗教活动；⑥庙会与民间集会；⑦饮食习俗；⑧特色服饰。笔者认为，从游客的角度去理解民俗风情旅游的内涵，有一点是十分明确的，即游客参与民俗风情旅游活动，主要是以观赏、了解、领略、介入当地生活习俗、风土人情为目的。一个民族的生活方式与其他民族的生活方式有联系，又有区别，不同民族相互间进行沟通和交流，才使民俗旅游活动的潜在需求得以挖掘出来。例如，目前很多民俗旅游区开展一些体验参与性的民俗风情旅游项目，如内蒙古举办的“草原风情游”，它包括住蒙古包、穿蒙古袍、喝奶茶、吃手扒羊肉等一系列活动。因此，在民俗风情旅游资源开发中形成的产品，更多的可以是以民俗活动和节庆活动为主的旅游，是一种体验式和参与式的旅游活动。①

综上所述，民俗风情旅游是以各民族在长期生活中形成的独特习俗为主要开发对象，在观光、休闲、体验与参与的过程中增进旅游者对陌生文化的了解和对当地社会的认识，最终达到推动当地文化进步与经济发展目的的旅游形式。而民俗“是一个国家或民族中的广大民众在长期的共同生产实践和社会生活中，集体创造并世代传承的生活文化事象”②，是当地社区居民在与自然进行的长期抗争中选择的文化模式。民俗风情是民俗文化模式直接和外在的表现形态，是依靠个人的现实存在集体累积起来的精神财富，是流行于民间的全部习俗。民俗风情作为民族民间文化的核心内容，习焉不察地存在于社区居民的全部生活方式中，表征为先民们遗留下来的活动遗址、伟大工程、居室建筑，以及服饰、饮食、待客礼仪、礼俗禁忌、节庆活动、婚丧嫁娶，还有民族工艺、神话传说、音乐舞蹈、戏曲文艺、绘画雕塑、文娱体育、宗教仪式，等等。民俗风情旅游是对民俗风情的开发与利用，民俗风情旅游开发成功与否将直接影响到民族民间文化的生命活力能否得以长久维持。

2. 民俗旅游资源的类型

民俗旅游资源的本体虽为民俗，但其范围十分广泛，几乎包括一个民族

---

① 参见：程华宁，黄安民．论民俗风情与文物古迹两种旅游资源的保护模式．北京第二外国语学院学报，2005(1)。

② 吴必虎，余青．中国民族文化旅游开发研究综述．民族研究，2000(4)。

或地区的人们生产生活的各个领域、各个层面，比如风情民俗、传统节日、婚丧嫁娶、宗教仪式、建筑风格、民间歌舞等方方面面，以下将民俗旅游资源的类型作简单分类。

（1）根据民俗旅游资源的存在形态和表现形式，可以把民俗旅游资源分为物质民俗、社会民俗、精神民俗三大类旅游资源（见表3-1）。

表3-1 民俗旅游资源分类表

物质民俗	生产民俗	采集、狩猎、畜牧、农耕、手工业民俗等
	消费民俗	服饰、饮食、居住民俗等
	流通民俗	市商、交通、通信民俗等
社会民俗	家族民俗	称谓、排行、社团、帮会民俗等
	村落民俗	集市、乡规、村社民俗等
	民间组织民俗	行会、社团、帮会民俗等
	礼仪民俗	生育、成年、婚嫁、寿诞、丧葬礼俗等
	岁时节令民俗	传统节日、公历节日、宗教节日、二十四节气等
精神民俗	信仰祭祀	民间宗教信仰、巫术迷信、礼俗禁忌等
	口授语言民俗	民间神化、民间传说、民间故事、民间歌谣、谚语、谜语等
	民间艺术民俗	民间音乐、民间舞蹈、民间美术、民间工艺等
	民间游戏娱乐民俗	民间游戏、民间体育竞技、民间杂艺等

资料来源：根据田里：《论民俗旅游资源及其开发》，载《人文地理》，1997年第3期整理而成。

（2）按民俗旅游者的行为动机进行分类，可以分为以下五种类型：①观光型民俗旅游资源。是指具有外在视觉特征的民俗事象，如民居、服饰、节庆等。如果民俗的外显特征越突出，则民俗的文化氛围越浓，游客更容易有身临其境的感觉。它可以吸引观光型旅游者，满足他们观光游览的需要。②参与型民俗旅游资源。民俗旅游资源的群体性意味着其中包含有许多集体性的民俗活动，如赛龙舟、拔河、斗鸡、泼水节、火把节等，既富有观赏性，又具有参与性。旅游者可以通过参与这类民俗活动，借助视觉、触觉、肤觉、嗅觉等感官，感受、体验民俗文化的意蕴，从而进一步提高民俗旅游的情趣。

③考察型民俗旅游资源。它属于深层次的民俗旅游资源。这种旅游资源比一般性的民俗旅游资源更具民族性、地域性、神秘性和原始性，更能反映区域或某一民族群体的文化内涵和特质。它种类众多，包括民间信仰、传统聚落、方言土语、神话传记、社团、宗教，等等，其中不乏已开发开放的，但更多的还处在待开发状态中。④娱乐型民俗旅游资源。我国民俗活动的主流为娱乐，即使是一些比较凝重的和严肃的民间宗教习俗与丧葬礼俗，也充斥着娱乐内容。娱乐型民俗旅游资源十分丰富，广泛存在于物质、社会、意识民俗中，在各类民俗旅游资源中，这种类型是开发、利用得较多的一种。⑤商品型民俗旅游资源。旅游购物既是旅游的一种动机，也是现代旅游的伴生物。所谓商品型民俗旅游资源，是指具有旅游吸引力并富实用性、纪念性、工业性的民俗商品。我国的这类资源很多，主要是民间工艺品，如：浙江东阳的木雕竹编、陕西延安的剪纸、江苏扬州的鞋花、北京的景泰蓝、江西景德镇的瓷器、山东临沂虎形绣件、贵州玉屏的箫笛、西南少数民族的蜡染等民族商品等。

（二）民俗风情旅游资源辨析

1. 民间与官方

民族民间文化是民俗风情旅游开发取之不尽的宝藏，人们倾向于认为民俗风情源于民间，“其目标资源所指的人群在自己居住的范围内不完全属于该国政治或社会意义上的主体民族”①。事实上，民俗风情不断游移于民间与官方之间，不过总是以民间的形态为人们所认知而已。民间与官方虽对立却不隔绝，发生在庙堂之高与江湖之远间的往返迁徙是历史，也是现实，民间习俗官方化，官方习俗民间化，官方文化对民间习俗的影响从来都没有停止过，这为民俗风情在庙堂与江湖之间的转移提供了可靠的传输渠道，民俗风情有相当一部分内容是官方文化的转化形式。儒家文化的演变最富有戏剧性，孔子创立的原始儒教原本是民间性质的，但是“仁”与“礼”的观念后来被官方吸纳，并逐渐演变成了典型的官方文化，它反过来又以主流文化的强势姿态不断影响民间意识，以至于以“三纲五常”为核心的封建礼治观念在民间广为流行。

2. 乡村与城市

不少民俗风情旅游开发的研究者倾向于认同乡村民俗风情，特别是那些边远偏僻、与世隔绝的落后地区的少数民族民俗风情。事实上，与民间等

① 张星梓，郭慧光. 民族旅游可持续发展与生态旅游理念. 云南环境科学，2003(4)。

同的概念不是乡村而是下层，民俗风情，严格地说，是下层文化的典范形式。乡村居民与城市下层社会都属于民间的范畴，民俗风情包括乡村民俗与城市民俗两个不可或缺的组成部分，广泛地存在于缺少文化自觉的城乡下层社会，存在于城乡社区居民的日常生活中。鉴于此，同样有必要将城市民俗风情纳入人文生态旅游资源开发的理论视野，特别是在中国这样一个历史悠久的国度里，几乎每座城市都是一个民俗文化的载体。北京的民俗文化就使人感到眼花缭乱，狭窄的胡同、层叠的四合院、热闹的庙会、隆重的节庆、烦琐的市民习俗，处处透露着皇城帝都特有的民俗文化风韵。但是目前论述城市民俗风情旅游开发的论著却并不多见，这不能不说是一种遗憾。

二、特色民俗生活文化的特点

根据上述民俗旅游资源的分类和辨析，可以总结民俗生活文化具有以下特点：

（一）民间性

民俗生活文化源于民间生活，各种不同的民间生活构成各民族独特的民俗生活文化，反过来，民俗生活文化又从不同侧面体现民间生活，包含物质的、精神的、社会的和语言的因素，在现实生活中总显示出浅显不定的功能作用，成为人们参与社会生活所不可或缺的基本手段。民俗生活文化乃是伴随着生活需要而自然形成，历久传承的文化形态，而非朝廷的、官府的、寺庙的等上层文化或宗教文化的简单代表。[①] 因此，民俗风情旅游应取材于民间风俗，以独特的视角展现其固有的民间性、朴实性，从食、住、行、游、购、娱等六方面打造相关旅游产品，使旅游者都可以从中得到满足。

（二）地域性

民俗生活文化是地方文化的民间形式，是各族人民共同创造的文化，体现民族的生活，并因各民族生存空间不同而各有差异，即使是同一民族，内部也会有差异。正所谓"百里不同风，十里不同俗"，民俗生活文化具有鲜明的地域性特征。民俗风情旅游的开发应以本地资源为依托，把握自身特色，进行地域差异性开发，不可胡乱建设和猎奇，避免同一资源的胡乱开发，只有这样，才能使旅游产品具有当地特色和民族气息。

（三）文化性

民俗生活文化充满浓郁的文化气息，从建筑、服饰、饮食到节庆、仪礼、

① 参见：王锋. 广西民俗文化旅游开发. 合作经济与科技，2007(5)。

宗教信仰、艺术,内容颇为广泛。民俗生活文化也是广大人民生活智慧和生活艺术的结晶,一件普通的民俗商品常常是令人爱不释手的艺术品,民间歌舞、音乐、工艺、建筑、服饰等无不具有深厚的艺术积淀。通过对民俗生活文化旅游产品的开发,旅游者可以品尝旅游地的烹饪艺术,欣赏起居、饮食文化,购买具有民族特色的工艺品,观赏各种民族艺术表演,参与多种多样的民俗活动等。正由于这一特性,就要求民俗风情旅游的开发者、经营者、参与者、服务人员及旅游者都有较高的文化素质,以便于文化展示与文化欣赏。

(四)外向型

民俗生活文化源于本地的民间生活,是经过世代相传而存留下来的。也正是因此,民族地区对本民族的成员或当地群众反而没有太大的吸引力。从文化渊源上讲,与民俗旅游创办主体的血缘关系越远越具有吸引力,所以国外或省外游客就成为民族地区最大的客源。

(五)参与性

由于风土人情是一个地区或民族的人们生存环境、生活方式的一种反映和表现,民俗生活文化所形成的民俗风情旅游资源基本都保留在人们现实、具体的生活中,人们创造了这种文化,又代表着这种文化,人们掌握着大量的民俗风情旅游资源,其本身也是一种民俗风情旅游资源,因此,这就决定了这种民俗风情旅游资源可以观看、欣赏,但更需要参与、体验。一般来说,可供观赏的民俗风情旅游景观往往是些表层的、浅显的或经常发生的,而需要参与的民俗风情旅游内容则多为内在的、深刻的或间歇出现的。俗话说:"入境问俗"、"入乡随俗",民俗风情旅游的开展就特别要求游客遵循旅游目的地居民的习俗。如"外国人在上海的一天"这个旅游项目:从清晨手提菜篮,到市场买菜开始的。在熙熙攘攘的菜市场上,外国游客与中国普通人一样,挑选自己喜欢吃的蔬菜、肉、鱼、蛋等,他们也学着与小贩讨价还价。中午,客人们被分散到上海普通居民的家里,与主人一起拣菜、洗菜、做饭、炒菜,然后与主人同桌进餐。国籍不同、生活方式有别、素不相识的人们,在这种轻松愉快的气氛中,彼此之间的距离仿佛一下子就缩短了。这一旅游项目迎合了民俗风情旅游者的需求,所以备受旅游者喜爱。这种参与性是由民俗风情旅游本身的性质所决定的,旅游者只有参与到旅游地居民家的生活中,才能真正体验到当地的民风民情。①

① 参见:薛群慧,邓永进.论民俗风情旅游消费需求的激发及其行为特征.贵州社会科学,1998(5)。

三、广西特色民俗生活文化

广西是一个多民族聚居的少数民族自治区，少数民族人口数量在全国各省、自治区、直辖市中居首位。同时，广西也是我国人口最多的少数民族——壮族高度集中的区域。各民族独具特色的传统文化与民俗风情共同构成了广西丰富多彩的民族文化旅游资源。以下我们将对广西主要少数民族的特色民俗生活文化进行描述与分析，包括居室建筑、服饰饮食、民族工艺、节庆活动、礼俗禁忌等方面。

（一）壮族的特色民俗生活文化

1. 居室建筑

壮族人素来注重村落环境的选择。他们建造村落，或选在河流大转弯，地面较宽广的平地；或选依山傍水、背山面水、山腰坡边的地方，许多村寨有村前一湾水，村后万重山之美。

壮族人的传统民居有楼居、半楼居和地居建筑三种类型。楼居是干栏式木楼，“干栏”又称“麻栏”、“高栏”，“栏”，壮语意思是屋的意思。以粗壮的圆木为柱，下垫长约1米的石柱，以防立柱腐朽。立柱上凿榫连以纵横木条，中层铺垫木板；屋顶作悬山式，过去多以瓦、草或树皮覆盖，现多用瓦，左右及后墙壁以小木条为骨，以稻草拌泥糊其上。房屋分为上层、下层和阁楼三部分。下层用做牛栏、猪圈、鸡舍、厕所和贮藏室。上层有三开间、五开间或七开间，火塘多在中间。房屋的前厅用来举行庆典和社交活动，两边厢房为卧室。后厅为生活区，以火塘为中心，每日三餐都在火塘边进行。同时，在上层往往另建有望楼、挑楼、抱厦、偏沙等。壮族人因为相信世间万物都有灵性，所以对居所十分在意，避免大门对开，引邪物入室，有些甚至不装后门，以防财物走失，中间的隔层多为木板。与广西这一干栏式建筑融为一体的是民居外的晒排。主要是用大树的大枝丫撑起的像阳台一样的平台，专门用于晾衣物及晒谷物，晒台通风很好。壮族的民居体现了壮族先民生活在多雨的亚热带地区的那种防潮、防霉技术高超等。

2. 服饰与饮食

《天下郡国利病书》载：“壮人花衣短裙，男子着短衫，名曰黎桶，腰前后两幅掩不及膝，妇女也着黎桶，下围花幔。”这主要反映了中、南亚热带季风气候对壮族服饰的影响。壮族的民族服装款式多种多样。壮族崇尚黑色，故男女衣着皆以黑色为主。由于气候的原因，壮族服装以蓝黑色衣裙、衣裤式短装为主。男子多穿对襟上衣，纽扣以布结之。胸前缝一小兜，与腹部的两个大兜相配，下摆往里折成宽边；下裤短而宽大，有的缠绑腿；扎绣花纹的头巾。妇女穿藏青色或深蓝色矮领、右衽上衣，衣领、袖口、襟边都绣有彩色花边；下着黑色宽肥的裤子。也有穿黑色百褶裙，上有彩色刺绣，下有彩色布贴，色彩绚烂耀眼。扎布贴、刺绣的围腰，戴绣有花纹图案的黑色头巾。节日或赶圩歌场穿绣花鞋，披戴绣花垫肩。壮族服饰一般都用自织的土布制成。

壮族人以大米、玉米、木薯、红薯为主食，辅以黑饭豆、白饭豆和绿豆等，喜食糯米，爱吃酸品。壮族的节日特殊主食，代表了食品的民族特色。有色、味、香俱全的五色饭、糍粑、油堆和沙糕；有外形奇特的各种粽子；有吃法与众不同的包生饭；有金灿灿的黏小米饭；还有无论是节日或平时都受欢迎的米粉。壮族的传统肉食，有猪肉、鸡肉、鸭肉、鹅肉、羊肉、牛肉、马肉，以及山禽野兽等。在这些肉食中，较有特色的是白斩鸡、烤猪和鱼生。此外，壮族喜饮水酒和肉酒。壮族地区素有水果之乡的美名，爱吃的水果有果蔗、金橘、柚子、碟子柑、扁桃、菠萝、菠萝蜜、香蕉、荔枝、龙眼、黄皮、橄榄和芒果等。

3. 民族工艺

《广西通志》载："壮锦各州县出，壮人爱彩，凡衣裙巾被之属莫不取五色绒，杂以织布为花鸟状，远观颇工巧炫丽，近视而粗，壮人贵之。"壮锦又称"僮锦"、"绒花被"，是壮族妇女独创的传统纺织工艺品，与湘绣、蜀锦齐名，享誉海内外，是以棉纱为经，以各种彩色丝绒为纬，在装有支撑系统、传动装置、分综装置和提花装置的手工织机上，采用通经断纬的方法巧妙交织而成的艺术品。壮锦不仅是壮族人民日常生活中的用品和装饰品，编织壮锦更是壮族妇女必不可少的"女红"，是嫁妆中的不可或缺之物。驰名中外的铜鼓是我国南方濮、越人创造的一种打击乐器，是我国艺术宝库中之瑰宝。迄今已有 2 700 多年的历史，是壮族及其他少数民族先民的珍贵文物和中国青铜文化中的一朵奇葩。到目前为止，广西发现和收藏的铜鼓达500 多面。此外，绣球也是壮族有代表性的民族工艺品。其历史可以追溯到 2 000 多年前，最初是一种用来抛投的青铜铸造的古乐器，后来逐渐发展成现今的绣花布囊，即绣球。近千年来，绣球一直作为壮族青年男女的爱情信物，每逢三月三等传统节日，壮族青年男女相互对歌、表达爱意，女方若有意则将绣球抛向意中人，以此定下终身。目前已成为广西主要的旅游工艺产品。此外，还有彩带、刺绣、木雕、石刻、剪纸、制瓷、泥塑等工艺品。

4. 节庆活动

除与汉族相同外，比较具有民族特点的是中元节、牛魂节、吃立节、蚂拐节、三月三歌节、霜降节等。七月十四至十六是中元节，俗称鬼节，这是壮人仅次于春节的大节。壮族是能歌善唱的民族，壮乡素有“歌海”之称，每逢农闲、节假日或婚丧嫁娶，壮族各地区都要举行群众性的对歌活动，壮族人称之为“歌圩”。尤其是每年三月初三举行歌圩的日子，要举行搭彩棚、摆歌台、唱山歌、抛绣球、碰红蛋、择佳偶及放花炮等活动。三月三是壮族人民盛大的节日，相传为纪念壮族歌仙刘三姐而形成的节日，故又称歌仙节。节前家家户户准备五色糯米饭和彩蛋。人们采来红兰草、黄饭花、枫叶、紫蕃藤、用这些植物的汁浸泡糯米，做成红、黄、黑、紫、白五色糯饭。彩蛋则是歌圩中男女青年用以交际传达情感的物品。还有抢花炮、演壮戏、耍杂技、舞彩龙、舞彩凤、武术表演、唱桂剧等活动。

5. 礼俗禁忌

在壮族的社会交往中，人们十分注重礼仪，对每个人都要依据其年龄、身份和地位来称呼，对年长者尤其不能直呼其名。他们习惯在女孩的名字前加“达”或“低”，男孩的名字前加“特”或“日”来称呼其人，有子的男女，则被称为“某某之父”或“某某之母”，有孙的老人，则被称为“某某之公”、“某某之奶”。就连未生育夫妻之间也不能直呼其名。

在日常酬酢庆吊中，人们要遵守一些禁忌。有些地方的壮人，如果兄弟或亲友两家于同年娶媳，那么他们之间互不相贺，因为向别人祝贺意味把福禄运气送给别人，自已则将不祥。不仅如此，他们也不希望对方来向自己贺喜，彼此并不相怪。有些地方若是祝贺别人乔迁等喜，必须送双数礼，表示好事成双，而不能送单，否则不吉。

（二）侗族的特色民俗生活文化

1. 居室建筑

侗族古歌中，多有对于侗族居住环境的描述：“刹仰好，好地方，冬天暖来夏天凉，寨前小河水长流，寨后青山气势壮，晚蝉叫起很幽静，这里人间胜天堂。”“这里土熟地好，满山密林是百鸟栖身的地方。青山绵延不断，绿水环抱山旁，溪边那块小坝，田中禾秆粗得像大腿一样。林中的青菜有甑子粗，张张菜叶似蒲扇。”依山傍水而居，是侗族历史形成的早期时代就获得的生态经验，构成了侗族村落环境的典型特征，是侗族千百年来认同的理想环境模式。

侗族民居为全木结构，多为外廊式二三层小楼房。依坡或傍河的寨子，多建吊脚楼，一般楼上住人，楼下圈牲口等。堂屋设神龛，两侧厢房做卧室及安置火塘，也有在堂屋设火塘的。侗族民居中最具代表性的建筑就是鼓楼与花桥。鼓楼外形像个多面体的宝塔。一般高20多米，11层至顶，全靠16根杉木柱支撑。楼中心宽阔平整，约10平方米见方，中间用石头砌有大火塘，四周有木栏杆，设有长条木凳，供歇息使用。楼的尖顶处，筑有宝葫芦或千年鹤，象征寨子吉祥平安。楼檐角突出翘起，给人以玲珑雅致，如飞似跃之感。过去鼓楼都悬有牛皮长鼓一面，平时村寨里如有重大事宜，即登楼击鼓，召众商议。有的地方发生火灾、匪盗，也击鼓呼救，一寨击鼓，别寨应声，照例击鼓，如此，一寨传一寨，信息很快传到深山远寨，鼓声所及，人们闻声而来。如今，社会秩序安定，长鼓已失去了它传递信息的作用。但鼓楼仍然是侗家人议事、休息和娱乐的场所。花桥和鼓楼一样，也是侗族同胞建筑艺术的精华。侗族同胞喜住水边，有溪有水便有桥。人们在环绕村寨的河流上或小溪上建起一座座具有浓厚民族特色的花桥。花桥的全部桥身都是用杉木横穿直套，卯眼相接，不用一根铁钉和铁部件，结构极为合理。他们还在桥身上建起一个长廊式的建筑，把桥身完全遮盖起来，长廊上有供过路人休息的长凳。从结构上花桥可以分为亭阁式和鼓楼式两种。

2. 服饰与饮食

侗族人民大都穿自纺、自织、自染的侗布，有粗纱、细纱之分，喜青、紫、白、蓝色。黑青色多用于春、秋、冬三季，白色多用于夏季，紫色多用于节日。女裙不分季节，多用黑色。侗族男子的上衣有对襟、左衽和右衽三种，下着长裤，裹绑腿。缠头布为三米长的亮布，两头用红绿丝线绣着一排锯齿形的图案。盛装时戴“银帽”，并佩戴其他银质饰物。女子穿裙时，上身以开襟紧身衣相配，胸部围青色刺绣的剪刀口状的“兜领”，裹绑腿；穿裤时，以右衽短衣相配。盛装时，妇女多穿鸡毛裙。也有穿右衽无领上衣，以银珠为扣，环肩镶边，足蹬翘尖绣花鞋。侗族妇女喜欢佩戴银花、银帽、项圈、手镯等银质饰物。侗族妇女擅长刺绣，手工技艺精湛。

侗族人民的饮食以大米、糯米为主要食物，辅以玉米、红薯、马铃薯等杂粮。副食以酸辣为主，有“侗不离酸”之说。侗族日常菜肴以酸味为主。除鲜食南瓜、苦瓜、韭菜外，大部分腌成酸菜。如：酸黄瓜、酸萝卜、酸刀豆、酸蕨菜等。不仅有酸汤，还有用其做成的各种酸菜、酸肉、酸鱼、酸鸡、酸鸭等。侗族人还喜欢用木桶与楠竹筒做腌鱼、腌猪排、牛排及腌鸡鸭等。用油茶待客，是侗族人民的一种好客习惯。油茶是用茶叶、花、炒花生（或酥黄豆）、糯米饭，加肉或猪下水、盐、葱花等为原料（有的地方还加菠菜竹蒿），制成的汤状稀食，既能解渴，又能充饥，故常称“吃油茶”。侗族成年男子，普遍喜爱饮酒，所饮酒类大都是自家酿制的米酒，度数不高，淡而醇香，有“喝转酒”、饮“交杯酒”等习俗，形成了侗族独特的饮酒文化。

3. 民族工艺

侗锦是侗族人民的手工工艺品。一般侗家都有称做陡机的织锦工具。

侗锦图案的线条都呈直线，常见的有人字形、十字形、口字形、之字形、米字形、万字形等。经过织锦姑娘的精心规划，将这些图案组成一幅幅简练明快的画面。画面的内容大多取材于山区人民常见的事物，如描摹动物、植物、器皿等，少数大型侗锦也有取材于古代神话故事的。现在侗锦的品种也由过去一般的花边、袖口、腰带和头巾发展到几垫、台布、提包等家具或日用品的装饰上。此外，还有挑花、刺绣、藤编、竹编、雕刻、剪纸、刻纸等民族工艺。

4. 节庆活动

侗族人礼仪既严肃又活泼，往往通过节庆淋漓尽致地表现出来。节庆分为欢庆丰收，祈求风调雨顺，纪念民族英雄，宗教活动，青年社交等。活动通常都是民俗展示和文艺表演。侗族的节日很多，全年不下20多个，且因地而异。较具普遍性而又有特色的主要有侗年、吃新节、花炮节、祭牛神节，等等。侗年又称“吃冬节”，这是侗家纪念祖先到某地立寨安家的日子，这是侗族仅次于春节的大节日。吃冬节祭祀祖先，猪、鸡、鸭肉和酒自不必说，各户还用酸水煮鱼，熟后冷冻，称为“冻鱼”。“冻鱼”、“冻菜”是必不可少的祭品。吃新节在农历六月间（有的在六月初六），中稻黏谷正在包胎，瓜豆业已成熟，各户到田里扯几株禾胎（象征新谷），捉来田里的鲤鱼，与米煮成粥。禾胎捆成束放在锅里煮。备酒祭祀祖先神灵，然后请亲朋一起过节。一些地方还以斗牛取乐。

5. 礼俗禁忌

户内供奉祖先的神龛，为最神圣之处。一切凶器，刀、松、剑、戟、戈、矛、弓、弩，甚至棕索，都不准放置神龛上面。否则，为对神大不敬，会招致惩罚。寨内举行祭祀活动期间，禁忌外人入寨。禁忌标志为用斑茅草打4个结，结成十字，悬于寨子口处。忌正月巳、亥日出远门或上坡；每月逢七与九日忌出远门等。

（三）瑶族的特色民俗生活文化

1. 居室建筑

瑶族是一个支系繁多的民族。民族分布广而零散。瑶族自古就有依陡岭而居的习惯，近代除了部分瑶族（平地瑶）村落选在丘陵、河谷地带外，大多数瑶族主要散居在五岭南北的高山密林中，海拔多在1 000米左右，故有“五岭无山不有瑶”和“高山瑶，矮山苗，汉族住平地，壮侗住山槽”等地方民谚。瑶族村落选向依山势而定，只要是靠近水源和耕作区域、易找建筑材料、野兽出没较少的向阳处，便可建寨。瑶村一般较小、零散，村与村的距离较远。

瑶族大多住在山坡上，有“吊楼”式建筑，即房屋的一半建在坡地上，另一半则依山势坡度的大小建筑吊楼。瑶族民居善于因地制宜,有“半边楼”、“全楼”和“四合院”之分。“半边楼”一般为五柱三间,两头附建偏厦,或一头偏厦,或一头偏厦前伸建厢房。大门多在屋头上层屋场偏厦间。此种建筑多为红瑶所建。“全楼”相对“半边楼”而称;一般建于沿河一带或半山较平坦的一层地基上。规模及附属建筑与“半边楼”相同。花瑶、盘瑶多居“全楼”。“四合院”在较平坦的地面上连接修建四幢“全楼”合成的房屋,中间有一小块方形空地庭院,故称“四合院”。这种建筑仅为沿河一带红瑶富裕人家所居。瑶族房舍建筑一般分为三部分,即住房、粮仓、寮房。住房一般是一栋三间,中设厅堂,卧室设在两侧或中室后部,前部为炉灶或火塘。居平原丘陵地区的瑶族,住房多为土木或泥木结构,与壮、汉族住宅相同。

2. 服饰与饮食

瑶族服饰,《后汉书》中记为“好五色衣服”。其他史志中有“衣斑斓布”的记载,瑶族服饰自古以来便五彩斑斓,绚丽多姿。同时,由于瑶族人居住比较分散,从而形成“大分散,小聚居”的分布特点,由于地理环境的差异,在服饰上便形成了众多的款式和地域风格,直到现在,各地瑶族服饰就式样来说,仍有六七十种之多,每个地方,每个支系都有自己的鲜明特色。过去因瑶族人居住和服饰等方面的特点不同,曾有“过山瑶”、“红头瑶”、“大板瑶”、“平头瑶”、“蓝靛瑶”、“沙瑶”、“白头瑶”等自称和他称。男子服装以青蓝色为基本色调,以对襟、斜襟、琵琶襟短衣为主,也有的穿衣领长衫,配长短不一的裤子,扎头巾、打绑腿,朴实无华。妇女服饰有穿大襟上衣,束腰着裤的;有穿圆领短衣,下着百褶裙的;还有穿长衫配裤的。瑶族服饰的挑花构图风格独特,整幅图案均为几何纹。瑶族头饰特点更为突出,有“龙盘”形、“A”字形、“飞燕”形等。瑶族染织业发达,服装均用自染的土布制作,有一套完整的蓝靛印染技术。色彩常用红、绿、黄、白、黑五种,服饰制作辅以彩挑花、刺绣、织锦、蜡染等工艺。

瑶族食物以玉米、大米、红薯为主,芋、粟、麦为辅助食物,嗜饮酒和喝油茶。下地劳动时往往以竹筒瓦罐将白酒带至田间,兑上清水饮用。瓜箪酒是一种用杂粮酿制的甜酒,经冷水浸泡,拿精美别致的葫芦瓢盛舀碗中,用大碗痛快淋漓地喝,称为“喝瓜箪酒”。清明节吃一种染色的“花饭”。瑶族制作腊肉、熏肉及酢肉也很有特色,尤其是广西金秀大瑶山瑶族腌制的“鸟酢”,是一种著名的风味小吃。此外,“瑶家腊肉”、“荷叶米粉肉”、“圣水豆腐丸”、“瑶家十八酿”等色美味佳,也久负盛名。

3. 民族工艺

挑花、织锦、编织、刺绣和蜡染是瑶族的传统工艺。妇女挑花时,不需事先绘制图案,在家织土布的经纬交织处,一针一针地挑出各种色调的图案来,充分显示了瑶族妇女的艺术才华。瑶族的挑花刺绣工艺精致细巧。女性6~7岁就习作挑花。长大成人时,大多已成为刺绣的能手。瑶绣花纹图案的取材,主要有表现树木花草、飞禽走兽的,有表现云霞水纹和城堞齿轮的,也有表现几何形和文字形以及人物形象的,名目繁多。而且各支系有各自的花纹图案。

4. 节庆活动

瑶族除过春节、清明节、端午节、中秋节等外,还有自己特有的传统节日,如盘王节、祭春节、达努节、耍歌堂、啪嗄节等。其中达努节是瑶族最盛大的传统节日。“达努”瑶语意为“不要忘记”,达努节又称瑶年。有趣的是这个节日尽管定在农历五月二十九日,但并不是年年过,而是依当地传统习俗和谷物收成,人畜健康状况而灵活掌握。人们除了跳铜鼓舞外,还点火炮、唱山歌、奏唢呐、进行武术表演、射击比赛、斗鸟等,节目丰富多彩,非常热闹。每年农历十月十六是传说中瑶族的祖先盘王的生日,又时值丰收季节,因此,盘王节是瑶族人民最隆重的节日。节日期间,在瑶家聚居的地方,唢呐、芦笙伴奏着歌声,婉转悠扬。身着鲜艳瑶族服装的瑶族人民跳起民族舞蹈,欢乐的场面夜以继日。到今天,盘王节已逐步发展为庆祝丰收的联谊会。青年男女则借此机会以歌道情,寻觅佳偶。

5. 礼俗禁忌

除婚丧、年节、祭祀和伦理规定外,还有一些禁忌:男女的“皇帝头”,任何人不能触摸。产妇不满月,外人不得进家门。正屋门口不得晾晒衣服,不得坐门槛,家中不许吹口哨儿。神桌上禁放杂物。不能踩跨火塘和往火塘内吐痰,火塘上的三脚铁架不能随便移动。产妇、孕妇不能在神桌前停留。不能踩坟墓和在墓地炸石挖土。严禁砍伐村前寨后的风水林。

到瑶家做客,还要懂得当地的禁忌,否则,会引起主人的反感。这些禁忌主要是:忌用脚踏火炉撑架;忌在火炉里烧有字的纸张;进入瑶家忌穿白鞋和戴白帽,因为象征丧事;忌坐门槛;穿草鞋不能上楼;不能坐主妇烧火的凳子;到木排上,忌“伞”,言及“雨伞”时,要说“雨遮”,因“伞”与“散”谐音;遇人伐木时,忌说“吃肉”、“死”之类不祥之语,等等。瑶族过去普遍禁食狗肉,而过去则禁食母猪肉和老鹰肉,绝大部分瑶族禁食猫肉和蛇肉。

(四)京族的特色民俗生活文化

1. 居室建筑

京族村落大多选在海岛或海岸边。京族人多聚族而居,村落多位于茂盛的树林中。栏栅屋和石条瓦房是京族有代表性的民居类型。最初,京族住房都是粗陋不堪的草庐茅舍,京家称之为“栏栅屋”。从20世纪50年代始,随着生产的不断发展,京族的起居条件发生了根本性的改善和变化,代之而起的“石条瓦房”普遍出现。石条瓦房每座各自独立,是用长方形(每块石条约长0.75米,宽0.25米,高0.20米)淡褐色石条砌成的住宅。这种独立式的单座居室内,都约定俗成地用条石或竹片、木棉之类,分隔为左、中、右三个单间。单间的面前都留出较宽敞的过道,过道自左向右贯通全屋。家私杂物如凳、桌等工具,都置放在过道的墙脚边。正中的一间是“正厅”,俗称“堂屋”;其正壁上安置着神龛,俗谓“公棚”。正厅除了节日用以祭神之外,平坦处又是接待客人,以及吃饭、饮茶、谈天的地方,是兼作“客厅”之用的。左、右两间是卧室或厨房。

由于海边风沙频繁,京家人还在屋顶脊及瓦行之间压置着一块连接一块的石块或砖头。这种别具一格的石条作砖墙、独立成座、屋顶以砖石相压的居家建筑,构成了京族地区的建房民俗特色。“哈亭”是京家人的又一道风景线,它不仅供奉全村人最为崇拜的神祇,以及每个家族的祖先牌位,而且京族人最为隆重的传统节日——哈节也在这里举行。

2. 服饰与饮食

京族男子一般都穿及膝长衣,坦胸束腰,衣袖较窄。妇女则内挂菱形遮胸布,外穿无领、对襟短上衣,衣身较紧,衣袖很窄,下着宽腿长裤,多为黑色或褐色。外出时,外套淡色旗袍式的长外衣。妇女喜欢染黑齿、结“砧板髻”。京族最有特色的装饰是他们的斗笠。

京族以大米为主食,杂吃些红薯、玉米、芋等。喜吃鱼、虾、蟹、鱼汁及糯米糖粥、“风吹糕”和“白糍糕”。妇女爱嚼槟榔。京族人普遍喜欢甜食,特别喜欢糯米糖粥。逢年过节,京族人都要吃糯米糖粥;祭祖最不可少的祭品也是糯米糖粥。鱼汁,又称“鲇汁”,在市场上一般叫鱼露,是京族民间传统的调味品,以各种小鱼经腌制而成。每年3~6月间,渔民家家腌制鲇汁,可分为头漏汁(多出口东南亚各国)、二漏汁(多在国内市场销售)、三漏汁(通常自家食用)。“风吹糕”是京族颇有风味的一种传统的粮食制品。因经过烘烤,它变得薄而轻,几乎像透明的薄膜,风吹即飘起,故名。“白糍糕”多是在每年除夕之夜,全家边守岁,边做好煮熟,待新春到来时,先用以供神祭祖,后拿来和糯米糖粥一起吃,以示祝福:生活甜蜜人长寿,偕老白头如“白糍糕”。

3. 民族工艺

京族的民族工艺主要是竹编、藤编等。

4. 节庆活动

京族除了和汉族相同的春节、端午节、中秋节外,最隆重、最热闹的节日是“唱哈节”。“唱哈节”过去每年都举行，各地日期不一，京族农历六月初十（沥尾、巫头岛），八月初十（山心岛），正月二十五（红坎乡）。“唱哈”是京语唱歌娱乐之意，每逢唱哈节，京家男女老幼身着节日盛装，汇集到哈亭迎神、祭祀，祈保渔业丰收，人畜两旺。唱哈过程大致分为迎神、祭神、入席唱哈、送神四个部分。

5. 礼俗禁忌

在京族各村，成年人都要入“乡饮簿”。入簿仪式，在农历每年十月初十举行。乡饮簿就是成年男子参加哈节乡宴的花名册。入簿仪式就相当于习俗上的“成丁礼”了。

渔猎是京族主要的生产，其中的习俗、规矩和禁忌也是纷繁多样的。例如，在编织渔网时，忌人来问三道四。在晾网时，竹竿头处要挂上一团簕刺（又称“簕古头”）以辟邪。每次扛网出海前，要在门外烧一堆火，把网从火上跨过，以示“兴旺”。特别在新竹筏装成后，要在路上或海边堆以融融热火，然后把竹筏从火上跨越而过，才能正式下水使用。一切网具，忌人在其上面跨过。新网忌别人走近观看和讲话，若这样，就认为此网将捕不到鱼。新造竹筏未下水时，忌煮生鱼或焦饭，若这样，认为当年会捕不到鱼。坐船忌双脚垂在船外或舱里，船头烧香敬神的地方不能坐。

在渔家做客，忌讳说饭烧焦了，因为“焦”与“礁”同音，怕触礁。在船上不要说“油”，把油称为“滑水”，因为“滑”有“顺当”、“顺溜”、“顺利”之意，而“油”与“游”同音，船破后人落水才要游。移动器物要拿起来，不可以拖着推着移动，因有“搁浅”之嫌。

（五）苗族的特色民俗生活文化

1. 居室建筑

苗族大多聚族而居，数家或数十家形成一个村寨，大的村寨有一两百户。

苗族的房屋有三开间的平方式楼房，多为木结构，以吊脚楼最具特色。一般建筑在坡斜地段、有两三层阶梯的坡地上，把地削成一个“厂”字形的土台，土台下用长木柱支撑，按土台高度取其一段装上穿枋和横梁，与土台平行。吊脚楼低的七八米，高者十三四米，占地十二三平方米。屋顶除少数用杉木皮盖之外，大多盖青瓦，平顺严密，大方整齐，分两层或三层。吊脚楼一般以四排三间为一幢，有的除了正房外，还搭了一两个“偏厦”。每排木柱一般九根，即五柱四瓜。每幢木楼，一般分三层，上层储谷，中层住人，下层楼脚围栏成圈，作堆放杂物或关养牲畜。住人的中层，旁有木梯与楼上层和下层相接，该层设有走廊通道，约一米宽。堂屋是迎客间，两侧各间则隔为二三小间为卧室或厨房。房间宽敞明亮，门窗左右对称。有的苗家还在侧间设有火炕，冬天就在这烧火取暖。中堂前有大门，它分为两扇，两边各有一窗。中堂前檐下，都装有靠背栏杆，称“美人靠”。其余多为平房，一般以竹编泥糊做墙，以草做顶。

2. 服饰与饮食

苗族分布较广，支系众多。服饰有明显的地域差异。妇女较典型的装束是短上衣，百褶裙。苗族衣料过去以麻织土布为主，普遍使用独具特色的蜡染、刺绣工艺。裙子以白色、青色居多，服饰的用料、颜色、款式、刺绣等方面，都极具民族风格。配饰以头、颈、胸及手等部位的银饰为多见。男子头缠青色包头，穿青色对襟短衣或右衽长衫，肩披织有几何图案的羊毛毡，下穿长裤，是大腰带，小腿裹绑腿。

苗族的银饰在各民族的首饰中首屈一指，妇女着盛装时必佩银饰，昂贵且繁多。有银插花、银牛角、银帽、银梳、银簪、项圈、耳环、披肩、压领、腰链、衣片、衣泡、银铃、手镯和戒指等，一个盛装的苗族妇女，全身银饰可达二三十斤。苗族用银的观念一是审美，二是表示富有和辟邪。

大部分地区的苗族一日三餐，以大米、小米、玉米为主食，喜食酸味，酸食有酸辣椒、酸腌菜、酸汤和酸汤鱼等，还喜欢喝打油茶。辣椒为主要调味品，有的地区甚至有“无辣不成菜”之说。有代表性的菜包括：血灌汤、辣椒骨、苗乡龟凤汤、绵菜粑、虫茶、万花茶、捣鱼、酸汤鱼，“酸汤鱼”是苗族较出名的风味名菜。“酸汤鱼”有两类，一类是以酸汤为主料的“素酸汤鱼”，另一类是以糟辣为主料的“油酸汤鱼”。苗族人常以酒示敬、以酒传情，在不同的时间、地点，不同的对象，饮酒的礼俗也有所不同，如拦路酒、进门酒、双杯酒、交杯酒等，体现了苗族人们丰富多彩的酒文化。

3. 民族工艺

苗族的民间工艺不仅丰富，且历史悠久。一般分为女制工艺和男制工艺两大类，每一类下又有多种工艺，主要有刺绣、挑绣、织锦、蜡染、剪纸、银饰制作、竹器等。苗族银饰可分头饰、颈饰、胸饰、手饰、盛装饰和童帽饰等，均由苗族男性银铁匠精心做成，据说已有400多年的历史。银饰有冠、角、梳、铃、泡、头钗、头、雀、耳环、项圈、项链、锁、手镯、戒指等。其中，以银冠和银锁制作难度最大，其图案有蝴蝶探花、丹凤朝阳、百鸟朝凤、游鱼戏水、双龙抢珠及松、竹、梅、兰等，极富民族特色。

4. 节庆活动

苗族传统的节日主要有苗年、龙舟节、四月八、吃新年、芦笙节、花山节和清明节等。其中以苗年最为隆重。苗年相当于苗族的春节，一般在秋后举行。年前,各家各户都要备丰盛的年食,除杀猪、宰羊(牛)外,还要备足糯米酒。年饭丰盛,讲究“七色皆备”、“五味俱全”,并用最好的糯米打“年粑”,互相宴请馈赠。节日期间有跳芦笙舞、跳场、跳年、跳月、斗牛、赛马、踩花山等活动。龙舟节在每年农历五月下旬,苗人以划龙舟来庆祝插秧成功和预祝五谷丰登,并有驱旱求雨、袯邪、祈子求嗣等意义。节日时人们云集江边,参加龙舟出发前的献祭活动。龙舟比赛时岸上还举行对歌、跳芦笙舞等活动。

5. 礼俗禁忌

苗族讲究真情实意,非常热情,最忌浮华与虚伪。主人路遇客人不抢走第一步,不走在前面;交谈中用敬语称呼;迎客要穿节日服装;对贵客要到寨外摆酒迎候;客人到家门,男主人要叫门,告知在家的女主人,女主人要唱歌开门迎客;在客人面前,女主人不登高上楼;宴会上以鸡、鸭待客为佳肴,尤以心、肝最为贵重,要先给客人或长者,客人则分给众人享用,次序是先长后幼。客人不要称主人“苗子”,他们喜欢自称“蒙”;禁杀狗、打狗,不吃狗肉;不能坐苗家祖先神位的地方,火炕上三脚架不能用脚踩;不许在家或夜间吹口哨儿;嬉闹时不许用带捆苗家人;遇门上悬挂草帽、树枝或婚丧祭日,不要进屋;路遇新婚夫妇,不要从中间穿过等。

广西其他少数民族的特色民俗生活文化见表3－2。

表3－2 广西其他少数民族的特色民俗生活文化情况

民族	项 目	内 容
仫佬族	主要分布地区	罗城仫佬族自治县、宜州市
	建筑文化	多为砖瓦顶矮楼建筑,最显著的特点是以地炉取暖、做饭
	饮食文化	以大米为主,辅以玉米、薯芋及麦类,喜爱酸辣食品及糯米饭
	服饰文化	简朴,布料多为自纺、自织、自染
	节庆活动	依饭节、牛马节
	民间工艺	刺绣、剪纸等
	歌舞文化	山歌、彩调戏
	婚俗文化	通过走坡传情交友,但结婚需经双方家长同意,并按传统习俗履行结婚仪式,曾有不落夫家婚俗
	民间文学	诗歌、神话、故事、传说、谚语、戏曲等

续表

民族	项 目	内 容
毛南族	主要分布地区	环江、金城江、南丹、都安
	建筑文化	依山傍水而建，错落有致；住房以干栏式为主，逐步改为砖砌的封山结构
	饮食文化	以大米、玉米为主，小米、红薯、南瓜为辅；喜欢腌制酸肉、酸菜、辣椒
	服饰文化	男子喜穿蓝色和青色斜襟或对襟衫；妇女穿镶花边的右开襟上衣和滚边裤
	节庆活动	分龙节
	民间工艺	雕刻、编织
	歌舞文化	山歌、毛南戏
	婚俗文化	以本民族内通婚为主，少数与附近的壮、汉族通婚
	民间文学	故事、民歌等
回族	主要分布地区	桂林、柳州、百色、南宁
	建筑文化	以清真寺为主的建筑风格
	饮食文化	忌讳吃猪、狗、马、骡肉
	服饰文化	男子戴白色小帽，穿白衬衣、黑坎肩；妇女戴黑、白或绿色的盖头
	节庆活动	开斋节、古尔邦节、圣纪节
	民间工艺	雕刻、灯彩、地毯
	歌舞文化	胡旋舞、花儿、口弦
	婚俗文化	结婚要请阿訇证婚
	民间文学	故事、谚语、笑话等

续表

民族	项目	内容
彝族	主要分布地区	隆林各族自治县
	建筑文化	既有干栏式,也有石基础泥墙体、屋顶用茅草覆盖的硬山式,后逐渐改用小瓦覆盖
	饮食文化	以玉米为主、大米为辅,蔬菜主要为豆类和南瓜;喜爱辣椒和霉豆腐,忌食狗肉
	服饰文化	男子多着黑色窄袖、右斜襟上衣和多褶宽统长裤;白彝妇女多着白衣、黑裤,黑彝妇女流行黑衣和多褶长裙
	节庆活动	春节、护林节、跳弓节、火把节、庆丰节
	民间工艺	漆绘、刺绣、银饰、雕刻、绘画
	歌舞文化	用歌舞笛子、三弦、月琴、二胡、芦笙等管弦乐器及铜鼓伴奏。铜鼓舞、芦笙舞、二胡舞
	婚俗文化	有招婿入赘的习俗
	民间文学	诗歌、故事、神话、谜语等
仡佬族	主要分布地区	隆林各族自治县
	建筑文化	多为木结构,以木条为柱,合板为墙,流行三间开,多用树皮或茅草铺盖屋顶
	饮食文化	以大米、玉米为主,辅以小麦、小米、高粱等,喜欢酸食和糯米糍粑
	服饰文化	男子衣着多为黑色对襟衣,妇女穿右襟短上衣、长筒裙、勾尖鞋
	节庆活动	拜树节、祭祖节、春耕节
	民间工艺	蜡染、雕刻、剪纸、刺绣、编织等
	歌舞文化	为老人祝寿的牛筋舞
	婚俗文化	一夫一妻制的小家庭,男女在家庭中的地位,一般是比较平等的
	民间文学	诗歌、故事、谚语等

续表

民族	项　目	内　容
水族	主要分布地区	河池、柳州
	建筑文化	多以三间开的草木结构平房或干栏式楼房
	饮食文化	以大米和玉米为主，辅以小麦、红薯、芋头等
	服饰文化	流行黑色和蓝色衣服
	节庆活动	端节
	民间工艺	剪纸、刺绣、印染、雕刻
	歌舞文化	铜鼓舞、芦笙舞、斗角舞、狮子舞等；花灯戏
	婚俗文化	有倚歌择偶的传统，实行同宗不娶的宗族外婚
	民间文学	诗歌、故事、传说、寓言等

资料来源：《广西年鉴》(2009)。

第二节　民俗风情旅游与民族民间文化自我救赎

民俗风情旅游一经出现就得到了迅速发展，它以鲜明的文化品格引起了众多旅游者探索异域文化的无穷好奇心与体验异域风情的强烈愿望。不同的民族生活在不同的地域内，为了更好地应对自然的挑战，他们在严酷的生活中不断梳理源自生活的感受并使之经验化，他们的看似纷乱无序的生活，实际上却遵循着某种特有的民俗模式。从广义方面说，民俗风情旅游就是对民俗生活的发掘，也是对某一聚居地内乡民多姿多彩生活的发掘。

一、民俗风情旅游的目标取向

(一)旅游与生活一体化

民俗风情旅游的目标取向是旅游与生活一体化，对于旅游者、旅游经营者、特别是当地居民来说，选择民俗风情旅游无异于选择了一种生活方式。民俗风情旅游致力于开发以民俗风情为表征的地域性文化，充分挖掘、并有效激活被生活化了的文化模式。民俗风情旅游关注民族民间文化是从民俗入手的，民俗是与人们日常生活相统一的具有普遍模式的生活文化，它作为一个相对稳定的统一体被人们完整地在生活中重复，赋予人们生活的基本观念，并规范人们的人生活动。民俗作为特定社区的共知、共识在一定的时空范围内具有共同性与稳固性，它要求人们共同参与和遵守，凡事都要依俗而行。在广西金秀大瑶山瑶家的生活文化中流行"进门话"习俗，客人到瑶家做客，来到主人大门外，务必首先向屋里的主人鞠躬并深笃询问，得到主人允许和热情招呼后，方可进屋。来客问后，若主人没听见，尽管门口大开，也不能跨入寸步，就是亲家、兄弟、邻居串门也不例外。瑶家人信守"进门话"习俗，他们认为，进门不喊、或喊话后主人没有回答就进屋，是不礼貌的。

追求旅游与生活的一体化，实际上就是在发展民俗风情旅游中关注民俗，更关注民俗生活。"所谓民俗生活，也就是把历时的文化传统转化成共时的活动呈现出来。"[①]民俗的形成不是一朝一夕完成的，它是人们在长期的生活中一点一滴积累起来的，它是现实生活的呈现，也是过往历史的展示，而现实不过是历史的浓缩。发掘现实的民俗生活，同时也是在触摸民俗过往的历史，恰如论者所言："当解析共时性的民俗生活时，我们能看到它的历史年轮。"[②]在中华民族的心灵深处，爱国主义一直是一个挥之不去的情结，每年农历五月五日，是中华各民族纪念爱国诗人屈原的传统节日。但是在四川东南部的武陵山区，土家族人的端午节却别具风味。端午节当天，他们除有吃粽子、挂菖蒲、炸麻花、赛龙舟等民俗外，已出嫁的女儿一家要回娘家过节，未婚女婿也必须在岳父母家共度良宵。岳父母必须准备"花伞"或"草帽"，待女儿女婿回家时各得到一把花雨伞，俗称"鸳鸯伞"，意为祝愿夫妻感情天长地久，忠贞不渝。过去，土家人送的是"油布伞"或"草帽"，山寨人现在致富了，送的是各式各样的新潮雨伞。在历史的不断沿革中，传统的端午节庆与土家人"送花伞"的习俗融而为一，浓郁的民族情调中有现实、也有历史的投射。

（二）构建和谐生态系统

民俗风情旅游关注生活，其实质在于关注生活所营造的和谐氛围，那些散发着泥土气息的民族民间文化被纳入到一个生态系统，一个以旅游者、旅游经营者与当地居民为共同主体构建的文化生态系统。生态关怀成为观照民族民间文化的有效视角、地方性知识，以及如何形成知识的具体情境条件成为共同关注的中心，主流社会文化与当地异质文化之间，先进与落后的鸿沟、看与被看的对立，消弭于平等和谐氛围的营造。当地居民创造的地域文

① 高丙中．民俗文化与民俗生活．北京：中国社会科学出版社，1994：第165页。
② 同上。

化在得到充分发扬光大的同时，也被最大限度地融入旅游者对“异文化”的参与观察性体验，一个原本自我在对异质文化的体验中发展成为新的自我。融入生活也许存在着过分理想化的嫌疑，但它却是民俗风情旅游发展的必由之路，民俗风情旅游只有还原于生活，构建一个充满生命活力的生态文化系统，才会有效地促进文化旅游的发展，也才能够有效地扼制对当地文化的破坏。

二、民族民间文化的自我救赎

（一）民俗风情旅游的多重主体

一些优秀的民族民间文化品种在走向衰落，这是一个无须争辩的事实，那么谁来担负起挽救它的使命？民族风情旅游开发较好地回答了这一问题。民俗风情旅游涉及多重主体。其一是民俗风情的主体。民俗不过是一个空壳，只有加入了人的因素，才会成为具有实质性内容的真实生活。“民俗生活是民俗主体把自己的生命投入民俗模式而构成的活动过程。它是人生的基本内容：婚丧、起居、休养生息，民俗组成了人生的活动基础。”①从某种意义上说，没有社区成员按既定方式对生活文化的参与，没有他们把自己的生命投入到某些既定的文化因素之中，就没有民俗文化，也没有民俗生活。其二是民俗风情旅游的主体。民俗风情旅游，其主体是由旅游者与旅游经营者共同建构的。旅游者将从民俗风情旅游中获得体验异域文化的快感，旅游经营者将从民俗风情旅游中获得商业利益。目前国内外已有不少民俗风情旅游开发成功与失败的先例，从成败两方面的经验看，在旅游开发过程中，民族民间文化需要认真提防的不是现代文明的冲击，而是人类的无知与贪婪。民俗风情旅游开发的既定目标就是把旅游者、旅游经营者与当地社区成员有效地统一起来，而在生态旅游的理论视阈中加强对话是把三者统一起来的有效途径。

（二）以对话弥补差异

对话只有在彼此充分理解与尊重文化差异的基础上才能实现。旅游者与当地居民的对话是不同生活文化的碰撞与交流，在那些不为世界所关注的角落里，居民们在封闭而又狭小的天地里，在漫长的与世隔绝的生活中，形成了各种独特的生活习俗，其多数只能在一个狭小的地域内发挥效力，无法融入主流社会，但是在主流社会看来，它却因陌生而显得无限神秘。对当

① 高丙中：前引书，第145页。

地居民来说，这是他们的生活，而对于旅游者来说，却是走向旅游目的地的动因。民俗风情旅游正是建立在当地居民与来自主流社会的旅游者之间的文化差异上，建立在由文化差异促发的陌生与神秘之上，民俗风情旅游就是文化认同与拒绝认同的矛盾统一，它要尽可能地维持这一差异，没有文化差异的存在，就没有开展民俗风情旅游的现实基础，同时又在一定程度上弥合这一差异，旅游的目的就是以一种更便捷的方式促进当地居民尽快融入现代社会，给当地居民带来富足安定的生活。

旅游经营者与当地居民的对话是商业利益与文化保护之间的冲突。目前，民俗风情旅游已成为国内外旅游开发的一个重要趋势，但是不少旅游开发商选择项目投资开发，其基本出发点是能否带来更大的商业利润，对当地的自然生态，尤其是文化生态并无太多的关心。生态意识是旅游经营者与当地居民对话的前提，没有真正落到实处的生态保护意识，两者之间就不可能实现真正的沟通。生态旅游理论研究的迅速发展为两者的有效沟通提供了足够的理论参照，生态旅游的重要特征有二，其一是保护性。生态旅游将有意识地把对环境的冲击减到最小，以维护生态的永续，同时以最尊重的态度对待当地文化，以最大的经济利润回馈地方，包括游客也应成为对自然环保、管理的正面贡献者。其二是参与性。一方面，生态旅游可以让旅游者亲自参与到自然与文化生态系统中，通过参与来保证旅游者获得与众不同的经历和充分的旅游体验。另一方面，生态旅游是旅游者、旅游地居民、旅游经营者和政府、社团组织及研究人员广泛参与的一种旅游活动。[①] 当代人类学为生态旅游理论注入了新的活力，它要求旅游活动的多重主体在地方性知识观念的引导下，关注他者的现实存在，同时关注他者的过去与将来。对于日新月异的旅游产业来说，经营理念的完善迟早会发生，在不久的将来将涌现出一批兼有生态意识与文化关怀的业内精英。

大多数人倾向于认为，只有当地居民才是充满地域色彩的民族民间文化的持有人，事实证明这是长期以来形成的一种根深蒂固的谬见，从广义上讲，旅游者、旅游经营者与旅游地居民是民族民间文化的共同主体，民族民间文化的发扬光大不仅仅是当地居民的事，他们也不足以独立承担如此艰巨的任务，只有三者齐心协力，民族民间文化才能免遭灭亡的命运，才能不断焕发出新的更为强大的生命力。民俗风情旅游把三个互相隔绝的主体有效地统一于一个彼此关联的平台上，统一于共同遵守的生态旅游理念。我

① 参见张建萍：前引书，第 88 ~90 页。

们完全有理由相信，当旅游者、旅游经营者与旅游地居民在旅游理念上达成某种统一时，尊重不同文化的差异，促进文化之间的对话，关心他者的基本生活，维护生态环境的完整将成为相关各方共同的约定，到那时民族民间文化自我救赎的实现就为时不远了。

三、旅游与民族文化多元化

当前，跨民族旅游活动的规模日趋扩大，对目的地少数民族社会来说，旅游已经成为重要的族际关系构建形式之一。受民族旅游特殊性的影响，边缘族群与主流社会整合中所发生的社会结构性变化，与一般的文化趋同和社会整合的情况并不太一样。须在旅游的主题下，重点分析旅游引导下的民族本土社会的结构变化情况。以下的探讨是不可或缺的：首先，旅游建构的族际关系中，所发生的结构同化有何特殊性？重点是旅游造就的“中间人”社区的特征分析；其次，旅游介入以后，民族本土社会内部的分层情况将如何发生变化？重点研究旅游催生的民族本土精英群体的社会分析。

下面是旅游环境下的族群社会[1]的具体研究：

1. 族际关系的发生场景

一般情况下，结构同化大多发生在按主体民族所设置的中心社会场景中，包括民族聚居区内的县城与州府所在城市，也可视之为中心社会模式的延伸。少数民族人员外出打工、求学、入仕，等等，都以脱离从小生长的本土民族社会环境为代价。个人首先是从本土社会中被切割出来，成为无文化依托的单体。在这种情况下，无论有多少民族人员进入中心社会场景，都属于单体性的个人被投放于主流文化设置的社会环境中，多数情况下都不能构建为一个整体，自身不能整合。虽然也出现有少数民族移民比较集中的居住点，如我国内地城市中出现的民族村、民族街区，等等，但本质上仍属于中心社会环境下的一个亚文化社会社区与原出生民族社会并无直接关系。

2. 旅游与中间人

当今，民族地区通过开发旅游活动，不仅获得了经济收入，同时营造出一批数量可观的中间人。只要民族旅游活动存在，所推动的跨文化族际交流与对话就将长期持续下去。而为了使对话与交流成为可能，并使效果达到最大化，参与旅游接待和服务的民族人口必须尽快地熟悉交往的另一侧面——中心社会的运行方式和文化表征。事实上，如果对游客生活的中心

① 参见陈煦、李左人：前引书，第 183～185 页。

社会情况一无所知,或知之甚少,是不可能参与旅游接待服务的。因此,一定程度地了解和把握中心社会及其文化态势,是个人和家庭参与或提升民族旅游服务的重要条件。旅游在这方面形成的压力,使接待地族群人口必须花大力气去关注中心社会,适应主流社会。

旅游接待地民族人口吸纳和学习中心社会的大量信息主要来源途径有两条:其一,在以上日常旅游接待中,通过对话和交往以获取中西社会的大量信息,逐步熟悉中心社会;其二,重视学校的正规化教育,下一代在成长过程中接受中心社会文化,并将其充分地内化,从而培养出熟悉本民族社会,又熟悉中心社会的一代新人。

3. 边缘优势的发挥

参与旅游开发与服务的少数民族群体作为中间人群体,总是处于两个民族社会的边缘。这种边缘性地位并不如"边缘人"那样成为人生的困扰。相反,边缘性使其在熟悉本民族社会的同时,又熟悉中心社会,因而演变成人生的优势。在旅游的背景下,边缘优势可以从个人和社区这两个方面来认识。

第一,在个人层面,边缘优势最显著的表现是在族群的个体成员层面。谁更熟悉本土社会,谁就越容易发挥出边缘优势,并在民族旅游开发和发展中占得先机。

第二,在社区层面,边缘优势的集聚和发挥,也将逐步营造出边缘特征明显的中间人社区。此类社区可在更广泛的本土民族社会范围内,树立起区位优势。

生成于民族旅游的中间人社区,还承担有分别将本土民族文化与中心社会文化对外展示的窗口作用,进而形成两种文化的交互共存的特殊空间。在民俗旅游开发的热潮中,京族将保存完好的哈亭和京族人生活方式,以旅游商品的形式对外展出。我们还可以看到,目前京族已建立京族文化博物馆,其藏品丰富,大多数具海洋的特征。对外来旅游者来说,这一博物馆的建立无疑成为游客了解、认识京族文化和京族生活方式的重要窗口。而在文化交互存在的另一侧度,形成于旅游的中间人也为本土民族提供了把握、了解中心社会的种种条件。最直接的是大量旅游者带来的中心社会观念和文化信息等,不断呈现于本土民族成员的面前。比如,在村寨里,为旅游服务需要而开设的长话服务、网吧、卡拉 OK 厅等,其实宁静的民族村寨与现代都市的距离,已非过去的遥不可及。

需要强调的是,无论是中间人,还是中间社区,所需要的是两种民族生活方式和文化的共存,这是产生中间人的前提,也是其边缘优势得以发挥的基础。因此，对本土民族特征和文化传统来说，旅游推动的中间人群体的壮大并不会构成威胁。

4. 与旅游相关的民族精英阶层

在少数民族生活的区域内，因旅游而形成的中间人社区，其蕴涵的能量是极大的。它对地处边远的非旅游开发社区有很大的影响力。相反，非旅游开发的社区即使传统保存得再好，对中间人社区的影响也是微乎其微的。

一般而言，大众旅游活动对于少数民族群体来说，总是比较陌生的事物。不可能在既有的民族传统生活方式中寻觅到应对方案。因此，民族聚居区旅游开发之初大多数以模仿他人起家，不过，对于旅游已经开始上路，模仿失去意义时，如何进一步开发和构建民族旅游社区，包括民族旅游社区的未来走向，等等，是需要有某种思考。然而，问题是应由谁来提供思考？由于民族旅游开发与发展深深地涉及民族的社会特征和本土文化形态，非本土的机构或人士提出或推行某种举措，其正当性应当说是不充分的，甚至是可疑的。此时社区精英的作用就需要予以充分重视。

社区精英以个人能力和实力为基础，以社区的传统或社区外部环境的变化为契机，在整个社区社会生活和经济生活中发挥着重要的作用。所谓精英在传统意义上是指民族社会长期传承中形成的、较稳定的、有相当影响力的特殊群体。

第三节 民俗风情旅游利益相关者的权力配置

罗塞诺（Rosenow，1979）在其著作（*Tourism：The Good，The Bad and The Ugly*）中强调旅游目的地发展和管理中需要"公众参与"；此后，20 世纪 80 年代弗里曼（Freeman）、巴特勒（Butler）、墨菲（Murphy）等学者的研究主要集中于旅游目的地或旅游社区利益相关者的协作与管理、旅游规划和旅游可持续发展等主题；埃里克（Erick，2003）研究了在社区旅游发展中利益相关者对旅游的参与程度、"支持"和"反对"的态度对社区旅游发展的影响；尹（Yooshik，2002）指出，利益相关者的支持是旅游成功运作、持续发展的必要条件。通过社区参与使农村生态旅游走向深入已经成为旅游学界的一个重要话题。社区旅游开发，需要理顺社区旅游发展利益相关主体复杂的权力关系，使各相关主体的权利分配实现均衡。弄清社区内部的权力运作机制，进而制定行之有效的社区旅游伦理规范，必将匡正社区旅游多重相关主体之间的交易与博弈原则，促进古老社区的内部演化从自为走向理性，并为最

何一方都能够获得了解、认可与尊重。[①] 社区旅游多重主体的权力之争，经常具体化为旅游发展多重利益相关主体间错综复杂的关系，有基于法律规定的产权关系，包括占有权、管理权与使用权；有基于族群差异的文化交流，如民族历史、生产方式、生活习俗方面的差异与共享；还有基于生存责任的相互依赖，如所有旅游发展利益相关者对东道地区自然文化遗产的了解与尊重，等等。只有理顺这些关系，社区旅游才能纳入可持续发展的轨道。

在开展社区旅游的过程中，必然要发生不同地域文化的交流与整合，过去通行于社区的制度与组织会不断崩坏，并奇迹般地迅速再生。旅游开发介入社区居民的生活，必然打破社区内部传统的礼治秩序，改变社区惯常的组织制度及其运行机制，社区的价值观念、伦理规范、习俗，等等，会被赋予新的含义与功能。旅游开发将使古老社区的利益博弈关系变得更加复杂，并深刻地改变社区的基本存在形态，而当社区以新面目参与旅游开发，旅游发展利益相关主体的关系就既是经济的，也是文化的，只有在此基础上，我们才能给各利益相关主体一个准确的权力身份定位。

（三）权力关系网络化

多重旅游发展利益相关主体的对立统一构成复杂的权力关系网络，各主体相互作用彼此间充满张力，而对权力配额的要求是其持久的动力。谁有行动的自由？谁又有主张的权力？需要注意的是在这一关系网络中没有谁永远高高在上，"个人是权力的运载工具，而不是权力实施的对象"[②]。

如何描述多重主体相互交错的复杂关系是一个难题，但是正如塔马利（Tamal）和盖茨（Getz）所指出的，多重主体的相互协作已被界定为一个自主的主要利益相关者们共同作出决定的过程，通过协作解决规划的问题，或处理同（旅游）规划与发展有关的争端（Tamal & Getz，1995）。社区参与旅游发展的重要性即使在国内学界也已经不言自明，但是具体到社区力量如何参与到旅游发展中却大多语焉不详。如果从社区参与的角度看，下列描述是必须考虑的对象：

① 参见：唐志明. 旅游政治的政治学分析. 旅游学刊，2006（7）。
② 包亚明，严锋译. 权力的眼睛：福柯访谈录. 上海：上海人民出版社，1997：第 232～233 页。

终实现社区和谐创造条件。我们将在社区旅游分析的基础上,对民俗风情旅游中利益相关者及其权力配置进行分析。

一、民俗风情旅游主体的权力关系

（一）旅游利益相关者

20 世纪 80 年代国外研究者开始研究社区对旅游的参与,社区参与与旅游发展的互动性成为一个重要话题。绍特尔（Sautter）和莱森（Leisen）较早应用利益相关者理论研究了旅游开发与社区关系及社区旅游利益相关者,认为旅游利益相关者包括政府部门、员工、本地居民、本地商户、游客、竞争者等（Sautter & Leisen,1999）,值得注意的是,社区旅游发展利益相关主体的关系盘根错节,多重利益相关主体的权力关系需要加以辨析,各自的权利范围也有待明确界定。

国内研究者也对社区旅游利益相关者进行了相关研究。唐晓云（2006）等认为社区旅游涉及多重主体,主要利益相关者是:社区、政府部门、投资者、竞争者、旅游者和旅游规划师,其中社区（含居民）是社区旅游发展中的最关键者。吴必虎（2001）认为,作为"社区本身自行操作并为当地社区服务的一种旅游产品",介入社区旅游的社区力量需要给予特别关注,个人、家庭、同宗、同姓、异姓不断扩展构成社区,社区主体可能是以个人的形式涉足旅游开发,更可能是以组织的形式参与。[①] 陈万灵（2000）认为,社区组织包括社区内组织与社区组织两类:社区内组织主要是家庭和以家庭为基本单位构成的其他经济、文化组织;社区组织主要是执政党（共产党）组织、政府组织及村委会组织等。个人与组织的互相生发形成左右社区发展的强大力量,也必然会对社区旅游的开展产生重要影响,只有对社区主体详加辨析,社区参与旅游发展才能落到实处。[②] 此外,多重社区旅游主体在不同的权力关系情境中存在不同的身份认同,不同的权力关系情境会派生出不同的身份表征,上述主体在一些具体的旅游权力关系情境中会演化出男性、女性,正常人群体、易受伤害群体,成人、儿童,有宗教信仰者、无宗教信仰者,企业家和投资人、公营部门、私营部门,等等。

1. 政府主管部门与东道社区

政府主管部门为社区旅游发展提供政策支持,从社区旅游发展中获得政绩,东道社区则从当地旅游发展的政策支持中明确社区旅游发展的基本方向。

2. 旅游投资者与东道社区

旅游投资者从旅游开发中获得利润,东道社区则应平等分享旅游开发中所产生的经济、社会和文化的利益,特别是分享就业方面的利益。

3. 旅游者与东道社区

旅游开发中的任何外来者都有权从旅游中获得身心的满足,东道社区则从经营旅游项目中获得营业额,但应给予旅游者热情友好的接待,男性与女性应同样受到尊重,易受伤害群体（如儿童、老人、残疾人、少数民族、土著民族等）的个人权利与信仰应该得到尊重。

4. 竞争者与东道社区

一旦某些旅游项目获利,相邻社区很可能会开发类似的旅游项目与东道社区展开竞争,抢占市场份额。竞争的结果是:要么大家在竞争中两败俱伤,要么互相妥协,达成优势互补。

5. 东道社区内部

对社区内部的关系,过去一直关注不多,乡镇政府起指导作用,村委会起组织作用,而家庭与个人则主要是参与者,作为基层领导的乡镇政府与作为村民自治组织的村委会能否发挥预期作用,则直接决定东道社区居民参与社区旅游的程度与方式。

二、民俗风情旅游主体的权利范围

（一）从权力到权利

社区旅游主体的权力必须受到约束,而权利则从支配与服从的双重意义上规定了权力的合法性。权利发布规定,它规定了社区旅游多重主体支配与服从的对象和范围。社区旅游开展过程中的诸多矛盾其实质不过是利益之争,如果在此基础上研究多重旅游发展利益相关主体对旅游开发的参与,也许能对这一复杂关系网络有较为深入的认知。在社区旅游开发中获取利润是旅游投资企业的权利,全面提升社区的能力是东道社区的权利,获得个人内心的满足是旅游者的权利,如此等等。但是任何一种诉求都不可能没有限制,在社区旅游多重主体的交错中,作为服从的一方接受另一方的支配,接受拥有支配权的一方所制定的各种规章、条例。但是,旅游企业不可依仗自身的文化优势,将自己的意志强加于东道社区;东道社区也不可为了短期利益而忽略对旅游者的热情友好的接待;而旅游者同样不可随意违反旅游景区的种种规定而对景区造成破坏。总之,所有旅游发展的利益相关者都不能因追求局部利益而给生态环境资源带来浪费。在对支配与服从的双重规定中,权利规定了主体的权力,也同时明确了权力主体的身份,任何利益相关的一方都只能是这一权力关系网络中的一个部门,或者一个环节。

(二)在场的与缺席的

社区旅游主体的权利分割情况同样比较复杂,因为现实情况很可能是真正的社区主体处于缺席状态。主要原因是社区旅游一般发生在文化水平相对较低的地区,东道社区居民的主体意识相对模糊,对自身的权力身份缺乏清晰感知。真正意义上的社区主体是否能够得到表达自己主张的权利是一个实际问题。近年来,学术界对于社区参与当地旅游发展的呼声有增无减,事实上,一旦进入具体的实践环节则矛盾丛生,困难重重。在权力的链条上,支配主体与服从主体的身份界定相当困难,同一主体往往既是支配主体,又是服从主体,支配与服从之间的转换往往在不知不觉间发生,对支配与服从的理解相对褊狭,权利界限的模糊往往使一些旅游主体在权利身份转换上处于不自觉的状态,这从一个方面说明,享有权利与承担义务相辅相成的观念进入一个文化进步相对缓慢的地区需要一个过程。东道社区整体社会发展水平落后,必然导致经济主体与文化主体的分裂与互相对立,出于改善生活的强烈愿望而片面追求经济效益,单纯讲求经济发展指标。外来的旅游投资企业以旅游开发为名进入东道社区,如果缺少对社区应有的人文关怀,社区的存在必将被外来企业优势的经济与文化地位所遮蔽,社区主体的话语权更是无从谈起,社区旅游在发展方向上必将背离它的初衷。而社区内部也并非铁板一块,社区组织如乡镇政府、村委会在少数人的把持下,可能为了少数人而忽视其他多数社区居民的利益,部分"能干"的社区成员可能只顾及本家或本族的成员。当社区主体不能建立起关于自身的整体感知的时候,虽然表面上看来是在表达社区的主张,事实上却难以避免主张的失当,表面上看来社区已拥有相当的主动权,实际上却为局部利益所左右。

(三)为权利制定规范

社区旅游开发的过程也是社区社会结构转型的过程,思想观念的变迁与社区旅游的权力运作机制密切相关。在那些古老的社区中,人与人自为地生活在一个由自然意志推动、以统一和团结为特征的社会中,规范个人行为的是那些世代相传的乡风民俗,如礼俗、人情、归属感,等等。但是对利益的追逐必然促使这种纯粹意义上的"文化的人"向复合意义上的"经济的人"过渡，交易将成为人与人之关系的重要原则，人们生活在一起是因为有一些财产或者权利需要让渡。为了追求更大的利益，个人交易还将时常演变成多人博弈，在对共同利益的追求中走向合作并达成协约。而所有这些无不表明，一个社区正在向由理性意志推动、有明确目的、可改变手段以适应社会需要的社会结构转变，乡风民俗对人的约束力减弱了。特别是大量外来人员介入后，这一转变会尤为深刻，规范社区成员行为的将不再是单纯的传统社区意识形态，因为同时也有一些经济规律在起作用。

社区旅游的开展，急需一套能够适应新形势的权利规则来界定各社区旅游利益相关主体行为的合法性，掌握合法与非法的尺度。旅游伦理规范为进一步理顺旅游过程中的权力关系提供了一个有效的平台，为在旅游过程中推进人与人的相互了解与尊重提供了一个可资凭借的准则。它能够使我们以更为宽广的视野审视社区旅游的全过程。社区旅游开发的深入必然促使新的观念与处事方式在古老的社区出现，容忍新生事物的出现是成功的社区旅游开发所必需的，但是，需要使各旅游利益相关主体明晰所谓合法的"法"的内涵是什么，进而引导他们把自己的行为纳入合法化轨道。

三、民俗风情旅游伦理的和谐效应

（一）规范、伦理与真理

世界旅游组织对于社区旅游伦理规范的制定具有重要参考价值。旅游伦理规范作为承载权力话语的一种功能，表达社区旅游开展过程中的多重权力主张。事实上，相对强势的主体往往拥有更大的发言权，而弱势的一方则常常处于接受的地位。政府主管部门为了政绩可能一意孤行，社区居民尽快富起来的渴望一般来说要比对文化精神的坚守更迫切，投资者与竞争者永远会把对利润的追求放在第一位，而旅游者在对自身享乐的追求中也未必会始终如一地坚守参与旅游的基本道义。不同文化背景的旅游相关人员同时介入社区旅游开发，需要保证强势文化不对弱势文化造成有意的篡改与伤害，弱势一方的发言渠道能够畅通无阻，特别是对经济利益的争夺影响到对旅游开展的正确评估时，弱势一方的声音能够有效地传达出来。旅游伦理规范是一种道德承诺，当旅游行为发生的时候，道德与否会有一个一目了然的判断，只追求个体利益，而忽视群体利益与未来发展将受到道德的谴责。它还是一种法律评判，任何个体都必须对自己的行为负责，任何对景区资源的滥用和破坏行为都要受到法律严惩。特别是在一些经济发展刚刚起步的社区，各旅游主体的任何行为更要建立在国家现行的法律、法规基础上,因为失去法律支持的旅游伦理规范很可能会成为一纸空文。[①]

但是旅游伦理规范是各旅游主体既斗争,又妥协的产物。个人利益与集体利益、眼前利益与长远利益并不能总是恰如其分地得到协调,而当它们处于激烈冲突的状态时,旅游伦理规范是否能够保持它对正义、真实的捍卫?旅游伦理规范的权威需要得到确立,而比较可行的方法可能是正视社区旅游多重主体错综复杂的权力关系,在利益分配的相互制约中寻找动态的权力平衡。

(二)社区因素与规范

制定旅游伦理规范需要正确的思路引导。从社区旅游开展的实际出发,充分考虑当地社区的人员构成、地域环境、生活服务设施,尤其是文化背景及生活方式等方面的因素是必不可少的。需要从制度层面优先考虑的社区主要因素包括:

1. 与社区的非正式制度相结合

社区旅游企业的经营管理不可能独立于社区之外,需要吸纳当地社区居民的参与,在经营理念的营造上积极吸纳当地社区的价值观念、伦理规范、道德观念、文化习俗等十分必要,尽可能使旅游企业经营与社区生活融为一体。新的旅游伦理规范不可能凭空产生,任何一个社区中都流传着世代累积的文化习俗,它从生活最细微处规范着社区内居民的日常生活行为,任何旅游开发行为都应该是对它的遵守与继承,而不应该是抛弃与背叛。家庭作为社区的基本单位,在具体操作中其存在的文化意义与经济价值应该得到充分考虑,应该通过家庭或者在家庭基础上以共同利益为目标组成的行业协会,倾听社区居民内心的要求。

2. 与社区的正式制度相结合

村规民约与村民自治公约是社区的正式制度,它需要得到社区成员的认可才能真正实行,但是,它一旦实行就会对社区成员的行为产生约束作用,旅游伦理规范应该尽可能与社区的这类正式制度结合起来,达到相互促进的目的。

(三)和谐:迫近或遥远

建立旅游伦理规范的意义在于,为弱势群体的利益诉求找到一条有效的表达渠道。作为庞大权力网络中的一环,多数利益相关主体的强势与弱势都是相对的,在权力链条上没有绝对的强者,因此,坚守旅游伦理规范既

① 参见:世界旅游组织.全球旅游伦理规范.张广瑞译.旅游学刊,2000(3)。

是对社区旅游的可持续发展负责，同时也是对自身的权益负责。而所有的利益相关者都应该对脆弱的生态环境负责，因为它处在权力链条的终端，它沉默不语却又高高在上地俯视着社区的芸芸众生。制定旅游伦理规范的意义还在于，推动东道社区不断走向和谐。如果多重旅游发展利益相关主体的关系得以厘清，各主体的权力身份与权利范围得以界定，对社区旅游运作基本机制的认知达到一定深度，那么社区旅游的经营管理水平就一定能提高。社区旅游经营管理水平的提高与和谐社区的构建是统一的，社区和谐要求社区成员之间关系协调，社区成员与外来的专业人员关系协调，社区与当地自然文化环境关系协调，如果社区旅游内部的权力机制实现良性运作，社区内部人际关系必然会不断趋于和谐，个人与个人、家庭与家庭在经济利益的分配上，在文化道义的承担方面权界分明，各得其所，整个社区自然也就走向了进步。

第四章

民俗文化生态旅游产品的营销

民俗风情旅游已经成为我国旅游业发展的一个强劲增长点。一方面，是因为它越来越受到广大旅游者的青睐，另一方面，还因为在我国的辽阔地域上，多个民族共同生活，民俗风情多姿多彩，丰富的民俗风情旅游资源为旅游开发提供了极大的空间。但是民俗不会一成不变，它随着生产、生活的进步而变迁，更会因外来强势文化所同化，当它与现实生产、生活的距离不断加大，它会变得异常脆弱，稍有不慎，甚至会从我们的身边彻底消失。事实上，我国民俗风情旅游资源开发已经产生一些亟待解决的问题。总体来说，主要是缺乏民族旅游规划，保护程度缺失，缺乏市场营销的意识，同时也缺乏社区居民的参与等问题。本章主要探讨在民俗旅游产品的开发过程中，如何认知民俗旅游的商品属性、产品特性、需求特征，以及营销策略。

第一节　民俗风情旅游的商品属性

民俗旅游产品作为旅游客体，是旅游者到民俗旅游目的地进行消费的主要对象，是民俗旅游活动得以开展的基础。民俗旅游产品是一种特殊旅游产品，是旅游产品的重要组成部分。因此，在分析民俗旅游产品的内涵之前，我们有必要先认识和了解什么是旅游产品，以便更加全面和准确地理解什么是民俗旅游产品。

一、旅游产品的商品属性

(一)旅游产品的定义

20 世纪 60 年代以来，旅游产品就是一宗大众化消费的商品，并引起了广泛关注。相当多的专家学者对它的内涵进行过分析和探索，但是众说纷纭之下迄今尚没有达成普遍的共识。下面，我们略引四个国内比较通行的定义，并简要分析它们所涉及的旅游产品的内涵。

陶汉军、林南枝（2001）认为，就旅游供给方而言，旅游产品是指旅游经营者为了满足旅游者在旅游活动中的需要，凭借各种旅游设备、设施和环境条件向旅游市场提供的全部服务要素之总和；在旅游需求方看来，旅游产品乃是旅游者为了获得物质和精神上的满足通过花费一定的货币、时间和精力所获得的一次旅游经历。[①] 申葆嘉、刘住（1998）认为，在市场经济条件下，旅游产品是旅游服务诸行业为旅游者满足游程中生活和旅游目的需要所提供的各类服务的总称。[②] 罗明义（1999）认为，旅游产品是指旅游者以货币形式向旅游经营者购买的、一次旅游活动所消费的全部产品和服务的总和。谢彦君（1999）认为，旅游产品是指为满足旅游者的愉悦需要而在一定地域上被生产或开发出来以供销售的物象与劳务的总和。[③]

综观上述四个旅游产品的概念，虽然表述存在差异，但是对旅游产品内涵的描述，却具有以下三点共性：（1）旅游产品是有形物品和无形服务的综合与统一，主要由旅游景观、旅游设施和旅游服务构成。它既不是单一的物质形态产品或无形服务，也不是有形设施和无形服务的简单组合。它是涉及食、住、行、游、购、娱六大旅游要素的有形设施和无形服务的综合性总和。（2）旅游产品是专为在旅游市场出售而开发和生产出来的一种商品。旅游者为了购买旅游产品，需要付出一定的代价，如一定数量的货币、旅游过程中消耗的时间和精力等。（3）旅游产品能够满足旅游者的需要，主要具有观赏性和愉悦性的功能。在旅游消费过程中，旅游者付出了一定的代价，最终获得生理和心理上的审美与愉悦的体验。

（二）旅游产品的商品属性

当今世界，“商业化既是当前世界文化变迁的最典型的特征，也是文化变迁的最重要的动力”[④]。商业化正在侵入民族文化的每一个角落，每一个层面，正在推动旅游地社会文化的迅速演变。

所谓商品，就是为交换而生产的劳动产品。民族文化中许多品类如服饰、民间刺绣、绘画、工艺品等本身就具有商品属性。所谓“文化商品化”，一是指有些文化项目、文化产品转化成商品，直接投放到旅游活动中标价出售进行交换；二是指可作为旅游资源的民族文化要按照商品生产的法则进行

① 参见：世界旅游组织．全球旅游伦理规范．张广瑞译．旅游学刊，2000（3）。
② 同上。
③ 同上。
④ 同上。

加工；三是旅游使接待地社会关系、思想观念深受市场交换规则的影响。在这里，"化"的含义，不仅包括把文化产品当做商品来策划，生产活动和销售行为都在"化"中。当然，文化产品与一般物质产品相比有其特殊性，必须遵循文化和艺术自身的规律，要在文化规律和商品生产法则之间找到契合点。

旅游产品的商品属性已经为国外一些学者在较多方面予以关注，如加拿大学者沃特森（Watson）与约瑟夫（Joseph），英国学者格雷厄姆（Graham）等均有相关的研究文章，[①]，但是，迄今为止还没有引起国内旅游学界的足够重视。旅游商品在国内旅游学界通常指游客在旅游过程中的购物所得，和一般意义上的旅游产品并无太多关联。旅游产品作为旅游学基础理论研究的一个重要对象，总是被我们置于简化了的供求框架内，事实上，当一种商品被界定为产品的时候，它的商品属性已被有意无意地忽略了。国内旅游学界在定义旅游产品时习惯分成总体与单项两类，"从供给（或旅游目的地）角度看，总体旅游产品是指旅游目的地为满足来访旅游者的需要而提供的各种旅游活动接待条件和相关服务的总和。""从需要角度看，总体旅游产品就是旅游者从离家外出开始直至完成全程旅游活动并返回家中为止这一期间的全部旅行经历的总和。"[②]从供求双方看，旅游产品的基本要素是一致的，主要包括自然资源与环境、人文环境、交通运输、招待礼节与文化资源。[③]目前，众多学者在界定旅游产品特征时大都倾向于其物质性方面，如无形性、不可转移性、不可储存性、产消的同步性，等等，[④]极少关注旅游产品的商品特征。其实供求共同作用的结果是旅游市场的形成，旅游市场发育成熟的前提是旅游商品的产生，单单从简化了的供求关系中把握旅游产品的特性并不利于认识的深入。只要我们承认旅游产品在旅游市场中的存在，我们就必须承认它的商品属性，因此，笔者更倾向于把旅游产品界定为旅游商品。

商品是价值与使用价值的一体两面，旅游产品作为商品，同样由价值与使用价值两种因素构成。而所谓交换价值是在商品之上凝结着的无差别的、人类劳动的市场表征，是一种使用价值与另一种使用价值相交换的量的

① See G. Llewellyn Watson, Joseph P. Kopachevsky, Interpretations of Tourism as Commodity, *Annals of Tourism Research*, Vol. 21, No. 3, 1994; Graham A. Miller, Consumerism in Sustainable Tourism: A Survey of UK Consumers, *Journal of Sustainable Tourism*, Vol. 11, No. 1, 2003.

② 李天元. 旅游学. 北京：高等教育出版社，2002：第128页。

③ 参见：查尔斯·R. 戈尔德耐. 旅游业教程——旅游业原理、方法和实践. 贾秀海译. 大连：大连理工大学出版社，2003：第335、362页。

④ 参见：吴必虎、余青：前引文，载《民族研究》2000年第4期。

关系或比例。所谓使用价值,就是商品的有用性,即物品能够满足人们需要的某种属性。旅游产品的构成要素决定了它作为商品,具有其他商品无可比拟的特殊性,在作为商品发生交换的过程中,它的交换价值所表征的同样是物的价值,只不过这种物的价值是以旅游目的地相对吸引力的形式呈现的,旅游目的地的相对吸引力由一系列相关因子构成,一般包括:目的地吸引力、经济距离、文化距离、服务成本、服务质量、季节性。[①] 旅游市场将对这些物本身携带的价值作出回应,在其过程中使用价值发生转移,旅游产品的使用价值,主要是指在旅游活动中旅游目的地满足人们精神与物质需求的功能,即旅游者通过参与旅游活动从而达到了开阔视野、增加阅历、减缓压力、调适心理的目的。这一功能在使用价值的转移发生前并没有得到充分发挥,然而当旅游者购买了旅游产品,旅游目的地就具备了供给旅游者诸如此类满足的可能。

二、民俗风情旅游的商品属性

(一)民俗风情旅游产品

民俗旅游,是一种以民俗事象为基础的民俗旅游产品与民俗旅游商品的产销活动。虽然民俗旅游蓬勃发展,但是,对民俗旅游产品,旅游从业者和研究者却一直没有作出规范的界定。因此,我们只能在民俗旅游和旅游产品内涵的基础上,结合民俗旅游的实践,尝试对民俗旅游产品作出如下界定:民俗旅游产品是一种以民俗事象为资源基础,开发和生产出来的、供旅游者消费的旅游产品。

民俗旅游产品的内涵,可以从以下三个方面理解:[②]

1. 民俗是民俗旅游产品的资源基础

民俗旅游产品依托的资源,是民俗事象,离开具体的民俗,就无从开发民俗旅游产品。例如,民族村寨、民间歌舞、民俗仪礼等具体的民俗,是开发民俗旅游产品的基础,脱离诸如此类的民俗旅游资源,民俗旅游产品就会成为无源之水,无本之木。

2. 民俗旅游产品的核心内容是民俗

判断一种旅游产品是不是民俗旅游产品,关键之处就在于该产品是否以民俗为核心旅游吸引物。例如,上海市曹杨街道的"学做一天上海人"活动,主要有三种方式:一是交流式,国际旅游者进入市民家庭参观,相互交

① 参见:查尔斯·R.戈尔德耐:前引文,贾季海译,第335、362页。

② 参见:邱扶东.民俗旅游学.上海:立信会计出版社,2006:第183页。

谈；二是就餐式，国际旅游者不仅可以在市民家里吃地道的家常菜，还可以跟主人学做几道特色小吃或点心；三是住宿式，国际旅游者在市民家里住一天或数天，主人不仅提供食宿，还带他们买菜、逛街。每种方式的核心内容，都是上海的都市民俗。

3. 民俗旅游产品是旅游者的消费对象，能够满足他们的旅游需要

首先，民俗旅游产品是一种特殊商品，只有在旅游市场的流通中，才能实现自身的价值。作为旅游者的消费对象，民俗旅游产品开发的终极目标是保证旅游市场的供给。例如，旅游从业者开发了很多民俗类的主题公园，为旅游者实现自己的消费需求提供了更多机会。其次，旅游者消费民俗旅游产品的目的是满足自己特殊的旅游需要，民俗旅游产品能够为他们提供其他旅游产品无法提供的效用。例如，旅游者要直接了解其他地区的社会生活，购买民俗旅游产品就是最佳的选择。

（二）民俗风情旅游产品的商品属性

民俗风情旅游产品与一般旅游商品相比又有自己的独特性，民俗风情旅游的开发对象为各民族长期形成的独特的风俗生活文化，其物质表征为先民遗留下来的活动遗址、伟大工程、居室建筑，以及服饰饮食、待客礼仪、礼俗禁忌、节庆活动、婚丧嫁娶，还有民族工艺、神话传说、音乐舞蹈、戏曲文艺、绘画雕塑、文娱体育、宗教仪式等。民俗风情在成为旅游产品之前并不具有交换性，作为上代的遗存，它在各民族人民的生活中绵延流传，日积月累。它们和商品交换无关，更不显现价值的特征，或者说它们的价值仅仅体现为非等价交换的生活经验交流。但是，一旦在旅游开发过程中它们被发现、挖掘、包装、出售，从而成为商品，其存在形式就发生了深刻变化，它变成可以交换的商品了。那么，存在于民俗风情旅游产品中的一般等价物是什么？如何确定民俗风情旅游产品中无差别的人类劳动？在这种特殊的商品中肯定凝结着无差别的人类劳动，但是衡量其交换价值量的标准不是一次集中的劳动时间，而是一段漫长的劳动时间，是悠久的历史。这种抽象劳动是旅游开发商劳动的抽象，也是民族发展历史所凝聚的民族智慧的抽象，是民族智慧与旅游开发商劳动的共同体现。民俗风情旅游产品的使用价值同样在于它的有用性，民俗风情是“一个国家或民族中的广大民众在长期的共同实践和社会生活中，集体创造并世代传承的生活文化事象”①，不管过去以何种具体形式呈现出来，现在它是一种抽象的东西，因为在旅游活动中它主

① 邓永进等. 民俗风情旅游. 昆明：云南大学出版社，1997：第14页。

要依靠抽象的文化精神发挥作用，它的有用性主要体现在精神抚慰上。民俗风情旅游可以使旅游者或者从一个熟悉的文化环境中重温本民族已经逝去的童年旧梦，或者到一个陌生的文化环境中探索异民族的生存奥秘。对此，有学者已经指出："所谓民俗风情旅游，是指人们以观赏、了解、领略、参与风土人情为主要目的的旅行和暂时逗留中所进行的物质与精神活动的总和。"①始于有形的外在感知，终于无形的内在感动，既是一种物质性的接触，又是一种精神性的体验，参与民俗风情旅游的意义就在于借助有形的历史遗留物去体验一种文化对心灵形成的冲击。

第二节 民俗风情旅游产品的消费观

一、从商品属性到产品消费

商品经济在人们的社会生活中占据着越来越重要的地位，消费行为开始成为人们的日常行为，我们再也不能无视消费主义观念对一个民族民俗变迁的影响了。法国社会学家让·鲍德里亚对马克思的商品拜物教学说进行了大胆的发挥，他说："使用价值，即有用性本身，确实是一种拜物化的社会关系，就像商品的抽象等价物一样。使用价值是一种抽象，是一种需求系统的抽象，这一系统掩盖在虚假的具体目的和用途的证据中，掩盖在物品和产品的内在的终极性中。如同对社会劳动的抽象，使用价值是隐藏在商品'固有'价值之下的等价交换逻辑（交换价值）的基础。"②在生活水平迅速提高的今天，人们对生活的要求越来越精细，表象上，需求千差万别，本质上它却存在着统一性，这是一个需求系统。这一系统在商品交换逻辑的支配下其表象并不总是本质的反映。民俗风情旅游产品被纳入这一需求系统——为人们多种多样的需求提供了一种新的选择，在相当大程度上满足了人们的需求，同时也丰富了需求系统本身。正是在对地方风土人情的观赏、了解、领略和参与的需求中，民俗风情旅游产品成了旅游者购买的商品，民俗风情旅游产品作为商品的流通得以实现。民俗风情旅游产品的有用性为其交换价值的实现提供了基础，但这很可能以有用性内涵的改变为代价。

事实上，有用性不仅仅是它本身，它还有深刻的意识形态内涵。鲍德里

① 邓永进等. 民俗风情旅游. 昆明：云南大学出版社，1997：第14页。

② 罗钢，王中忱. 消费文化读本. 北京：中国社会科学出版社，2003：第26页。

亚提醒我们从使用价值的角度思考个体与自我，以及主体与经济系统的关系，应该说这种提醒是意味深长的。在他看来，经济系统塑造了使用商品的个体，正是在对商品的使用中一方面个体自身不断丰富，另一方面也创造了物品和需求的功能性。所以他说："在商品层面，交换价值抹掉了真正的劳动过程，使后者呈现为一种独立的价值。使用价值的运气甚至更好：他为抽象的无人性商品提供了'有人性的'终极性。在交换价值中，社会劳动消失了。而使用价值系统却在整个的意识形态和历史的劳动过程不留任何痕迹的情况下重新恢复，引导主体首先考虑作为个体的自我，考虑受需求和满足制约的自我，并理想化地把自我整合到商品的结构之中。"①民俗风情旅游吸引物的内涵是先民自强不息奋斗的历史，是地域色彩浓郁的民俗文化，观赏、了解、领略与参与，换言之融入其间，旅游者的需求得到极大程度的满足。旅游参与的过程在某种意义上就是旅游者自我完善的过程，在对身外之物的感知中，旅游者会发生一些改变，这种改变的外在表现是经验知识的累积，而其内在方面是在对自然与人文的感同身受中，旅游者可能会发生的对自身与世界认识的改变，以及对个体与世界关系的认识的改变。如果说民俗风情旅游开发是让独具色彩的民俗文化抽象为一般的商品，那么民俗风情旅游的消费则是让抽象的商品重新恢复曾经有过的丰富特性。

旅游发展改变了人们的意识，增强了商品观念。如原来富有宗教和礼仪意义的工艺品而今为了销售变成了商品，原来只为自己使用或赠送情人的绣花腰带，而今送到旅游市场，便成了商品，这些传统工艺品虽然改变了原来的使用价值、宗教价值和情感，失去了神圣感，但却扩大了它们的价值内涵，带来了切实的经济利益，而且凭借这些载体将民族文化远播五湖四海、异国他乡。尽管这些蕴涵着深厚民族文化内涵的工艺品变成了游客的旅游纪念品，功能、意义完全改变，但它们仍是民族文化的衍生物，是次生文化产品，我们又何必苛求一定要原汁原味，一定要将民族文化"冰封"，使其变成了一幅古老的风俗画呢？而且，作为赠送情人的绣花腰带，与为交换而生产的绣花腰带是不同的。前者一针一线都承受着制作人的深深情爱，是融进了真情的创造，而后者是当做商品来"生产"的，只是一件"标准化复制品"，除了工艺上的相似，其内涵包括选择的图案都是大不一样的。②

但是，我们必须对民俗风情旅游消费的个性有清醒的认识。作为一种符号操控的系统行为，消费被规定为"沟通和交换的系统，是被持续发送、接

① 罗钢，王中忱. 消费文化读本. 北京：中国社会科学出版社，2003：第26页。

② 参见陈煦、李左人：前引文，第25页。

收并重新创造的符号编码，是一种语言"[①]。"消费的真相在于它并非一种享受功能，而是一种生产功能"[②]，消费使商品变成了符号，商品本身并没有被消费，或者说被消费的并不是它的有用性，而是它作为符号的差异性。消费所彰显的不是人(享受)物的关系，而是以物为中介建立的人和人之间的关系。表面看来现代社会中的消费是充分个性化的，其实所谓个性化不过是消费系统——生产系统——根据个性化需求而进行的系列设计和安排。现代社会的消费，实质上并不是建立在人的真实需要的基础上，消费是由生产系统生产出来的，此即所谓生产性消费。鲍德里亚的提示让我们关注旅游者消费旅游产品这一行为的本质，必须承认在旅游活动中旅游者对旅游产品的需求是复杂的，需要认真分析研究。许多旅游者在出游中主要是为了追求一种身心的满足，怡情养性，旷心怡神，但是这不能证明另外一些旅游者不会把旅游当做一种夸饰性消费，当做自身社会地位的一种炫耀。自然风光、民族记忆在旅游活动中显现的并不仅仅是它的物质属性，在很多时候它所表现的是一种商品属性，是现代社会中人与人的关系，它曲折地表现着人们在社会中的等级差异。其实，文化的商品化并不可怕，可怕的是商品无文化。无文化的商品会让游客望而却步，无文化的商品会毁掉旅游业。

在对民俗风情的观赏、了解、领略与参与中，旅游者面对已脆弱不堪的旅游吸引物，在时间的淘洗下，其内在生命力正处于不断萎缩中，但是，随着旅游开发的不断深入，它们需要重新成为人们的消费对象，事实上这也是它们延续自身生命的必要选择，因为放弃重新进入生活领域的选择，无异于选择了更快地走向死亡。民俗风情旅游吸引物与旅游者的关系不仅仅是供需关系，也不仅仅是喜欢与被喜欢的关系，它还含有能否通过消费实现夸饰自我社会地位的关系，必须到民俗风情旅游吸引物的一般有用性之外去寻找它的无用之用，需要把它纳入到生产系统中去研究，同时还要把它纳入到消费系统中去观察，只有这样，才能对这一特殊旅游产品的特性有一个比较深入的认识。必须认真面对民俗风情旅游的生产性消费，这是一个同时涉及民俗风情旅游开发与地域民间文化保护的重要议题。

二、民俗风情旅游产品的营销

民俗风情旅游开发在任何时候都不能忽略了它的有用性。我们必须充分认识到要开发的是什么产品，以及通过这一产品要提供给旅游者的是什

① [法]让·鲍德里亚. 消费社会. 刘成富，全志钢译. 南京：南京大学出版社，2001：第88页。
② 同上书，第69页。

么,从某种意义上说,这是民俗风情旅游产品的市场准入证。一些民俗风情旅游项目既破坏了当地原生态的文化景观,市场反应也十分冷淡,正是因为在开发的过程中无视民俗风情旅游产品使用价值的独特性,背离了当地民俗风情文化的基本精神。事实证明,对民俗风情旅游的使用价值没有一个正确认识,必然会对民俗风情旅游产品的开发造成不利影响。民俗风情旅游产品的有用性是由民俗风情本身所蕴涵的文化价值决定的,民俗风情是居住在一定地域内的居民长期生活的自然积累,是为了生存而与自然长期奋斗的经验结晶,是在久远的时间长河中所萌生的梦想与愿望的集中表达,总而言之,是生存在一定地域内的先民的生产、生活与艺术追求的全部。也许它已经离开了今天的生活,但是,惟其与我们今天的生活产生了一定的距离,才更激起了旅游者接近它、认识它、与了解它的强烈愿望。它可以帮助旅游者重温过去,回顾历史,以更好的姿态面对当下的生活挑战,也可以引导旅游者进入陌生的异文化领域,感性、直观地体验世界的精彩。作为一种精神性的文化诉求,旅游者参与民俗风情旅游,更多的是为了获得一种精神动力。在民俗风情旅游产品的开发中,如何保证文化价值不流失,如何做到旅游吸引物与当地民俗文化精神的有效沟通是重要的。

民俗风情旅游的有用性并非一成不变,在某种情况下旅游者消费的并不是民俗风情旅游吸引物的真实价值,而是它的符号价值。现代传媒深刻地改变了人们的生活,以电视广告为代表的市场营销手段把消费纳入了生产系统,无声无息地生产着消费意识,民俗风情旅游吸引物的消费一旦成为生产的延续,旅游的本质就会被深刻地改变。生产系统对使用价值意识形态的控制与商家对利润的无限追求有关,旅游开发商要创造新的旅游产品,更要创造其容身的市场,因此,他们必然要为这些旅游产品创造对口的消费群体,引导消费时尚。对时尚的过分追求必然影响民俗文化精神的有效传达,而背离了当地民俗文化精神的旅游产品终究会失去旅游市场,从而陷入一个恶性循环。生产系统创造着时尚的消费者,但这并不是说消费者就没有自己选择的权利,旅游者势必要在旅游路线的选择上显现出自己的能动性。一个显见的事实是,他们会选择一些路线、景点,而放弃另一些路线、景点,在一次旅游行动的完整过程中旅游者的消费个性会顽强地表现出来。在生产系统深刻的制约下,旅游者对有用性的需求很可能不是真实的需求,不是建立在生活必需基础上的需求,而是一种功能性需求,是一种为了显示社会地位的需求,但是这种需求不可能完全抛开有用性的基础。这种关系比较复杂,至少不是我生产你使用的简单模式能够一言以蔽之的。

把旅游产品置于简单的供求关系中去解读已经明显不合时宜。经济全球化,跨国资本主义市场的形成不会因为我们的厌恶而远离我们,消费主义思潮对民俗风情旅游开发的冲击是无法回避的事实,顺应经济发展潮流,并走出一条民俗风情旅游的可持续发展之路,才是正确的选择,而实现这一目的至少需要理顺三种关系。

1. 民俗风情旅游产品与资源的关系

一般认为,民俗风情旅游资源是旅游产品的基础,旅游产品是资源经过一定包装后的本质再现,这是民俗风情旅游开发的原则。在旅游开发的实际运作中,我们大可不必过分苛求,因为一种民俗不可能永远一成不变,变化是必然的。但是保护民间文化遗产的原生态是民俗风情旅游开发的根本宗旨,我们必须学会在发展中找到实现这一目标的办法。

2. 旅游产品与旅游开发经营的关系

由于旅游商品生产系统各要素的共同作用,原生态的旅游资源一旦成为生产资料,在被开发的过程中就很难保持一成不变,旅游开发商一定会把自己的开发理念注入开发过程中,有文化观念差异的原因,也有利润方面的考虑,在市场的操纵下这种改变是无法避免的,在实际的经营运作中这种变化还会持续发生。那么,难免让人产生这样的怀疑:呈现在旅游者面前的、作为商品的民俗风情旅游吸引物在多大程度上还与当地原生态的地域文化保持一致,进而对当地原生态文化造成破坏的担心自然会接踵而至。事实上,一个新开发的旅游景点是否成功,我们主要是看它能否成功地把握地域民间文化的精神实质,原生态并非原封不动,我们需要有足够的心理准备接受民俗变迁这一事实。

3. 旅游产品与旅游者的关系

旅游者作为一类特殊的消费者,进入一个民俗风情旅游景点就意味着与其建立了一种消费关系,只不过民俗风情旅游的消费比较特殊而已。消费是旅游者的权利,不同文化阶层的人对同一种文化现象会有不同的解读方式,他可能细细品味,也可能走马观花,而一次短暂游程中的匆匆一过极有可能促成一种浮光掠影式的浏览,在游程结束时不会在脑海中留下任何印记。消费社会中的消费是生产商的策略,生产商们一定会把身体消费的策略运用到极致,在生产商的暗示与引导下,旅游者又不可避免地把一次游程仅仅停留在对当地文化符号价值的消费,以及对身体的呵护与满足上。如果对当地文化的感知最终演变成为一场无所指的能指的游戏,对文化精神的感知就有可能成为极次要的事,而一种文化的庄严感与深邃感将被永远搁置。事实上,要求旅游者深入理解并领会当地文化的本质方面也是不现实的,旅游者文化层次的千差万别决定了这是一项永远也不可能完成的事业。地域文化推广的深度与广度最好不要一刀切,而应建立在不同的层次上,但是需要时时告诫旅游者,不能对当地旅游环境造成任何破坏。

民俗风情旅游开发与民族民间文化的保护密切相关,民俗风情旅游开发将为民族民间文化保护带来新理念与更具操作性的举措,但是影响无疑是双重的。新理念是否能够改变民族民间文化保护的被动局面,新举措是否真正有利于延续地域民间文化的生命,需要经过充分的理论论证。民俗风情旅游开发作为以营利为目的的商业行为,一方面,它会为民族民间文化保护提供一定的经济支持,另一方面,却与民族民间文化保护理念在很大程度上背道而驰。因此,面对已经十分脆弱的地域民间文化,任何旅游开发行为都必须慎之又慎。

三、民俗风情旅游产品的营销思路

(一)解决三个关系

1. 与城市的关系

民俗风情旅游产品营销需处理好农村资源与城市资金、农村产品与城市市场的关系。现在,民俗旅游基本上是农村资源由农民自发,政府做一些相应的补贴,这就使农民产生这样的一种观念,即政府有义务创造足够的商机,吸引城市资金来投入民俗旅游。事实上,如果能够做到景区和民俗旅游开发联动,也许可以创造更多的商机。另外,还要在农村倡导营销合作社的模式,靠农民自己单打独斗很难把市场做强,做大;在开发上分散开发,但是在市场营销上应该是集中营销、品牌营销,这个模式也需要整合与城市的关系。

2. 与景区的关系

民俗旅游还处于边缘状态,或者说不是主流状态,占据营销主流的还是景区,但是将来可以做到四分天下。所谓四分天下就是,景区是一类;滑雪类及运动休闲类的产品,或者特种旅游产品是第二类;第三类是度假产品;第四类是休闲产品,主要是乡村民俗旅游产品。民俗风情旅游现在只是占整个市场的十分之一或者七分之一,但随着城市的需求在不断扩展,比重会有相应的提高,市场总量也会不断地扩大,这就要处理好与景区的关系。这种关系在一定意义上可以演变成景区客源的分流。①

① 参见:魏小安.民俗旅游的发展分析.中国旅游报,2006-09-08。

3. 与城镇的关系

与城镇的关系在一定意义上指城镇交通的问题。游客到县城下边的乡村去旅游,首先要到县城,一看城市不错,就在县城玩几天,这是一种截流,其中就包含了相互补充、相互竞争。现在交通中心一般在城镇,游客不了解下边的乡村,这就需要对游客进行引导,可以从县城开始设计完善一个标志系统。比如县城里设置旅游咨询中心,客人先到咨询中心,先了解可以游览的点,进而选中目标。这就需要政府完善沿途的标志系统和整个咨询系统,为各个民俗村和民俗点建立一个基础平台。

(二)产业依托:大农业及转型

民俗旅游依托的产业是大农业,但它不是简单的现有农业资源和农村生产方式的利用,而是一种转型的利用。在一定意义上,郊区民俗旅游也促进了郊区农业的转型,现在很多市场经济发达国家基本完成了这个转型,形成的农业类型主要有以下五种。

1. 观光农业

发达国家的农业在很大程度上已成为一种观光,而且观光的花样越来越多。比如英格兰有一个世界之谜,被称为麦田怪圈,英格兰大片的麦子成熟时,总会发现很多人工的图案,非常漂亮,非常独特,所以被称为谜,很多专家反复研究,无法解释这个现象,最后得出的结论是外星人的作品。实际上是英格兰的农民,麦子快收的时候,到麦田里去,剪出几何图案来,一夜之间完成,然后第二天就宣传。谁也搞不清楚,结果就构造了一个非常神秘的事件,成为一个观光的热点。在农村民俗旅游的开发过程中,思路要开阔。一般性的观光农业主要是靠田园风光来吸引人,但是从民俗角度来说,观光很重要的就是农村的生活方式,就是农村的风俗习惯。这就意味着生活都是资源,在一定意义上可以转化成产品。

2. 观赏林业

观赏林业主要出现在山区。一些农业高科技观光园,包括一些林场苗圃,都需要进一步深化。同样是栽花,如果能够形成大片的图案造型来,就构成了一种观光方式。同样是林,原来就是栽经济林,现在是在设计上下工夫,做到春天是花,夏天是树,秋天是叶,冬天是雪,形成四季可观赏的概念。

3. 体验牧业

畜牧业是借助人和动物的感情,尤其是少年儿童对动物的天然喜爱,做一点体验牧业的文章,看看牛是怎么放的,牛奶是怎么挤出来的等。

4. 采摘副业

采摘副业在全国许多地方已经蓬勃开展起来，在采摘方面多做文章，形成品牌性的产品，品牌性的活动。

5. 休闲渔业

利用渔业养殖的资源，形成深度体验和利用休闲渔业的发展条件。

民俗旅游要把以上五个方面都转化过来，通过转化促进农业转型。这种转型不完全在于现在有多大的市场，更重要的在于将来的市场空间。进一步，通过这种市场空间推动整个农业转型。产业依托是非常实在的，前景是完全乐观的。在转型过程中，还可以产生一个最重要的作用，就是使很多产品提高附加值。旅游者不仅是观光，还带来了购买力，就地形成了市场。

（三）营销思路

1. 树立以人为本的发展理念

许多旅游产品的服务在很大程度上还处于初级状态，客人所享受的是一种低水平的服务，虽然为游客提供了有异于他们熟悉的的生活方式，但是水平低，其核心问题是缺乏以人为本的发展理念。所谓以人为本，就是根据客人的需要提供不同的产品。比如有很多农家院，本来客人希望能够看到石桌、石凳，看到花花草草，看到几棵树，树上结着金黄的柿子，但是现在很多农家院都是水泥地，让客人的情绪大打折扣。

广西那坡黑衣壮开发是较为成功的案例。那坡黑衣壮民俗旅游发展坚持以“人”为本，将村寨作为整体旅游产品进行规划，注重自然旅游资源与人文旅游资源互补，观赏型旅游产品和参与型旅游产品组合，开发出了具有黑衣壮民族特色的“村寨旅游产品”；此外，那坡黑衣壮还通过旅游策划开发满足旅游者的现实和潜在需求，采取各种方式，调动当地居民的积极性，推动当地旅游业的发展。

2. 突出产品的差异性

如果不解决产品同质化的问题，不突出产品的差异化，那么产品的吸引力会越来越弱。为了保留文化的原汁原味，农民看不起自己，如果是为了让城里人看得起，给城里人提供城市生活，恰恰违背了旅游者的心理诉求。

黑衣壮的品牌与其他民俗旅游不同，它是一个新发现的族群，因而具有神秘感，这里的人，无论男女老幼，都统一着黑色服装，都一样能歌善舞，他们以黑色为美，以黑色作为穿着和族群的标志，服装、首饰、穿着特点鲜明，内涵丰富。作为黑衣壮民俗旅游的核心竞争力，以黑衣壮高亢悠扬的山歌曲调，宽广的音域和黑衣壮人爱歌的特点，营造原汁原味的“呢的呀”品牌，以他们优美的歌声撩动人们的心，撩起国内外游客迫切希望到黑衣壮故乡感受黑衣壮人民的热情与神秘。

3. 形成体系化的发展格局

民俗风情旅游开发目前主要还是依托于农户，这不能构成体系化的发展格局。其必然的发展方向应该是郊区的城镇首先构建主题城，第二是文化镇，第三是特色村，第四才落到农户上。这不是一个简单的民俗旅游的发展问题，实际上已经涉及城市总体规划问题。比如上海的9个郊区县，确定了9个主题，按照9个主题培育产业系列；淞江的目标是构建大学城；搞汽车的地方，以汽车产业为主体，建造汽车主题文化公园，同时F1赛场也在那里；建了一个50万平方米建筑的安平小镇，都是德国风景，这就是主题城市概念。

4. 创造市场的品牌体系

市场品牌体系的创造应建立在分工体系的基础上，有了分工体系，进一步是特色化的体系，最后形成市场的品牌体系。民俗风情旅游目前已经形成一些体系的雏形，一方面，很多县城已构造大体上有差异的品牌，但体系化不足；另一方面，是这些品牌体系通过什么样的渠道，采用什么样的方式才能传送到市场上去，需要各个部门联合起来，改变单打独斗的方式。比如北京平谷的大桃子、大兴的西瓜成熟了都拿到王府井去卖，这种方式是有效的，但是需要有一个总体的规划、总体的配置。所以在品牌方面，做一个总体规划是有必要的，按照总的规划指导，集中突出自己的特色。

以黑衣社民俗开发为例，2000年以来，那坡县以政府为主导，从发现、挖掘开始，到品牌的包装、促销、推广整个过程中，当地政府投入大量的人力、物力和财力，通过开办黑衣壮原生态画展、组织黑衣壮“呢的呀”合唱团参加一年一度的南宁国际民歌节，与中央电视台合作推出“走进12演播室——黑衣壮神韵”，组织“呢的呀”合唱团到美国、加拿大等国家巡回演出等形式，黑衣壮以其独特魅力刮出一道黑旋风，她的山歌唱响全国，唱到世界，提升了黑衣壮的品牌效应。政府支持和资本运营是成功营造黑衣壮特色品牌的关键。①

5. 与新型房地产相结合

在发展的过程中也会出现一些新模式，比如教授村、画家村，以此推进民俗旅游向专业村方向发展。当然不可能所有的村都发展成专业村，但是会形成这样的局面，同时会有一些城里的资金进入。比如一个公司改造一

① 参见：简王华等. 那坡黑衣壮民俗文化村旅游项目策划. 广西师范学院学报(自然科学版)，2004(1)。

个村，把村改造完后，再把村民置换出去，然后把整个村当做一个房地产项目来开发。这就需要形成文化房产、主题地产，休闲房产、景观地产，生态房产、田园地产等新型的房地产形态，这些形态的形成也是很多民俗旅游村发展的一种前景，这意味着将来的模式应该是一种多样化模式，而不能是现在民俗户的简单接待模式。这种多样化发展模式一旦形成，就会真正形成民俗旅游体系化的局面，也是未来发展的前景所在。

总体来说是做大，做强，应该是先做强，后做大，有些企业不大，但是强，竞争力强，不能光讲做大。民俗旅游的发展归纳起来，第一是文化做深，做到这一点，特色才能挖掘出来。第二是市场做透，普遍的竞争态势会越来越激烈，各类客人会不断分流，需要把市场做透，需要进一步研究市场分层问题，市场需要分层，产品需要分工，才能把市场做透。第三是产品做精。第四是服务做细。第五是产业做强。第六是发展做大。只有做到这六个方面，民俗旅游的发展潜力才能得到全面挖掘。

第三节　民俗风情旅游产品开发诸问题

一、民俗风情旅游开发诸问题

(一) 对民俗旅游资源的价值认识不足

民俗旅游资源是开发民俗旅游产品的基础，只有正确认识民俗旅游资源的价值，才能真正做好民俗旅游产品的开发工作。我国的民俗文化，历史悠久，形式多样，内容丰富，特色鲜明，是世界文化宝库中的一大重要财富。旅游资源不仅具有极高的旅游价值，也具有巨大的经济、文化、社会和生态价值。但是，在民俗旅游产品开发过程中，社会各界对民俗旅游资源价值的认识常常不够全面，也不够深入，导致出现了很多实际开发中的具体问题，如民俗旅游产品的形式与内容单一、民俗旅游项目雷同、民俗旅游产品大多停留在观光旅游阶段、民俗旅游产品缺乏历史文化内涵，等等。对民俗旅游资源的价值认识不足的问题，主要有以下三个方面：

(1) 地方政府及其职能部门对民俗旅游资源的价值认识不足。从 20 世纪 80 年代中期开始，民俗旅游迅速发展，很多地区民俗旅游的综合效益非常显著。在这种示范效应的作用下，相当多的地方政府及其职能部门都希望通过开发民俗旅游产品，追求各种效益，尤其是经济效益。但是，许多地方政府及其职能部门缺乏对本地区民俗旅游资源的科学调研，不了解它们的比较优势和真正价值所在，只看到其他地区民俗旅游的成功，而不了解人家为什么成功，就仓促上马，跟风开发。这样做的结果是：经常造成民俗旅游政策缺失，旅游基础实施不配套，民俗旅游产品缺乏吸引力等问题。

（2）当地居民对民俗旅游资源的价值认识不足。当地居民对本地区民俗旅游资源的价值认识不足，其主要原因有两个方面：首先，当地居民对自己的民俗文化习以为常，“视而不见”，无法意识到它们的价值。其次，民俗旅游资源比较丰富的地区，往往保守、封闭、落后，与外界的交流比较少，没有比较，就不可能有鉴别，因此，常常意识不到本地区民俗文化的真正价值所在。由于在民俗旅游产品开发过程中绝大部分服务人员、大部分中下层管理人员，以及部分决策者，都来自当地居民，如果他们对民俗旅游资源的价值认识不足，就会给开发民俗旅游产品造成消极影响，导致最终呈现给旅游者的产品无法真正体现当地民俗文化的精髓。

（3）旅游企业决策者和旅游规划编制者对民俗旅游资源的认识不足。旅游企业决策者的终极目标是追逐经济效益，虽然在法律、政策和舆论的监督下，他们经常谈及旅游的综合效益，但是，任何理智的人都不会把这完全当真。在经济利益的驱动下，旅游企业决策者常常无视民俗的人文生态属性，不尊重民俗传承和发展的固有规律，不顾本地区民俗的基本内容和特征，或者任意妄为，造成建设性破坏；或者异想天开，大搞民俗集锦，笑话百出；或者把民俗文化庸俗化，用低级趣味的内容来吸引旅游者，等等。诸如此类的现象，反映出旅游企业决策者的认识问题、思想观念问题、知识水平问题。旅游规划编制者对民俗旅游资源的认识不足，主要与以下三个原因有关：一是规划编制者本身专业素养较差，缺乏民俗文化与旅游规划的知识。在旅游规划编制者群体中，滥竽充数的大有人在。二是规划编制者的工作态度不认真，不愿意做深入、细致的调研，没有找到旅游地民俗文化的特色和比较优势。三是规划编制者出于经济原因，放弃职业规范，屈从于旅游企业决策者的要求，你要什么，我就给你什么，不去大力弘扬旅游地民俗的真、善、美，也蔑视旅游者对真、善、美的追求，肆意扭曲民俗文化，刻意把民俗文化庸俗化。在这种情况下，旅游规划编制者当然难以规划设计出让旅游者满意的民俗旅游产品。

（二）民俗旅游产品的形式与内容雷同，结构简单

任何旅游资源开发的一个最基本原则，就是要突出自己的特色。因此，在开发民俗旅游资源、生产民俗旅游产品时，无论如何都不能忽视民俗旅游产品的唯一性、独特性，或者是比较优势。只有与众不同的民俗旅游产品，才会具有吸引力和市场竞争力。例如，河北省赵县范庄镇的范庄龙牌会，是

华北地区著名的民俗旅游产品。每年农历二月二,当地居民都会举办龙牌会,他们把龙牌作为“天地三界十方真宰龙之神位”加以崇拜,把拜龙、敬龙、敬祖融为一体,除祈求风调雨顺、五谷丰登之外,会中还贯穿了一系列伦理、道德教育,以捍卫游艺民俗的内容。范庄龙牌会,历史悠久,内容丰富,仪式完整,规模宏大,在中国的“二月二”节俗中绝无仅有。如果其他地区没有像范庄龙牌会这样独特的传统节日,却一定要开发传统节日,结果很可能就是竹篮打水一场空,造成人力、物力、财力资源的巨大浪费。但是,就目前而言,民俗旅游产品的雷同现象,相当普遍,互相模仿,缺乏独特性和创造性。例如,民俗类主题公园遍地开花,项目设置大同小异;民俗表演内容与形式都差不多;旅游者能够参与的民俗活动基本一样,种类很少;旅游纪念品更是缺乏地方或民族特色,看上去让人怀疑不同地方销售的旅游纪念品,是否来自同一个厂家。

可以作为旅游资源开发的民俗文化种类繁多,内容丰富。在这样的旅游资源基础上,建立比较完备的民俗旅游产品体系,应该相对比较容易。但是,民俗旅游的现实却是民俗旅游产品体系不健全,结构简单。我国现有的民俗旅游产品的形式,主要局限于民俗文化村、民俗节庆、民俗村或民族村寨、民俗博物馆,而且每种产品所包含的内容也比较少,旅游者的逗留时间比较短。民俗旅游产品所包含的活动方式主要是观赏和少量的参与,致使民俗旅游产品大多停留在观光阶段,其他类型的产品,如休闲、娱乐、度假、健身、修学等,数量很少,与观光类产品不成比例。

（三）民俗旅游产品缺乏文化内涵,部分民俗文化遭到破坏

文化内涵是民俗旅游产品的灵魂,民俗旅游产品的竞争力,最终取决于文化内涵的竞争力。民俗旅游产品的文化内涵,主要体现在三个方面:第一,在民俗旅游资源层面,民俗事象的物化形态和活动过程,为它们所反映的思想观念应具有的独特的形式、内容和特征。第二,在旅游从业者层面,他们给民俗旅游产品所赋予的形式、内容、特征和价值。第三,在旅游者层面,他们在民俗旅游产品中,认识到了文化差异和世界性价值。因此,民俗旅游产品的文化内涵,既与产品本身的特征有关,又与旅游者的判断有关。在民俗旅游产品的开发实践中,要想取得预期的成功,必须深入挖掘并合理展示民俗旅游资源的文化内涵,否则,民俗旅游产品就不会有吸引力和市场竞争力。

目前,民俗旅游产品缺乏文化内涵的现象比较普遍,影响了民俗旅游的健康发展。第一,旅游从业者对旅游地的民俗文化缺乏准确的理解,民俗旅游产品没有展示当地民俗的特色,使旅游者无法真正了解当地居民的生活

文化和文化生活。第二,民俗旅游产品的形式和内容,仅仅局限于对民俗文化物质层面的表达,只能给旅游者以视觉、听觉、味觉等感官的刺激与享受,无法震撼他们的心灵,也无法启迪他们的思想和智慧。第三,在民俗旅游产品开发中,存在过度商业化和舞台化现象,或者把民俗文化庸俗化,或者扭曲民俗文化的本来面貌,误导旅游者。

在民俗旅游产品开发过程中,也常常发生破坏民俗文化的现象。首先,从宏观的社会环境来看,随着民俗旅游的发展,旅游地从封闭走向开放,大量的旅游者纷至沓来,他们的思想观念、生活方式、旅游行为,等等,会给旅游地的民俗文化带来强烈的冲击,使旅游地的民俗文化逐渐被淡化、同化,甚至完全消逝。其次,从旅游地居民的生产、生活方式来看,民俗旅游促发了新的生产、生活方式,一部分传统民俗失去了实际应用价值,其传承和发展的空间被挤压殆尽,很少有人愿意再去传承它们。再次,在民俗旅游景区、景点的开发建设中,没有处理好旅游开发与民俗保护的关系,或者竭泽而渔,过度开发;或者大兴土木,拆旧建新;或者新旧掺杂,不伦不类,必将由表及里地改变民俗文化。

(四)旅游者的参与程度不高

当代旅游者在旅游活动过程中,积极要求参与旅游产品的生产,希望在旅游产品的生产过程中完成自己的消费。从世界旅游产品的发展趋势看,第一代的观光式旅游产品,经过观赏式与参与式结合的阶段,已经发展到以参与式为主、对旅游资源全面利用的第三代旅游产品。埃林(Alien,1985)等人调查发现,美国人最欢迎的游憩活动,依次是露营、游泳、徒步旅行和散步、钓鱼、骑自行车及其他。[①] 刘德谦等人调查发现,京津地区的旅游者最欢迎的休闲旅游活动,依次是游泳、登山、散步、网球、划船、保健、交谊舞、骑马、钓鱼等。[②] 这表明,随着旅游者消费心理的日趋成熟,那些传统的纯粹旁观式的旅游形式正在失去魅力。旅游者已不再满足于被动的观光游览,他们渴望在旅游过程中获得更大程度的参与机会。

民俗旅游产品作为一种具有高品位历史文化内涵的旅游产品,是当代文化旅游消费的主要对象,我们应该积极顺应这一发展趋势,在开发过程中,最大限度地为旅游者创造参与的机会,提高民俗旅游产品的参与水平,使旅游者在食、住、行、游、购、娱的每个环节,都能够体验到参与的乐趣。但

① 参见:简王华等.那坡黑衣壮民俗文化村旅游项目策划.广西师范学院学报(自然科学版),2004(1)。

② 同上。

是,非常遗憾的是,目前我国的民俗旅游产品,从整体来看,旅游者的参与程度不高,大多依然处于观赏阶段。民俗旅游产品的主体,基本上还是建筑景观、民俗表演、民俗活动。虽然也有一些参与性的内容,但是,由于诸多原因,如没有很好地与旅游者的需要结合起来,过于商业化,服务人员既缺乏培训,又缺乏敬业精神,等等,因而并没有产生应有的效果。

(五)民俗旅游产品的配套设施相对匮乏

旅游产品的配套设施主要是指旅游地的服务设施和基础设施。开发民俗旅游产品,除了必须拥有丰富的民俗旅游资源,还必须拥有一系列的旅游配套设施,才真正能够做好民俗旅游服务,吸引旅游者。从目前民俗旅游产品开发的实际情况来看,民俗旅游产品的配套设施的数量与质量,都还不尽如人意,相当多的高质量的民俗旅游产品,常常因为配套设施的匮乏,可进入性较低,无法提供使旅游者满意的服务。例如,云南省怒江傈僳族自治州地处怒江和澜沧江大峡谷,保存了非常独特的傈僳族等少数民族的民俗文化。但是,州内既不通火车,也没有机场,公路交通也因山高路险,很不方便;核心景区丙中洛距离昆明市 900 公里,公共汽车单程需要 12 ~20 小时;神秘的独龙江流域,每年更是只有半年可以勉强通车。当地的服务设施和基础设施无法满足旅游业的需要,旅游接待规模较小,旅游服务水平也较低。

(六)民俗旅游产品的市场营销力度不够

在民俗旅游产品开发过程中,市场营销是比较薄弱的一个环节,相当多的民俗旅游产品,因为市场营销的问题,没有充分实现自身的旅游价值。民俗旅游产品的市场营销力度不够,主要表现在以下两方面:

(1)地方政府和旅游企业缺乏品牌意识。品牌以商标为核心,承载着民俗旅游产品的价值、文化和个性。作为一种复杂且独特的商品符号,品牌是旅游者识别民俗旅游产品并作出旅游决策的重要依据。但是,在民俗旅游业中,地方政府和旅游企业都没有充分意识到民俗旅游产品品牌的重要性。例如,云南省是旅游大省,也是民俗旅游产品的重要产地,却一直缺乏品牌意识,没有强力推行品牌战略。在民俗或民族文化旅游产品开发过程中,地方政府和旅游企业在品牌定位、品牌塑造、品牌提升、品牌推广、品牌保护等方面,既没有统一的品牌战略,也没有较强的工作力度,影响了云南省民俗或民族文化旅游产品的市场。

(2)宣传促销力度较弱,手段单一。民俗旅游的景区、景点大多地处偏远,旅游地本身的知名度不高,如果做不好市场营销工作,满足于“酒香不怕巷子深”,就是质量再高的民俗旅游产品,恐怕也难以广为人知,畅销天下。

从民俗旅游产品的促销现状来看,大部分地区的民俗旅游产品,存在促销力度不够、促销手段单一的问题,许多有效的宣传促销方式和手段,如公关联络、艺术交流、旅游展会、专题报道等,没有得到很好的利用。尤其是缺乏以整体形象对外宣传促销和招徕,投入大量的人力、物力、财力只宣传某个或几个民俗旅游产品,追求短期的销售效果,却忽视了整体形象的塑造。

二、民俗风情旅游的开发模式

开发民俗旅游产品,是民俗旅游资源开发的终极目的之一。旅游从业者只有不断地为旅游市场提供能够满足旅游者需要的丰富多彩的民俗旅游产品,才能推动民俗旅游事业的持续发展。我国的民俗旅游,在广泛借鉴国际经验的基础上,经过近30年的探索与发展,在民俗旅游资源的开发原则、开发模式、民俗旅游产品的开发方法等方面,积累了丰富的经验。在开发民俗旅游产品时,必须遵循民俗旅游资源开发的基本原则,在选择适当的开发模式基础上,合理地运用各种行之有效的具体方法,才能实现既定的目标。开发民俗旅游产品的具体模式,主要有以下五种。

(一)民俗博物馆

民俗博物馆的主要目的是以静态收藏的形式保护民俗文物,帮助参观者了解民俗文化。它的主要缺陷表现在典型的静态开发上,既是宫殿,又是坟墓,把经典供奉起来同时也埋葬下去,对于民族文化的保护并不十分有利。非原生态的布局安排也体现着一种等级制度,正统的与异端的,高雅的与低俗的……有很多的观念渗透在里面,有意、无意之间会对旅游者参与体验民族文化产生误导。

(二)民族文化村

民族文化村分就地展示型与异地模拟型。就地展示型直接利用民族村落,最大限度地保留着当地民俗文化的真实性,让旅游者产生身临其境之感。但是民族文化村寨以相对孤立的单个民族村落为开发保护对象,无法对整个社区的文化生态环境产生积极影响,当整个社区的民族文化发生退化时,民族文化村寨文化的退化、消亡也就在所难免。异地模拟型,就是运用人工方式在大城市周边或靠近旅游景点的地方建园,荟萃各民族的民俗风情于一体,多角度反映各民族文化,如深圳的中国民俗文化村。模拟型民族文化村完全是为迎合旅游目的而专门虚构的模拟幻象,是“体验经济”与“虚拟经济”原则的派生物,虽然能在一定程度上反映各民族文化的真实性,但它的基本运作遵循的是商品的逻辑,给予旅游者的是消费性质的享乐,与生态关怀从根本上背道而驰。

在民族村寨的开发上，"就地展示型"是广西最主要的民俗文化旅游产品。如龙胜的白面瑶寨、银水侗寨、金竹壮寨，资源的资江瑶寨、浪田瑶寨，融水的勾滩苗寨、长赖苗寨，此外，宜州的流河寨、壮古佬寨，三江侗乡的"程阳八寨"，那坡的黑衣壮弄文屯等，这些民族村寨利用它们的特色民居，以及渗透民族风俗文化的婚恋、技艺、文娱、民俗的各种活动吸引着越来越多的游客。

（三）生态博物馆

生态博物馆是传统博物馆形态的发展，是现代生态意识和现代环境意识与传统博物馆运作理念相结合的产物。它以整个社区作为博物馆空间，对社区内的自然和文化遗产进行整体保护，以各种方式保存和传播社区文化精华并推动整个社区向前发展。生态博物馆充满生态关怀的运作理念要求：文化遗产应原状地保护和保存在其所属社区及环境中；原封不动地保留一切有关的文化记忆，作为一种文化延续和继承的见证；重视不同民族文化间的互相尊重和交流；以社区居民的亲自参与和亲自管理为基础，当地居民应该有足够的权力在本民族文化遗产的基础上来创造自己的未来；社区居民将在保护本民族文化中受益，旅游者也将得到学习、了解异文化的机会。①

在民族博物馆的开发方面，广西近年来开始实施民族文化生态博物馆的民族文化旅游发展战略。继南丹白裤瑶、三江侗族、靖西壮族 3 座民族生态博物馆建成后，在"十二五"期间将分别建设融水苗族、龙胜龙脊壮族、东兴京族三岛、金秀瑶族、那坡达文黑衣壮、桂西北毛南族与仫佬族、贺州莲塘镇客家围屋、灵川灵田乡长岗岭村汉族等 8 座民族生态博物馆，其目的是保护、传承、展示、开发和利用民族文化。

（四）原生态演出

近年来出现的原生态演出是民俗风情旅游开发的新思路，在把民族民间文化推向市场的道路上进行了十分有益的探索。桂林大型山水实景演出《印象·刘三姐》极富创意地将刘三姐的经典山歌、广西少数民族风情、漓江渔火融为一体，成功地诠释了人与自然的和谐关系，创造出了天人合一的神奇境界。大型原生态歌舞集《云南映象》，将云南原始乡村歌舞的精髓和民族舞蹈语汇进行了全新编排，肢体语言中糅合了彝、苗、藏、傣、白、哈尼等民族舞蹈。该剧将原创乡土经典与新创舞蹈艺术经典进行了整合重构，展现

① 参见：余青，吴必虎. 生态博物馆：一种民族文化持续旅游发展模式. 人文地理，2001（6）。

了云南少数民族对自然的崇拜、对生命的热爱。

(五)民族节庆

广西有11个少数民族,几乎每个民族都有自己独特的民族节日,内容丰富,形式多样,场面盛大,蕴涵着浓厚的文化内涵,别具民族风情,现已开发的南宁国际民歌节、桂林山水历史文化节、三月三武鸣壮乡歌圩、阳朔的渔火节和啤酒节、北海的珍珠节、河池铜鼓山歌艺术节、百色旅游美食节文化节、凭祥的边关节等现代节日活动,映托出浓厚的现代文化氛围,同时也给人们增添了不少的生活乐趣。

从大趋势来看,任何一种文化终究都是要向前发展的,否则,就只能在停滞中走向消亡,但是,发展并不意味着对历史的必然背叛,民俗风情旅游为民族民间文化在不失去其原生性的前提下进入现代社会找到一条有效途径,它有效地化解了地方传统与现代两种文化观念碰撞所产生的震动效应,它为民族民间文化已经萎缩的生命找到了继续生存于现实生活的充分依据。

三、民俗风情旅游产品的开发对策

(一)提高对民俗旅游资源价值的认识

在民俗旅游产品的开发过程中,由于种种原因,社区民众对民俗旅游资源的认识存在一定的误区,影响了民俗旅游的健康发展。社区民众,尤其是民俗旅游资源开发与保护的主体,应该积极提高自己对民俗旅游资源价值的认识,形成正确的民俗旅游开发的意识。首先,地方政府及其职能部门有必要意识到,民俗旅游资源具有多种价值,开发民俗旅游产品,不仅能够带来经济效益,还能够带来文化效益、环境效益。因此,切不可急功近利,只追求经济效益,使民俗旅游资源的价值没能得到全面的实现。地方政府及其职能部门,只有准确认识了民俗旅游资源的价值,把民俗旅游的综合效益放在首位,才能强化对民俗旅游产品开发的宏观调控和行业管理。其次,在地方政府及其职能部门推进和规范民俗旅游健康发展的同时,可以通过学校教育、社区宣传、大众传媒等途径,利用多种宣传形式,提高当地居民、旅游企业决策者、旅游规划编制人员等对民俗旅游资源价值的认识。只有当地居民、旅游企业决策者、旅游规划编制人员等也确切认识了民俗旅游资源的价值,才真正能够在民俗旅游产品开发的实际操作中体现当地民俗文化的精髓,避免把民俗文化庸俗化,避免扭曲民俗文化,避免出现建设性破坏,从而开发出受旅游者欢迎的民俗旅游产品。

(二)突出地方或民族特色

开发民俗旅游产品,必须突出地方或民族特色。民俗旅游产品,没有地方或民族特色,就没有生命力。发展民俗旅游,必须优先开发旅游地最有特色的或最具有比较优势的民俗旅游资源,生产具有核心竞争力和综合吸引力的民俗旅游产品,在大量招徕中外旅游者的基础上,再逐步滚动开发,最终形成健全的民俗旅游产品结构。

(三)高品位开发

追求民俗旅游产品开发的高品位,杜绝民俗旅游产品中的不良现象,可以使民俗旅游产品青春常在,保证民俗旅游的可持续发展。首先,必须全力展示民俗文化的真、善、美,既要让旅游者体验到鲜明、独特的文化差异,又要让旅游者能够领会民俗旅游产品中包含的世界性价值。

广西龙胜自治县聚居壮、苗、侗、瑶、汉等多个民族,万山环峙,千水分流,自然景观壮观秀丽,民俗文化绚丽多姿。龙胜以著名的龙脊梯田为核心,开展民俗旅游活动,取得了显著的成绩。在龙胜的民俗旅游中,旅游者既能够体验到当地居民的生产、生活之美,又能够领会到全人类共同的价值,如勤劳、智慧、勇敢、和谐,等等。其次,在展示民俗文化时,要选择适当的表现方式。虽然民俗旅游是一种商业活动,也具有舞台真实的特征,但是,不能过分商业化,更不能扭曲民俗文化,或者把民俗文化庸俗化,甚至追求低级趣味;与此同时,在整合各种艺术形式,丰富民俗旅游产品的形式与内容时,必须力求真实,可以适当增减民俗的内容,却不能过分夸张,导致民俗旅游产品的过度舞台化。如果出现过度舞台化的现象,那么人们根本没必要远赴异地他乡,进行民俗旅游,只要花些钱,就可以走进居住地的剧场,欣赏到可能更加精彩的表演。总而言之,开发民俗旅游产品,必须精益求精,做到雅俗共赏,真正弘扬民俗文化。

(四)提高民俗旅游产品的参与性

民俗旅游产品的参与性比较低,是一个非常普遍的问题。民俗旅游产品的主体,基本上是以民俗设施、民俗陈列、民俗表演、民俗活动等形式与内容为主,旅游者的游览方式,大多是静态的观赏。因此,只有提高民俗旅游产品的参与水平,才能让旅游者更加全面地领悟民俗文化的价值,获得更加丰富的旅游收获。例如,我国的很多节日民俗,如傣族的泼水节、彝族的火把节、蒙古族的那达慕、苗族的芦笙节、朝鲜族的花灯节,等等,旅游者只有参与其中,才能切身体会到各种民族节日的乐趣极其丰富和深刻的文化内涵。

提高民俗旅游产品的参与性,可以从以下三个方面入手:第一,设计参与性强的民俗活动项目。在开发民俗旅游产品时,应充分调动旅游者参与设计、角色扮演、情境策划与设置、体验模式创新的主观能动性,使旅游者能够直接接触民俗文化,这样,可以变抽象、静态的民俗文化景观为旅游者参与的、情趣诱人的体验活动。第二,采用参与式的导游方式。从导游词的设计到导游的讲解和引游,应该给旅游者预留一定的思考空间,给他们在旅游过程中亲自寻求答案的机会,诱导旅游者主动参与旅游活动。第三,增强旅游者与当地居民及服务人员的互动。这种互动,可以通过社区旅游、做客家庭、举办联欢会、现场交流、共同表演等方式进行。通过旅游者与当地居民及服务人员的互动,可以增进彼此的了解,使旅游者更真切地感受当地的民俗文化。

(五)加快旅游配套设施建设

旅游配套设施不足是我国民俗旅游发展的最大瓶颈之一。应加大旅游配套设施的建设力度,尽快解决这个棘手问题,否则,发展民俗旅游只能是纸上谈兵。例如,粤东地区的大埔县是客家人主要聚居区之一,该县大东镇的客家土楼,在建筑规模、历史影响方面,与福建省永定县的土楼不相上下,正在申报世界遗产,但是其民俗旅游的开发效果,却远远比不上永定县,交通落后是最主要的原因。

(六)建立健全促销机制

在市场经济条件下,民俗旅游产品竞争激烈,且同类产品众多,产品之间的替代性极强,即使是高质量产品,也必须积极促销,才能提高知名度,建立良好的形象,吸引旅游者,并不断扩大市场份额。要做好民俗旅游产品的促销工作,民俗旅游资源的开发与保护主体必须共同努力,建立健全促销机制。为此,须切实做到以下五点:

第一,地方政府和旅游企业必须投入促销资金,培养或引进促销人才,采用有效的促销方法,建立长期的促销机构,保证民俗旅游产品促销工作的专业化和连续性。第二,促销机构及其工作人员,必须做好市场调研工作,在细分市场,瞄准需求的基础上,开展促销工作;同时,也要向生产部门反馈市场情况,随时调整民俗旅游产品的开发,保证为旅游市场提供适销对路的产品。第三,采用综合促销策略,充分利用时间和空间,通过旅游广告、公共关系、景区促销、旅游展览或博览会、旅游交易会、旅游说明会、旅游招商洽谈会等方式,进行整体促销,扩大促销范围,扩大促销的影响力。第四,重视用现代科技手段进行促销,在传统促销渠道之外,开辟网络促销窗口,发展互联网促销。互联网促销的目的,不仅是传递旅游地的民俗旅游信息,还应包括民俗旅游产品的网上咨询、在线销售和预订、服务质量调查和反馈、旅游投诉及其处理，等等。第五，强化服务促销。民俗旅游产品的一个重要组成部分，就是无形的服务；旅游服务质量的优劣，是影响民俗旅游产品质量的重要因素。旅游从业者必须做好服务工作，才能保证提供高质量的民俗旅游产品，充分满足旅游者的需要，树立良好的市场形象。

第五章

专题研究：壮族风情旅游问题个案

第一节　壮族风情旅游与民间宗教信仰

从参观、参与到深度体验，民俗风情旅游的深度开发已经悄然开始。但是，在旅游开发中民俗文化的基本精神如何不被歪曲，在旅游活动中对民俗风情的消费如何超越徒有其表的形式？民俗风情旅游开发急需寻找新的契机。与此相关的问题是对民族民间文化的保护，当学界同人从民俗学、人类学诸视角，对杂乱无章却又异彩纷呈的民族民间文化收集整理时，对民族民间文化学者化的求解进行还原同样必要。现象的本质化既有助于我们从根本上认知民族民间文化的基本精神，而本质的现象化也有助于我们把握民族民间文化的丰富性。民俗风情旅游开发与民族民间文化保护的根本目标是一致的，民俗学者的案头与民俗风情旅游目的地不需要相互排斥，而应该相得益彰。而为民俗风情旅游项目注入民族文化的基本精神，一种活的精神很可能就是两者统一的关键。它是维系地域民间文化传承所必需的，也是民俗风情旅游可持续发展所不可缺少的。

一、信仰主导民俗风情

有学者将民俗风情旅游资源划分为三大类型。生产民俗、消费民俗、流通民俗等属于物质民俗；家族民俗、村落民俗、民间组织民俗、礼仪民俗、岁时节令民俗等属于社会民俗；而信仰祭祀民俗、口授语言民俗、民间艺术民俗、民间游戏娱乐民俗等属于精神民俗。[①] 在上述归类中绝大多数民俗资源都是有形资源，它们可看、可听、可触，在现实生活世界中有确定的时空展

① 参见：邓永进等. 民俗风情旅游. 昆明：云南大学出版社，2001：第39页。

开。而信仰祭祀民俗,包括民间宗教信仰、巫术迷信、礼俗禁忌则属于无形资源,其特殊之处在于不可感觉,在现实生活世界中没有对应的时空归属。民俗风情包容广泛,民间宗教信仰不过是其中很小的一个组成部分,但它却需要我们予以充分关注。民间宗教信仰“是人类认识和把握世界的一种方式,它既试图帮助人们认识和把握外部世界,也试图引导和帮助人们去认识和把握内部世界,以及两者之间的那些可知不可知的关联”①,正是民间宗教信仰连通了个人与世界,有限与无限。民间宗教信仰是先民们精神文化的核心,是地域民俗文化的精神表述与重要载体,它为一定地域内民俗习惯的延续提供了生生不息的动力支持。主要表现在:它是关于族群历史的诗情追忆,在对本族群的创世始祖乃至近世祖先的崇拜中,先祖艰辛的创世经历以一种象征性形式被记录了下来;它是处理现实关系的主要依据,如何理解当下面对的世界是先民们生存在世上所面临的首要问题,在民间宗教信仰中,“一整套隐含的、被广泛共享的、因而成为某一特定人群之特点的信仰、传统、价值和期望”②得以完整保存,他们在总结自我与世界相处的感性经验的基础上,形成了认识世界的基本模式,并由此形成了处理现实问题的基本方法论;它也是关于族群未来的美好展望,在对过去的诗情追忆与对现实的一贯态度之间,同时已经隐含并曲折地表达了族群文化对未来生活的某种信念与向往。民俗风情是一代又一代先民在与自然的长期斗争中的伟大创造,或为有形的遗留,或为无形的积淀,而民间宗教信仰作为解决严酷的生存问题的精神准则贯穿其间,它是先民们征服自然的动力之源,也是族群后裔们生存于这个世界上的目的与归宿。

但是,与世界上广泛传播的几大体制化了的宗教不同,民间宗教信仰经常表现出兼收并蓄、杂乱无章、藏污纳垢、信徒众多的特征。这与民间的生存环境有关,民间一般文化水平不高,不重视系统知识的学习,更重视生活经验的积累。民间宗教信仰作为生活经验的一部分,代代相传,在传承中得到丰富发展。民间宗教信仰多有对其他宗教信仰的直接借鉴。它一般没有完善的形式,在信仰体系的建构上时有矛盾之处,对信仰的表述缺少精致化的处理,所信奉的核心观念也多有模仿的痕迹。民间宗教信仰大多缺少学者的参与,在整理归纳的过程中对精华与糟粕缺少清晰的理性,往往良莠并陈,既有对真实人生的关注,也存在着把人们引向虚妄的可能。但可以肯定

① 姜生等.“民间信仰与中国社会研究”笔谈.文史哲,2006(1)。

② [澳]赖辛格·特纳.旅游跨文化行为研究.朱路平译.天津:南开大学出版社,2004:第15页。

的是,民间宗教信仰与族群生活密切相关,因其深深地根植于民间,而与普通民众的生活呈胶着状态,它强烈地表达了普通民众对于妥善处理现实问题的要求,因此,它对广大民众的感召力更强大,更深刻,也更持久。

目前,我国民俗风情旅游项目的开发依然是以民俗风情的展示为主,各地以地域民俗风情展示为主的旅游项目,如民俗村、风情园、文化村、民俗博物馆、古街、古城,以及种类繁多的民俗风情展示会,等等,已越来越多。随着民俗风情旅游开发的不断深入,旅游者对民俗风情展示活动的参与也越来越多地得到重视,旅游者被更多地要求参与到民俗风情的展示活动中来,以加强民俗风情旅游的互动环节。但是,我们必须承认在开展民俗风情旅游的过程中,民俗风情展示的失真与民俗风情旅游参与的庸俗化现象是很普遍的。民族民间文化的基本精神被有意无意地改变、甚至歪曲,大量拼凑的民俗垃圾、甚至伪民俗粉墨登场,这既是对地域民族民间文化精神的亵渎,也是对广大旅游者的不尊重。笔者认为产生这种问题的根本原因是,我们在开发民俗风情旅游资源时只看到了民俗风情资源有形的物质性部分,而忽略了民俗风情旅游资源无形的精神性部分,也许准确地说不是忽略,而是无力把它更好地再现出来。

二、壮族风情旅游的“真实性”

就壮族风情旅游开发而言,当旅游者徜徉在壮族先民遗留下来的那些活动遗址、居室建筑、服饰、饮食、待客礼俗、节庆活动、民族工艺、神话传说、音乐舞蹈、戏曲文艺、绘画雕塑所营造的地域文化氛围中时,他们需要物质性的接触,也需要精神性的体验。并且由于民俗风情旅游的独特性所在,精神性体验显得更为重要,只有在精神性的活动中旅游者对壮族民俗文化风物的感知才可能达到一定深度。因此,我们必须有勇气追问:我们把握住了壮族地域文化的基本精神并比较准确地传达它了吗?笔者认为,厘清壮族风情旅游资源中有形资源与无形资源的特征及其相互关系是必要的,不管我们是否愿意承认,在壮族民俗风情的各组成部分中,壮族先民在长期劳作中形成的抽象的“信仰、传统、价值和期望”,尤其是那些在沉潜于民间的非体制化的宗教信仰是民俗风情的精髓,剔除了民间宗教信仰,壮族风情旅游就是一具没有灵魂的躯壳。

壮族先民的信仰系统相当复杂,从图腾崇拜到祖先崇拜,以至于最终形成了一个多神崇拜的格局。其图腾崇拜物涉及远古部落生活的方方面面,有天象、动物、植物,以及其他一些怪异物事。其祖先崇拜既有对创世祖先业绩的颂扬,也有对近世祖先亡灵的缅怀。多神崇拜的格局表达了壮族先民对天、地与人的强烈敬畏之心。我比较关注壮族地区的祖先崇拜,因为它一方面引起了较多的争议,另一方面却拥有最为广泛的群众基础。道公文化则比较集中地反映了壮族民间的祖先崇拜观念。在与民间道公的实际接触中,笔者真切地感受到了道公文化的兼收并蓄,道公文化大量吸收了汉民族文化传统的内容,而大量借鉴则造成了某种程度上神的谱系的混乱。在道公对之负责的诸神中,有道家的太上老君,及其座下众多各司其职的真人,也有佛家的释迦如来,以及更为繁多的司职菩萨,如升天界菩萨、安龙神菩萨、救苦观世音菩萨、哀纳受菩萨、荐往生菩萨、求忏悔菩萨、解冤结菩萨,等等,菩萨的重要性似乎超过了真人,木匠鲁班也混迹诸神之列。民间道公多数读书不多,他们使用的经文缺乏学者化的整理,七拼八凑的表述充斥其间,在召灵的祷文中甚至出现了唐诗,只是在字句上略有出入而已。道公文化的藏污纳垢也是相当普遍的,道公的主要事务是为亡者召灵,但是有时也帮助生者驱邪开路,升官发财。但是这种相当幼稚的民间宗教却拥有大量信众,凡有亲人辞世的家庭,都要请道公作法事,一些官运欠亨,或者财运不佳者,也要请道公开路驱鬼。至少在崇拜祖先这一点上少有人能免俗,几乎每一个人都是它的信徒。

根据笔者对位于南宁市青秀区长塘镇天窝村壮族村民进行的一次道公召灵仪式考察,一个召灵道场至少要包括开丧、召灵、沐浴、过桥、解结、送佛等环节。这只是对于那些经济状况暂时不好的人家而言,而一旦家庭经济状况好转,还要根据死者的情况补上送衣、江津、怀胎、破狱等环节。所谓开丧即道场开始,开路会启,度亡筵开,道公率孝男女虔诚恳请众菩萨光临道场作证。召灵即接招亡魂,光临法会。孝男女虔心召请亡故者正魂归赴灵堂,享餐法食。在道公的念诵与舞蹈中三魂到位,七魄来临,端身受度,即离阴府。沐浴即召告亡者正魂,即速归附,沐浴兰堂,涤除尘垢。过桥即孝男女带亡者来至桥头,焚香祈请先师鲁班及守桥诸神,放亡人正魂渡过仙桥回坛朝忝。解结即孝男女担心亡人在生之日,指天骂地,违背二亲,造下冤孽,因而恭对三宝神像为亡人寻求解结。所谓天堂不远,有叩皆通,地狱迷深,赞之可格。送佛即道场完满,"世尊返回婆娑界,端超亡者出尘埃"。

在壮族先民的表象世界中,"感性世界与彼世合而为一。对他们来说,看不见的东西与看得见的东西是分不开的"①。民间宗教信仰——比如祖先崇拜观念正是这种原始思维的文化遗留。正确处理壮族风情旅游有形资源

① ［法］列维—布留尔.原始思维.丁由译.北京:商务印书馆,1981:第376页。

与无形资源的关系涉及观念层面与技术层面上的双重困难,但这是实现壮族风情旅游真实性诉求的关键。旅游从业者急需向相关领域的研究者学习,学习他们善待民族民间文化的态度,以及发掘民间文化遗产的科学方法,以推动民俗风情旅游向深度开发。无论如何,信仰的力量在壮族风情旅游目的地的开发中必须受到尊重,它在有形的现实世界里没有可度量的位置,但它肯定存活在壮族地区居民内心深处的某个角落。作为精神性的东西,它如鬼魅般游移于人们之间,如影随形地参与人们在现实世界里的每一项活动,发挥不可估量的作用。它引导人们的灵魂,左右人们的行动,而那些长期濡染于这一地域民俗文化氛围中的人们对它可能并不自觉,只是下意识地追随它。

壮族风情旅游开发目前还处于起步阶段,已形成品牌的景点还不多,这为营造高品位的旅游景点提供了极大的空间。必须牢固树立资源开发的整体意识,在对景点的开发中,既要注重有形资源的开发,又要注重无形资源的开发,做到有形与无形的有机统一。正确理解并再现壮族地域民族文化的基本精神,真实地再现壮族先民长期积累的生存经验。事实上,有形资源与无形资源的内在联系相当紧密,因为它们为着同一的生存目的,共同生成于同一的生态环境中。如每年的农历四月初八是壮族传统的牛魂节,此节日的中心内容是举行敬拜耕牛的祭祀活动。牛魂节体现出作为稻作民族——壮族的爱牛敬牛思想观念。进入农耕社会以来,人们靠牛力耕种谋食,牛在人类生产生活中起着举足轻重的作用,人们以替牛安栏、敬蓄牛魂的仪式和活动,表达了自己尊崇耕牛的心理。[①] 牛魂节上的各项节日庆典活动是可以闻见的,而壮族先民尊牛崇牛的心理是无形的,必须细心揣摩才能会之于心。而尊重信仰的力量就意味着我们必须坚决避免把精神性的民俗资源进行简单比附,随意为其配置在现实世界中的对应物。在各地的民俗风情旅游开发实践中,诸如此类的粗暴做法迄今为止举不胜举。但是无形民俗资源需要开发,而开发当然意味着对它进行实体化处理,把它变成在现实世界里可以感知的东西。

三、跨越文化的界限

一个了无新意,却又让人们尴尬无比的问题是:信仰可以出卖吗？商品化是民俗风情旅游开发的必然选择,而面对民间宗教信仰商品化的如潮之

① 参见:岑贤安.壮族牛魂节考察.广西民族研究,2002(1)。

势我们应该何去何从？事实上，我们不必对这一商品化趋势给予过分狭隘的理解。民俗文化精神商品化的过程也是一个被更广泛的人群所接受与共享的过程，如果这种共享建立在相互理解与认同的基础上，那么，商品化的实现就是真正达成相互理解的一个证明，如果在商品化过程中地域民族文化的基本精神没有失真，那么，就意味着地域民族文化的基本精神在超越地域的限制，走向更广泛的人群。商品化在这里并不完全等同于一般意义上的买卖关系，金钱确认了买卖关系中的商品属性，但它并没有决定一切。在这一商品化过程中，东道主与旅游者的文化隔绝将在一定程度上被打破，对地域民族文化意义的共享将成为现实。从这个层面上理解，我们完全有理由对民间宗教信仰商品化的良性运作满怀期待。"意义被人们所共享的程度，依赖于他们对其本身的价值与信仰以及对他人的价值与信仰所达到的意识程度。"①有学者如是说。

壮族先民在长期的生产与生活中所创造的民俗文化是整个人类文化财富的有机组成部分，面对独特的生存环境，他们形成了一整套应对自然的理念与手段，较好地解决了一个族群的生存与发展问题。他们有自己的图腾崇拜物，也有发自内心的对祖先的敬仰，他们以自我的方式敬天畏神，无论是崇拜的对象，还是崇拜的方式都迥异于其他族群。从族群之外的眼光看，它是奇异神秘的，但是从整个人类的眼光看，它又与其他民族文化彼此相通，这是在交换中走向共享的物质基础。壮族是一个开放的民族，具有涵容一切异己文化的宽广胸怀，对外来的东西没有明显的拒斥心理，并且"一旦他们意识到在这些信仰与价值上存有差异，他们就会修正自己的行为以提高与来自其他文化的人协调工作的能力"②。他们有足够的心理准备，迎接来自异域文化的一切善意的访问与敌意的挑战，在与异文化的碰撞中，他们特别善于将异己的东西转化为本族类的精神财富。也许这种转化有精粗之别，但是可以肯定地说，这是一种极为可贵的民族心理，他们正是因此而历经上千年而不衰，同样，他们也必将因此而走向崭新的未来，这是在交换中走向共享的心理基础。壮民族独特的民族性为跨文化交流的实现提供了一个有效的实践平台。

壮族风情旅游产品成功进入市场，能否正确认识与处理其商品属性是一个关键。壮族风情旅游产品的价值，体现壮族先民所获得的经验知识对于解决现实问题的有效性上，而这种有效性又是在世代相传中不断累积的，

① [澳]赖辛格·特纳：前引书，第15页。
② 同上。

一句话,体现在壮族先民创造历史的长期性上。民间宗教信仰为普通民众生存在世界上提供了强大的精神支持,在生活经验之外,它为当地居民提供了一种生存的精神力量。壮族风情旅游的使用价值在用于交换之前是当地居民的日常生活本身,而当它被出售后,在被旅游者消费的过程中,它就成为了一种给旅游者以精神抚慰的产品。壮族风情旅游产品是商品,但是又不能作为一般的商品来看待,它在商品化的同时,也存在着鲜明的非商品化的倾向,在旅游者的感同身受中,它将对旅游者的心灵产生作用,促进旅游者心灵的升华。

开发壮族风情旅游产品的使用价值是一项需要投入精力的工作。民俗风情旅游资源偏重于精神方面,而其中的无形资源更是纯粹精神性的东西,但二者在一定程度上是统一的,并体现在壮族先民的物质创造中,因此,努力发掘有形资源中所蕴涵的精神特征,并寻求二者的结合就显得十分必要。而那些精神性的“信仰、传统、价值和期望”在某些重要方面与有形资源很可能并非一一吻合,但是又需要特别给以展示,为它们寻求在现实生活世界中的象征性对应物是必需的,否则,必将造成壮族民俗风情重要部分的缺失,无法让旅游者感知当地民俗文化之全部。民俗风情资源中有悖于现代科学精神的部分需要经过技术处理,为了更好地与旅游者共享当地民俗文化的精华,那些已经远离现代生活,用“现有的国际人权文件,各群体、团体和个人之间相互尊重的需要和顺应可持续发展”的标准来考量,[①]已经显得落后的、狭隘的部分肯定要被剔除掉。壮族民俗风情与当地的独特生活环境密切相关,无论是壮族崇拜的各种神祇,还是图腾崇拜物,都会让旅游者感到陌生,这种陌生感在为旅游者提供一种从未有过的新鲜体验的同时,也有可能阻碍壮族地域文化与其他族群的共享,因此,在旅游开发的过程中,我们既要张扬地域文化独特性的一面,同时也要兼顾地域文化的可认知性。在旅游活动中吸引力与神秘感是相伴而生的,一定程度上的神秘感将增加旅游目的地的吸引力,但是过分神秘也将影响旅游者的有效感知度。因此,壮族风情旅游产品既要保持一定的神秘感,又不能故弄玄虚。简单地说,壮族风情旅游在强调地域生活独特性的同时,也要兼顾旅游者的欣赏品位,把文化的地域性与流行的品位统一,而不是对立起来。

① 参见:联合国教科文组织.保护非物质文化遗产公约(http://edit. necnc. gov. cn. 2006 - 08 - 10)。

第二节　壮族风情旅游与壮民族文化主体的重建

对和谐文化生态远景的追求让许多人对旅游业的未来满怀信心,旅游开发与民族民间文化的关系现在比以往任何时候都显得密切,不少旅游线路着意于凸显民族民间文化的内容,一些旅游产品的开发干脆直接以民俗风情为主题,但是民俗风情旅游开发与民族民间文化保护目前还有一些观念或技术层面的问题亟待解决。二者面临的问题在很大程度上是一致的,粗略看来,民族民间文化保护的问题更为紧迫一点,因为到目前为止,我们还没有一个较好的办法来阻止一些民族民间文化遗产走向消亡。壮族就是一个正在失去自身文化特色的民族,壮族文化特色的平淡即使是在壮族出身的学者圈子里也是一个不会引起广泛争议的话题。壮族是一个心态平和、胸襟开阔的民族,但是在与那些文化较为发达的民族的交往中,由于对更高生活水准的羡慕,壮族文化正在被大规模地同化,自身鲜明的文化个性在迅速消失。壮族文化急需找到一条既能提高人民物质生活水平,又能兼顾地域文化保护的出路。正是基于这样的考虑,笔者将以壮族民间文化为典型个案,考察其历史演变及未来可能的发展。

一、壮族文化的民间特质

长期以来,狭窄的研究视阈使我们对壮族文化的某些本质方面视而不见。如果我们能够以民间情怀关注壮族人民的生活,把民间视野引入壮族文化研究,我们会发现壮族文化在民间是一个不争的事实。壮族文化在民间的基本表征是:作为一种边缘型的文化,以自为的方式生存于主流社会文化的权力范围边缘,有意识地与任何系统化、组织化的官方色彩保持距离;作为一种内修型的文化,更多注重自身的圆满与体味,而不是外向性的武力征伐,在与其他外来文化的交往中能够博采众长,而不是予以激烈地拒斥;作为一种生活型的文化,散乱地分布于普通壮族民众的日常生活中,并成为普通民众日常生活习焉不察的一部分。

(一)心灵之舞

在对壮族民间文化发展历史的追溯中我们发现,壮族早期并不是一个统一的民族,壮族的祖先可以上溯到5万年以前活跃在西江流域的"柳江人"。西汉以前,壮族被称为西瓯、骆越,汉代以后壮族先后有乌浒(汉)、俚(汉)、僚(三国)、俍(晋)、僮(宋)等族称,这很可能与不同时期各部落的强盛情况有关。进入20世纪后,壮族各部落的联系依然比较松散,这种状况通过繁多的自称即可略见一斑,在不同的地域内有布壮、布衣、布土、布侬、布蔓、布傣、布沙等20多个部族自称。壮族真正成为一个统一的民族是解放后的事情,因为称僮的地域较广,经过平等协商统一为僮族,后改称壮族。一个民族由多个部落整合而成并不奇怪,但是壮族的整合用了太久的时间。壮族先民不关心部落之间的统一整合,更看重心灵自由,因而基于地域空间分隔的松散性,使壮族民间文化较少受到统一整体性的束缚,各部落在不同地域内相对独立的发展使壮族民间文化显得更为多姿多彩。的确,在漫长的历史进程中,壮族人民用自己的智慧创造了与自己的生活密切相关的部落文化,演绎了一台自由而独特的心灵之舞。

壮族民间文化对心灵自由的追求是通过对内心经验的体悟,而不是对外在世界的征服来实现的。基于这样的现实需求,壮族先民们怡然自得地生活在多个不同的小社会中,对于其他民族来说难以忍受的长期相互分隔,对于壮族先民们的生活却没有带来明显的不便,他们在不同地域遵循自己的生活运行规则,尊奉各自的神祇信仰,拥有各自的社会组织,形成了各自的生产、生活习俗。

壮族先民比其他民族享有更多的信仰崇拜自由。据学者考证,壮族先民崇拜的图腾涉及部落生活的方方面面,有天象、动物、植物,以及其他一些怪异物事,较为重要的如雷王、蛙图腾、鳄图腾、蛇图腾、狗图腾、牛图腾等。这些图腾形象是壮族先民信仰的象征,往往也是部落的标记,后来又逐渐发展成为壮族人的姓氏。通过对现存壮族大姓的考察,我们可以隐约了解壮族早期图腾崇拜的多重性及部落存续情况。在壮族现存的几个大姓中,区姓源于蛙部,蓝姓源于竹部,韦姓源于水牛部,莫姓由黄牛部演变而来,闭姓由鱼部演变而来,侬姓由虎(森林)部演变而来,黄姓由黄(土地)部演变而来,覃姓由潭部演变而来。壮族聚居区早期还有鸟部、蛟部、马蜂部,后来为其他部落兼并而没有姓氏流传。壮族先民的图腾崇拜种类繁多,但是没有一个统领一切的图腾形象,这种情况在很长的历史时期内没有出现太大的变化,从一个方面反映了壮族先民对建立统一壮族大社会缺乏兴趣。

血缘与姻亲关系是壮族早期社会组织形式的重要纽带。历代国家政权对壮族地区的社会组织形式都施加了影响,如北宋王朝以来的土司制,清代以后的改土归流,但是在壮族地区始终存在着一个由血缘及姻亲关系组成的村落社会,“以一夫一妻制家庭为基本细胞,家庭之上有家族,家族之上有宗族,其居住的村落结构由于迁徙而与家庭、宗族形成等或不等的复杂关系。"[①]一种自发的社会组织形式构成了壮族地区相对隔绝的局域性、小社会的基础,与基于政府组织的统一大社会在管理机制上明显不同。现存的壮族家庭仍然保存着过去的遗留,如家庭成员以成年的男子为中心,此外有"娅"(妻子),"波"(父亲),"乜"(母亲),"公"(祖父),"檏"(祖母),"勒"(儿女),"报"(儿媳),等等。在家族或宗族中,经常有叔伯兄弟的大排行,姻亲关系也发挥着重要作用。血缘及姻亲关系作为组成地域性社会的纽带,即使是在统一的壮族社会形成之后也与国家政府的统一性意识形态并行不悖。

壮族先民们依靠种植业获取必要的食物,水稻的种植尤为重要。但是在不同壮族聚居区的生产习俗却异彩纷呈。比如,在广西上思一带流行祭田的习俗,农家老人每年正月初一借象征性的播种祈望新的一年五谷丰登。在广西宁明一带,当地人流行用祭虫的方式杀灭田间害虫。在广西靖西,当地壮族先民用鞭果树与喂果树的方式希望果树丰收。壮族地区的生活习俗因地而异,甚至同一习俗在不同地区也有不同的解释。"三月三"歌节最富民族特色,但是各地的"三月三"并不相同。在广西融水樵花岭一带,三月三歌节与刘三姐的传说有关。在广西邕宁县有一个地方叫金银花山,当地人举办三月三歌节,是为了纪念金妹与银妹两位女神。广西柳城县一带的"三月三"又叫"花婆节",有一种说法是为了纪念云肖、碧肖、琼肖三位女神,因为她们给姑娘们带来了爱情。在广西大化县一带,年轻人每逢三月三要在村边搭棚唱歌,以纪念古时一位逸名的善歌妹。而广西都安、大化、巴马、东兰一带,三月三除了赶圩对歌外,还要吃五色蛋和五色饭,祈求一年五谷丰登、万事顺遂。

(二)在场与缺席

大量实例证明,壮族是一个十分注重内在开掘的民族,其成员对与自身相关的生活环境具有独特的心灵体验,他们在与所置身的地域环境的和谐共处中形成了自己的信仰崇拜、社会组织形式与生产、生活习俗,其文化具有基于浓郁地域特色的丰富性。另外,壮族又是一个十分注重对外开放的民族,在与其他优秀民族的长期交往中,对那些适于自身生活的外来优秀文化有大规模的吸纳,因而其文化也表现出了基于兼并融合的丰富性。

但是一个无法回避的事实是,壮族民间文化目前正面临着挑战,最大的

---

① 梁庭望. 壮族文化概论. 南宁:广西教育出版社,2000:第332页。

挑战莫过于文化主体的缺席,它不但妨碍壮族民间文化的发现与推广,也阻滞壮族民间文化的发展脚步。壮族民间文化主体缺席,首先是认识主体的缺席。壮族先民长期生活在偏远狭小的一隅而不为人所正视,目前,壮族民间文化基本上还不被外界所了解,有限的一些了解也是建立在猎奇的心理基础上,在壮族民间文化的推广方面还有很多工作要做。目前从事壮族民间文化研究的主要是壮族出身的研究者,一些前卫研究者拘泥于所谓的先进社会科学分析方法,认知视野明显过于褊狭。壮族民间文化的特色表现为一种基于散乱的丰富性,任何系统化的强行归纳无异于缘木求鱼。一个真正有志于发现壮族的文化研究者需要求助于民间视野,需要有足够的勇气审视自己的民间代言人的身份。事实上放弃自己"官人"的优越感,回归壮族民间社会不是随便就可以实现的,只有从感情上重新拾取童年的记忆,把壮族人民真正当做自己的姐妹兄弟,只有离开整洁雅致的舒适生活,到古代典籍中去神游,到民间生活中去发现,才有可能真正把握壮族民间文化的历史源流及未来变迁,才能不被一次又一次为改写壮族民间文化的人束缚住头脑。

其次,壮族民间文化的实践主体也是缺席的。壮族、各部落之间无统一组织的状况一直延续到20世纪,在相互隔绝的地域内,独立发展繁衍的部落文化始终没有机会整合统一,部落之间各自为政为壮族民间文化的多姿多彩提供了前提,也导致了壮族民间文化统一实践主体的长期缺席,因此,在对壮族民间文化的梳理中难以把握其总体特征并不让人感到意外。在外来文化的强势冲击下,壮族民间文化的主体在发生急剧变化,作为壮族地域文化最有资格的继承人,本地的年轻人渴望融入主流社会,缺乏足够的耐心审视本民族文化的价值,他们向往的是更富激情的现代生活,诸如摩天高楼,时尚服装,流行音乐,而那些体现本民族特色的文化遗产,如干栏式住房、传统民族服饰、乡村生活习俗往往不受欢迎,有些人甚至对壮族演变的历史也不甚了解。谁是壮族地域文化最有资格的持有者、继承人本来是个很明确的问题,现在却变得颇为可疑。壮族民间文化实践主体在这一意义上的缺席与壮族民间文化继承人的心态有关,改变这种心态需要与自己过于熟悉的民族民间文化拉开一段距离,在一个想象的异域中思索本民族的文化对于自我的意义。严格地说,壮族民间文化主体并没有消失,在当地居民中还有很多人对壮族的过去依然记忆犹新,但是现在提出这个问题绝非杞人之忧。

二、壮族风情旅游开发与主体重建

壮族人民当然有权利选择更富激情的现代生活，壮族风情旅游开发为发现壮族民间文化与提高当地居民生活水平并行不悖提供了一次选择的机会。为了更好地应对自然的挑战，壮族先民在严酷的生活中需要经常梳理源自生活的感受，并使之经验化，那些看似杂乱无章的生活，实际上却遵循着一定地域的民俗模式。壮族风情旅游就是对壮族民俗生活的发掘，是对壮族聚居区内乡民多彩生活的发掘。就其与人的密切关联而言，旅游活动是一项重要的文化活动，而近年来民俗风情旅游的开发更是以其鲜明的文化品格满足了众多旅游者体验异域文化的愿望。选择壮族风情旅游就意味着主动踏上了一次绚烂多彩的壮族民间文化之旅。

（一）旅游与生活一体化

旅游与生活一体化是民俗风情旅游开发的重要原则，它以生活的名义对旅游开发多重主体实施约束，以旅游相号召对旅游活动相关各方的生活方式加以引导。在旅游开发与经营中，旅游经营者、旅游者与当地居民共同构成了旅游开发的多重主体，过去的旅游开发实践表明，三重主体之间经常存在一些观念或实利的冲突，但是三者并非完全无相通之处，生活的方式与质量就是三重主体共同关心的。对于三者来说，如果能够让旅游与生活相互沟通，让旅游成为一种生活方式的选择，就一定能够在某种程度上协调好彼此的关系。

旅游经营者的投入是为了获取更大的产出，但是在获利的同时，也要兼顾旅游目的地生态环境的长远发展，对利润的持续追求以及提高生活质量的愿望要求当地的地域性环境以可持续的方式良性运转。旅游者在旅游过程中认知神秘莫测的异域文化，津津乐道于他乡基本生存状况的真实体验，一次异域文化之旅就意味着自我日常生活的一次延伸，所涉足的新的生活环境其实也是个人世界的一部分。民俗风情旅游作为一种生活方式，对于旅游经营者与旅游者来说是奢侈品，而对于当地居民来说却是生活所必需的。一方面，旅游能够有效地改善当地居民的生活条件，我们没有任何理由要求贫困地区的居民永远生活在贫穷之中，享受生活所赐予的一切舒适是那些生活在主流社会边缘的居民最为合理不过的诉求。另一方面，旅游也能够帮助当地居民确定自己的文化身份，民族传统文化是那种已经逝去的生活方式的整体性历史记忆，民族风情旅游开发的目的就是以有效方式激活那些已经在当代生活中失去生命力的文化成规，使其重新焕发旺盛的生命力，成为当代生活的一个不可或缺的组成部分。

民俗风情旅游开发的过程就是一个发现与实践异文化的过程，在其中对当地的地域性文化进行生态学、人类学的解读，在解读中建立一种关心他者，尊重差异，和谐发展的理念是必要的。旅游与生活一体化的意义在于力避"从个体出发的、孤立的思考方法，认识到一切有生命的物体都是某个整体中的一部分。"①现代技术文明把人们紧密地联系在一起，也让人与人之间变得比以往任何时候都陌生。在现代大工业的推动下，人与自然的关系越来越脆弱，不同文化群落的关系越来越紧张，在旅游开发中突出地表现为人与资源的矛盾，以及先进文化对落后文化群落的巨大冲击。事实上，在这个相互关联的文化生态网络中，人类不是作为主体驾驭那个整体，而是作为其中的一部分受其制约。生态学以探讨自然、技术和社会之间的关联为己任，在生态学的视野中把旅游与生活整合起来，就在于使旅游经营者、旅游者与当地居民在追求利润的同时能够对自我的文化身份，自我在这一文化生态系统中所处的位置有一个理性认识。

旅游与生活一体化的意义还在于反思现代化进程对当地文化生态形成的冲击。人类历史进程固然以发展为常态，但是进化的观念却为一些先进文化形态带来了过分膨胀的优越感，如何看待先进与落后的关系，如何处理变与不变的矛盾，就成了民族风情旅游开发必须首先面对的问题，事实上，在过去大量的旅游开发实践中，我们对这一问题的处理还存在着明显的不足。在文化人类学的视野下，我们有可能从文化相对主义的立场出发，关注人类生活的不同可能性，反思"现代中心主义"在"适者生存"的旗号下对非主流文化的无视，特别是对非主流的生活方式、社会组织、经济、信仰与仪式的强行改写。旅游与生活一体化要求我们不能沉湎于历史传统而放弃今天的生活，当然也不能为了今天的生活而忘掉历史，民族风情旅游开发需要引入人类学的思想约束旅游经营者、旅游者与当地居民个人私欲的极度膨胀，化解人与文化资源的矛盾。

（二）壮族文化主体的重建

壮族民间文化保护是一项系统工程，它需要当地居民负起责任，更需要集中从政府官员到普通百姓等整个社会的力量。壮族风情旅游与壮族民间文化保护在目标指向上存在着诸多共同之处，在责任主体上也多有重合，从文化保护到旅游开发，相关责任主体需要进行角色上的某些转换。以壮族风情旅游开发的方式推动开展壮族民间文化保护工作是完全可行的，壮族

① ［德］汉斯·萨克塞.生态哲学.文韬、佩云译.上海：东方出版社，1991：第1页。

风情旅游开发要求旅游经营者、旅游者与当地居民明白各自应扮演的角色,为相关主体各方更好地开展合作提供了一个平台。旅游与生活一体化的开发原则为相关主体各方达成共识提供了重要的理论指导,能够在一定程度上防范旅游开发短期经济行为的发生,有效阻止片面追求利益对脆弱的当地民间文化资源造成的破坏。

壮族民间文化有其自身的特殊性,作为一种缺少系统归纳的民间型文化,它所面临的不仅仅是发展问题,它更需要进一步的发现,需要在实践中揭示其意义,在生活中找出其继续存在下去的合理性。发现壮族不是什么新鲜的话题,却是一项相当艰巨的任务,壮族民间文化在相当长的时期内是被误读的,以最接近其本真的方式去解读它,不是少数壮族文化研究者随便就可以完成的。赋予壮族民间文化以当代意义,使其在当代生活中重新焕发活力,也不是单纯的书斋研究可以实现的。再优秀的文化遗产一旦与社会生活拉开了距离,其生命力必然萎缩,壮族民间文化必须成为与当下生活密切相关的一种生产力要素,成为一种不可或缺的生产资料。当我们把壮族民间文化当做一种不可多得的旅游资源,它作为生产资料的价值也就会显现出来,就其现实意义而言,壮族风情旅游开发为壮族民间文化进入整个社会生产资料的流通领域提供了一条有效途径。以旅游与生活一体化为理论先导,就完全没有必要把壮族民间文化资源的商品化趋势视为洪水猛兽。把壮族民间文化深藏起来,秘不示人,也许可以保持其原状,但是,这样做实际上是宣告了它的死亡,因为我们已经剥夺了它的现实价值。在发展的过程中,在与现实生活的结合中,变异是一定会发生的,我们必须正视这种变异的必然性,因为这样总比让它腐烂在博物馆里,或是从我们的心灵深处被永远放逐要好。壮族民间文化主体在重建中应注意两个问题。

1. 需要调整自己的心态

文化人类学家说要“离我远去”,离开自己的文化,“让自己的习惯和思想暂时退让给他对一个遥远的世界的期望”①,在别的世界里体验意义。壮族风情旅游开发的过程同时也是壮族民间文化认知的过程,用“他者”的眼光观照壮族民间文化,是一种必需的基本态度,换句话说,旅游经营者、旅游者与当地居民需要暂时放弃自己的文化身份,以一种不带功利目的的眼光审视壮族民间文化。旅游经营者需要适当克制自己对利润的过分追求,旅游者需要摆脱文化优越感带来的狭隘与偏见,当地居民也需要大胆地丢掉

① 王铭铭. 人类学是什么. 北京:北京大学出版社,2002:第60页。

文化上的自卑心理。

2. 需要对开发行为进行制度规范

壮族风情旅游开发深刻地改变着当地居民的生活方式，也对脆弱的环境产生不可估量的负面影响，一些急功近利的开发行为已经导致开发与保护的关系日趋紧张。旅游经营者严重背离自然生态规律和人与自然和谐统一的准则，不注重对旅游资源的经济价值认真进行评估，不愿意考虑资源环境承载量，而热衷于景区经营的短期经济行为；旅游者缺乏环境意识，且自身素质低下，无视自然对于人类的物质及精神馈赠的弥足珍贵。这就要求我们一方面要进一步加快壮族风情旅游开发的步伐，另一方面必须建立行之有效的旅游保护机制，依靠制度优势约束旅游经营者、旅游者与当地居民的行为。壮族风情旅游开发为我们有效地保护本民族的文化遗产提供了一次选择的机会，我们选择守护本族类的文化，其实也是守护自己的精神家园。

第六章

民俗风情旅游资源的维护与修复

第一节　民俗风情旅游资源的保护机制

一、民俗风情旅游资源的保护

(一)保护的理念

在我们能够找到更好的方式铭记那些为了本族类的延续而筚路蓝缕的先民之前,我们选择了守护本族类的文化,其实也是守护过去,守护未来,守护自己的精神家园。但是,现代生活方式对民族传统文化的冲击力是巨大的,不少享有世界声誉的文化遗产地因开辟为旅游景点而遭到加剧破坏,影响较大的事件如长城受到人为损坏,敦煌莫高窟壁画脱落,周口店猿人遗址局部坍塌,孔府、孔庙、孔林惨遭水洗,等等。一些有待于进行旅游开发的民族民间文化遗产的保护也面临不容乐观的严峻形势。在湖南省江永县及毗邻地区,出现过一种只在妇女中流行、传承的神秘文字,此即记录女性内心世界的字符密码"江永女书",如今神秘的"女书"即将随着最后几位缠足老妇人的去世而濒于失传。在黑龙江省黑河市鄂伦春族人中间曾经流行"桦树皮文化",它是当地特有的用桦树皮制作生活用品的一种地域文化,遗憾的是,现在会制作桦树皮用品的人越来越少了。诸如此类的情况难以尽述,民族民间文化的传承急需找到一种更为稳妥的方法。笔者认为,对民族文化的守护与发展是统一的,生态旅游的迅速发展为我们有效地保护民族民间文化遗产提供了一次选择的机会。

现代旅游,一方面深刻地改变人们的生活方式,另一方面,也对很脆弱的环境产生了不可估量的负面影响,面对现代旅游迅速来临的如潮之势,旅游业来不及进行认真的理论省思就仓促应对,急功近利的旅游开发行为导致开发与保护的关系日趋紧张。不少旅游开发商与管理者不关心自然生态规律和人与自然和谐统一的准则，不注重对旅游资源的经济价值认真评估，不愿意考虑资源环境承载量，而热衷于景区经营的短期经济行为；众多旅游者缺乏环境意识，且自身素质低，无视自然对于人类的物质及精神馈赠的弥足珍贵。但是我们相信，旅游开发与保护的矛盾是人为而非天然的，在发展中出现的问题必须在发展中寻求解决。这就要求我们一方面要进一步加快生态旅游开发的步伐，另一方面必须建立行之有效的旅游保护机制，依靠制度优势，约束旅游开发商、经营商与旅游者的行为，回到问题的源头解决开发与保护的矛盾。

（二）民俗风情旅游的保护

1. 保护的对象

对于民俗风情文化的保护，首先要明确保护的对象范围，使保护目标明确，思路清晰。目前的现实情况是，通过旅游开发、利用特色资源而走向现代化的民族社会，其民族生活方式和文化的保护，似乎很难纳入到对古老的村寨传统覆盖下的社会生活方式和文化的全面保护，只能是有选择的、重点的保护，换句话说，对边远村寨民族文化的保护，只能是特征性的保护。

但是，有一种普遍流行的文化保护的理念，即强调对整个民族村寨的原生态生活方式和文化的保护。原生态理念大多是建立在对村寨文化整体、全面保护的基础上，这似乎有一定的疑问，因为原生态本身是一个不能清晰界定的概念。比如，划出某民族文化生态区域，建立一座民族生态博物馆，潜在话语是该区域中民众的生活方式及其文化都属于古老的原民、原生形态，需要保护。但事实上，该区域内往往只是建筑、服饰、生产方式、语言、习俗等某些特征部分地延续着传统，而生活中的方方面面都已经不再“原生”了：人们看的是彩电，唱的是流行歌曲，出行不再骑马，穿衣大多是休闲的T恤和牛仔裤……当然，除去这些变化的部分，余下古老的、未为现代化扰动的民族传统生活方式与文化，并不是没有价值，应当说价值极高，但这些并不能构成民族村寨社会生活的全部。所以，即使是“原生态”保护，也要重视民族村寨社会的当前发展和未来走向而定。总之，边缘民族社会的文化保护，必须是发展中的、活着的、文化的特征保护，而不是将整个村寨社会凝固在传统的时代，变为无生命力的文化遗产，变成人类社会的某种收藏品。所以应该保护什么，这本身就是一个需要深入探讨的问题。

2. 保护的主体

谁来决定应该保护什么？文化的载体是人，是具体的本土民众。民族文化的载体是各个民族的社会成员。民族文化保护这个口号如果成立，那么保护的过程和结果应该受到这个民族的欢迎，保护的决定权也应该由他们来行使。但实际情形往往是，政府官员、非政府官员、掌握书本知识的本族或异族学者是当代社会中控制行政权力、经济权力以及宣传工具的人。他们一般并不生活(更不用说永久生活)在这个群体的文化环境和自然环境中，因此，这些"外来者"所提出来的文化保护的项目与这个民族的意愿是否符合也是一个未知数。[①] 中国在"文革"期间曾经由政府出面禁止很多民族的多项民俗活动，现在的文化官员和文化专家对当时的禁令似乎深恶痛绝，但谁又能够预见一百年或者二百年之后的文化官员和文化专家会如何评价21世纪初的文化保护运动呢？我们或许应该知道，近些年庙会、年节、乐舞之类传统文化的复兴，从根本上说，是基于人们生活的需要，而非官员和学者的倡导。就民族服装而言，各民族的社会成员与文化官员、文化专家相比较，谁更有权利决定是否应该保护它呢？

由谁来实施民族文化保护？民族文化保护的决定者与民族文化保护的实践者在一定程度上的分离，是民族文化保护这一堂皇口号下暗藏的危险悖论。在某种意义上说，它是强势群体通过经济和政治等手段支配弱势群体的生活。广西大学民族旅游研究中心在产学研人才培养过程中在东兴、那坡、巴马建立了3个民族文化生态村。民族文化生态村的建设遵循村民主导、政府领导、专家指导的原则，正确处理民族文化的主要传承者、政府、专家三者的关系，但这种理性认识远未成为高喊保护民族文化口号的人们的共识。一个民族的普通群众是民族民间文化保护的实施者，但他们往往缺乏足够的话语权。尽管如此，每个民族仍然可以勇敢地面对别人的指挥棒，针对别人提出的民族文化保护的口号，大胆宣称自己的主张：我的文化，我做主。

二、民俗风情旅游保护机制的内涵

(一)旅游保护机制界说

当前，利用各种技术手段和科学方法对少数民族文化进行资料性的抢救，仅仅是保护或发展工作中的一个层面。更重要的是，我们如何能够立足于更加广阔的文化视野，去看待少数民族文化所蕴涵的观念、行为、形态，看待它们在历史的文化变迁中与一个民族的艺术方式、生活方式，及其民族精神、民族命运的关系。因为，无论是学者、或是政府，在当前的"遗产"保护工

① 参见：谢国先.论民族文化的发展规律——兼说"民族文化保护"的认识论问题.西北民族研究，2006(4)。

作中，都不能取代少数民族自身在其文化中的主体性。但是，我们又不能不看到，少数民族文化的当事人主体，在当代社会生活语境中实际上存在"主体缺失"的现实。比如，一些文化当事人，要么身为专业人士"送文化下乡"的接受对象；要么提供本土的文化"资源"为专业人士所采用；他们即便有机会参与地区性或国家性的文化发掘，也往往受到所谓专业人士的"编排"或"提高"；在目前"遗产"保护的工作中，除了政府和学者的呼吁，我们又听到多少来自于文化当事人的心愿？因此，作为少数民族文化的当事人，倘若不能以其主体性获得自身文化的发言权，那么，其生存和发展就是一句空话。我们不能不清醒地看到，要摆脱长期形成的"失语"状态所需要付出的艰苦努力。

正因为如此，在提出由谁来保护、为谁保护问题的同时，同样需要警醒的是：保护什么？怎样保护？作为学者，我们一方面要继续深化对少数民族传统文化的细致研究和认识；另一方面又要避免以自身的认知框架对研究对象的"格式化"，尤其是片面地以"艺术"层面取代整体的文化表达。正因为如此，我们提出一个合理的保护机制的命题，如何真正让少数民族传统文化生存、运用和发展于同时代的文化之中，并依靠本土、本地的文化、智慧和语言架构自己的、能动的文化空间，是我们面对的重要问题。

所谓旅游保护机制，它是以保护生态完整性为目的的旅游开发活动监控模式。其基本工作原理要求把资源与环境保护纳入到一个涵盖旅游业运营完整框架的旅游系统，对景区开发与运营管理行为实行全程监控，以量化的具体标准评价景区开发与运营管理行为，以政府法律、法规与景区规章制度的形式保证对造成生态环境受到破坏的旅游行为给予惩戒，依靠完善的体制，确保被开发的旅游资源不被破坏性地利用，并永续性地发挥其最大效益。

加强生态环境的保护已到刻不容缓的地步，学界热切呼吁破坏者能够良心发现，各级政府也在积极推动各项环保的立法工作，但是，迄今为止，以开发的名义对生态环境造成破坏的案例依然时有发生，这不能不让人们对呼吁与立法的有效性产生怀疑，事实已经证明，仅有呼吁的热情与政府的立法还不够，生态环境问题的根本解决，需要强有力的措施推动整个社会充分认识环境问题的重要性。

（二）旅游保护机制的两个层面

建立旅游保护机制的意义就在于以一种强制性的行为从理论与实践两个层面推动整个社会生态意识的觉醒。首先，旅游保护机制是一个理论问题。学术界有责任，也有义务在旅游学基础理论研究中，加强旅游产生的利益与需要付出的代价的研究，充分认识缺乏合理规划的盲目开发给当地社会与环境造成的破坏，引导全社会改变旧有的观念，形成一种理性的负责任的态度。迄今为止，学界的努力是值得肯定的，生态旅游理论与旅游人类学思想为人与自然的和谐共处提供了全新的思想资源。国外有些学者提出了旅游业系统模型理论，其关键要素包括系统输入、系统输出和影响制约系统工作的外部因素（例如外部的商业环境、消费者喜好、政治因素和经济问题等），系统受到的影响主要来自输入部分，也包括其他各种因素。通过各部分之间“作用力方向”的分析可以把握整个系统，同时，这些作用力也可以帮助我们认识各不同组成要素之间存在的特定联系。① 运用系统论方法把旅游保护和旅游开发与管理置于同等重要的地位是生态环保研究的重要进展，在一个完善的旅游系统中，开发与管理的问题同时也是保护的问题。从系统论视角看开发商、经营商与旅游者是旅游系统不可或缺的因素，他们对旅游活动的参与在某种意义上就是对系统整体的认知，同时也是对自身的认知，弄清自身在旅游系统中扮演的角色与应承担的责任，在这一双重认知中加强对建立旅游保护机制重要性的认识。

其次，旅游保护机制是一个实践问题。它是负责对旅游开发活动的整个过程实施监控的机制。对于国内旅游业来说，对生态环境的破坏几乎是一个无法克服的顽症，目前，国家有关部门已经出台不下数十部相关的法规、条例，但是，严重破坏环境的案例还是时有发生。据悉，在华山西峰的绝壁上曾经有一条宽十多米的黑色污水流从峰顶一直延续到谷底，如同流也流不尽的千丈的“黑色眼泪”在白色花岗岩的山体上显得特别扎眼，污水的源头正是位于西峰绝壁水源处的一些与华山风景极不协调的现代化宾馆。这些宾馆虽然几经当地环保部门查封，但是他们与环保部门玩“老鼠与猫”的游戏，如此恶劣的行为实在是亵渎了华山优美的自然风景。② 在国外，倒是有一些监控成功的案例。据悉，近年来西班牙政府在加速发展旅游业的同时，非常重视旅游资源的保护，以保障旅游业的长期可持续发展。为此，西班牙政府采取了立法和教育并重的方式，并取得了良好的效果。1992～1999 年，西班牙政府先后制订了两个关于增强西班牙旅游竞争力的框架计划，并于 1998 年制定了《可持续旅游发展纲要》，出台了《旅游与规划》、《旅游与环境管理》、《旅游与保护自然空间》和《可持续旅游业的培训》等一系

① 参见：[英]史蒂芬・佩吉等. 现代旅游管理导论. 刘劼莉等译. 北京：电子工业出版社，2004：第 7 页。

② 参见：黑水流千丈 华山遭污染（http://news.huash.com）。

列法规。西班牙政府一方面加大执法力度,对保护旅游资源不力的单位课以重罚,另一方面加强保护旅游资源的教育,提高人们的环境意识,这些措施对在保护旅游资源前提下促进旅游发展起到了十分积极的作用。① 建立有效的旅游保护机制,加强旅游开发活动的全程监控,是国内旅游业发展与民族民间文化延续的迫切需要。

第二节 民俗风情旅游保护的运作模式

一、民俗风情旅游保护运作模式

民俗旅游资源保护是一项系统工程,除了需要景区开发商在景区开发、管理阶段自觉尊重文化的真实性、生态环境的可持续性之外,还需要各级政府及其相关的文化部门、宣传部门、企事业单位、社会团体、社区民众和各领域的专家学者等相关人员互相配合、通力协作,从财力、物力、人力、智力、舆论、环境等方面提供有力保障,形成一套从政府到民间的完善管理机制(见图6-1),即要形成开发商、政府、社会"三向参与"的运作模式,才能有力地推动民间民俗文化及其旅游资源的保护和传承工作的持续有效开展。

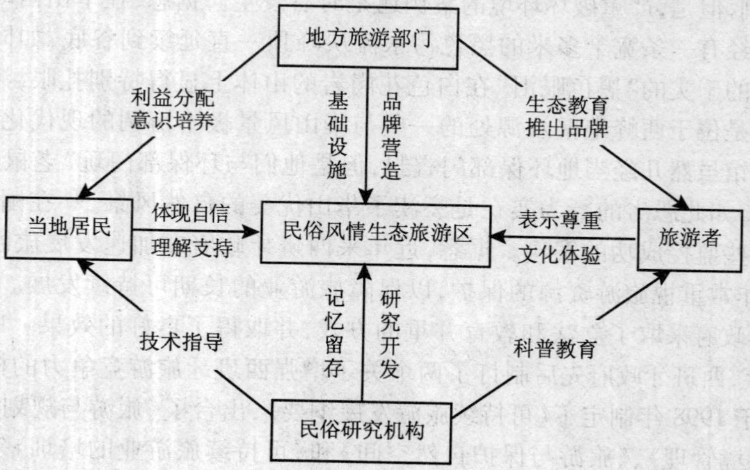

图6-1 民俗风情旅游系统保护模式示意图

① 参见:西班牙:保护旅游资源 立法教育并重(http://www.chinadaily.com.cn)。

(一)景区开发商的行为约束

1. 开发阶段,即项目规划与项目实施

(1)项目规划。国家建设部、国家计委已经对风景名胜区规划的基本内容提出了明确要求,旅游保护机制则是在此基础上对规划者提出进一步的要求,以期对规划制定的各个环节实施监控。资质审查是规划阶段的首要步骤。传统旅游规划由少数社会精英完成,而现代旅游的进步表现在,能够吸引社会多方参与规划的制定,甚至还倾听普通民众的意见。规划的制定者,无论是业内精英,还是专家学者,都必须接受资质审查,必须全面调查规划者的知识构成、环保业绩,以及吸纳各方不同意见的宽广视野,只有在确认具有规划能力的前提下,才能获得指定规划的资格。资源分级是规划阶段的重要议题,应对开发风景区资源现状进行分析,应认真评估当地潜在旅游资源适宜开发的等级,在适宜开发、限制开发与暂时不宜开发之间作出明确判定,对那些暂时不宜开发的旅游资源应坚决停止开发。人文生态旅游资源开发应对当地无形文化遗产的历史传承,有形文化实物的修整利用,以及特色产业文化的开发提出具体保护意见。一些文物保护专家强烈反对旅游开发,他们倾向于认为对一些重要文化遗产的开发完全得不偿失,这种见解并不是全无道理的,有一些珍贵文物确实不适宜进行旅游开发,资源分级的意义就在于,在开发的起始阶段确保那些不具有再生性的旅游资源不被破坏。环境整体性是规划阶段的重要指针。在制定规划过程中应充分考虑当地生态环境的整体性特征,对各种开发方案进行生态、社会和经济影响的综合评估,为制定完善的旅游开发规划提供环保依据。总之,制定规划应对旅游开发给旅游资源带来的潜在威胁进行认真研究,对当地生态环境遭到破坏的可能性有一个充分的认识。

(2)项目实施。如果项目规划在可行性论证中被认为是可行的,就会依据规划进行新设施的建设。项目实施的本质仍然是管理的问题,即通过高效管理使实施中的项目严格按照规划制定的各项指标施工。项目施工管理的内容涉及资源、时间和质量三个方面。资源管理分为两种主要类型:一是人员管理,如对建筑师、建筑工人、材料供应商等的管理;二是材料管理,如对建筑材料、园艺材料、景区展品等的管理。资源管理需要有效地协调相关人员之间的关系,保证工程材料供应的质与量。时间管理需要确保各项施工任务按预定进度完成,质量管理需要保证项目施工的诸环节达到适当的质量标准。旅游保护机制对项目的实施同样提出了自己的要求。它要求项目管理者与项目施工者具有高度的责任心,在项目实施期间做到科学施工,尽量避免对在建景区的人为破坏,如对作为景区主要内容的古代遗存的修整,必须制订科学的施工方案。另外,要与规划商建立良好的信息反馈渠道,既要严格按照项目规划施工,又要善于在施工中发现问题,一旦发现项目规划有与景区整体风格不协调的部分,或者某些新设施的建设有可能影响当地生态环境,就要及时向规划商反馈调整规划的信息,以免在施工过程中给当地环境带来破坏。

2. 管理阶段,即包括景区管理与功能拓展

(1)景区管理。开发景区就是为了投入运营,因此,景区管理是旅游开发活动的核心。在景区管理活动中,人力资源管理的宗旨是对景区人力资源进行最大化与最优化的利用。通过培训实现景区管理人员的自我增值,通过建立服务质量管理体系对景区管理人员的行为实施监督。经营行为管理的核心是营销管理。风景区制定营销策略的基本程序是:细分客源市场、确立目标市场、进行市场定位与制订营销计划。游客管理是指景区管理人员对旅游者行为的正确引导和规范。景区对游客的管理包括直接改变旅游者的意志和行为或者对旅游者施加影响,使旅游者意识到自己的行动受到一定限制。[①] 旅游保护机制的运作要求景区运营管理引入生态旅游理念。生态旅游要求景区管理者对景区的旅游承载量进行实时监测,从生态承载量、设施承载量与社会承载量三个维度监控景区的运营,避免景区因长期超负荷运转而使生态环境遭受破坏,同时,为监测景区生态环境自身的变化提供数据。生态旅游要求景区管理者树立绿色营销观念,无论是为了公众和潜在的旅游者而包装景区的形象,还是为了占领市场而选择具体的促销方法。为确保景区生态环境的可持续发展,一些景区管理者对景区内的主要景点实行轮休制度。如我国黄山风景区最受人关注的景点有十几处,山上对这些景点采取了轮休的办法,使生态、树种得到了保护。旅游保护机制的运作还要求景区旅游主体管理引入当代人类学思想,采用更具有人性色彩的管理方式,提倡景区绿色经营理念,引导并规范旅游者的行为。生态旅游要有负责任的旅游者,它要求旅游者必须做到事先学习访问地地域的有关知识;尊重访问目的地的文化;不给目的地的自然环境造成不良影响,积极参加保护自然生态的各种有益活动,通过旅游实践,提高道德修养,等等。[②]

(2)功能拓展。有许多因素会对景区的客源市场产生影响,如旅游者消费行为的变化 ,国家的政策法规、经济状况的变化,社会人口结构的变化等,为了在激烈的市场竞争中更好地生存,景区管理者应当意识到不断拓展自

① 参见:崔凤军. 风景旅游区的保护与管理. 北京:中国旅游出版社,2001:第171~250页。
② 参见:张建萍:前引书,第182页。

身功能，以满足旅游者消费需求的重要性。景点需要进行的变化包括产品的性质、产品的价格、促销的方式、人力资源管理政策，等等。[①] 从景区的长远发展来看，不断拓展景区的功能，对景区进行二次开发是必需的，不少景区就是通过挖掘潜力进行二次开发才得以长久地保持景区对市场的号召力。桂林市旅游的发展就是一个很好的说明。桂林市曾经以当地优美的自然山水风光著称于世，但是，近年来桂林市旅游出现了一些新变化，一是旅游开发开始由市区向郊县延伸，附近郊县不少景点相继得到开发，"大桂林郊县游"的雏形已基本形成。二是新增了一些文化旅游的项目，从山水旅游到文化旅游，为桂林市旅游增添了不少新活力，桂林龙怀新景区开发了龙文化旅游，《印象·刘三姐》作为锦绣漓江刘三姐歌圩景区的核心工程也为桂林市旅游带来了巨大的市场效应。旅游保护机制的运作要求景区功能的拓展遵循生态旅游开发的基本原则，新开发的景点不但要与原有景点一致，还要与当地生态环境协调，尽可能做到经济、社会与环境效益的统一。

（二）政府的全力保护

各级政府对民俗文化资源的保护应负主要责任，尤其在法律法规、政策导向、宏观控制、资金投入、人才培养等方面起到主导作用。政府要制定相关民俗旅游资源的法规，强有力地落实政策，以实现民俗旅游资源的保护；科学、合理地进行规划和论证，不要轻易对民俗旅游资源进行开发。民族地区特色资源为民众共有，属于文化公共性资源，人民赋权于政府，政府获得维护资源和开发利用资源的管理权，政府再授权于旅游开发者，使其获得旅游产品的开发与经营权。政府要严格把关，要保证所有旅游开发行为在政府监督视野下，切实做到不损坏民族生态景观、生活方式和特色文化，等等；设立机构，专司其职，成立"文化遗产保护办公室"，由省、自治区、直辖市主管文化的领导直接负责，其成员要吸纳文化、社科、民协、高校等方面的人才。一方面，根据国家的总体要求，紧密结合地方实际情况和民俗文化特色，在宏观上建立科学的保护评估体系，定期或不定期地对民俗文化保护项目进行评估检查。另一方面，要为指导本地区民间民俗文化的保护工作，包括普查、记录、申报、宣传和利用等，制定可操作的、科学规范的保护规划和工作细则。健全民俗文化保护工作定期通报制度、专家咨询制度，以及公众和社会舆论监督机制等，确保民俗文化保护工作规范、有序、健康地发展；设立专项保护资金，要切实做到对民俗文化的有效保护、传承、发扬和创新，资

① 参见：[英]约翰·斯沃布鲁克.景点开发与管理.张文等译.北京：中国旅游出版社，2001：第312～313页。

金保障是关键,这也是目前面临的最实际、最难解决的问题。民俗文化的保护工作不同于经济项目或文化产业的开发,因此,各级政府要在财政上加大对民俗文化的抢救、保存、挖掘、维护、整理和利用的资金投入,将其纳入到政府财政预算,并设立一定数额的专项保护资金,保障文化传人和民间艺人的基本生活,确保其工作的良性发展。

(三)社会的主动参与

社会参与,是指广泛动员新闻媒体、企业单位、慈善机构、民间团体、专家学者和社区个人共同参加民间民俗文化及其旅游资源的抢救与保护工作,并通过参与,同时享受因保护民间民俗文化及旅游资源所获得经济、社会和文化等利益。社会参与强调尊重民间大众,尤其是少数民族群众改变、保留和利用固有民俗文化传统的权利,应该让当地居民参与旅游规划和文化保护措施的制定,同时,优先为当地居民提供就业机会,使当地居民与政府和开发商等同时实现经济利益的共享。通过社会参与,既能避免急功近利的一些开发行为,又可以增强当地居民的主人翁意识,有利于民间民俗的保护和民俗旅游的可持续发展。

首先,加大民俗文化保护的宣传力度。充分利用媒体优势进行宣传,积极开展对民俗文化的传播、教学和宣传展示活动,这样才能提高全社会的保护意识。充分利用电影、电视、广播、光盘、书籍、网络计算机、展览馆和博物馆等进行宣传和教育,营造有利于民俗文化教育保护、传承和发展的良好社会环境。此外,制作精美奇特的民俗旅游纪念品;打出魅力十足、影响深远的民俗旅游产品品牌;制作相关纪念邮票、卡片、书签和挂历等进行发放或出售,以此达到宣传的目的。

其次,加强民俗文化保护的教育,教育形式包括学校、社会和家庭三个方面。在学校教育方面,可以将民俗文化纳入学校教育教学课程,并以适当形式对学生进行教育。2005 年 3 月公布的《国家级非物质文化遗产代表作申报评定暂行办法》有关对申报项目的保护措施要求:“要通过社会教育和学校教育等途径,使申报的非物质遗产的传承后继有人,能够继续作为活的文化传统在相关社区尤其是青少年当中得到继承和发扬”。通过在大、中、小学设置兴趣班、开设选修课、开办系列讲座、成立保护社团、开展非物质文化遗产保护和开展系列活动、观看民间艺术团体表演和参加民间工艺制作等多种多样的形式,让学生亲身参与、制作,体验和感受传统文化艺术的魅力。

以广西三江侗族自治县培养侗族大歌的传承人为例。从 1999 年开始,一些学校把侗族大歌纳入了小学音乐课程的教学中,从民间聘请歌师传授,效果喜人。各地各级学校可以根据自己所在地区民族民俗文化特色成立诸如湘剧团、民间剪纸团、古琴艺术团、民间舞蹈团、蜡染工艺班等;社会教育形式方面,政府鼓励并支持民间团体成立民间民俗文化保护和发展教育研究中心,对各民族各地域的民间民俗文化遗产教育进行宏观指导,使其从民间传承走上政府和社会共同参与传承发展的道路。设立民间民俗文化遗产抢救、保护和发展基金,建立国家权威的中国非物质文化遗产数据库,以现代技术手段,综合地保存并传播民间民俗文化遗产信息。建立民间民俗文化遗产博物馆,定期举办各种民间民俗文化遗产展览。各地应成立相应的机构,着力进行优秀民间民俗文化的抢救、保护和发展研究,制定抢救、保护和发展体系,并实施相关方案。

二、民俗风情旅游的保护机制

旅游保护机制为旅游业的发展提供了完善的约束机制,建立旅游保护机制的意义在于运用完善的保护机制,在必要情况下通过强制性的规范来约束商业性的景区经营行为,把它有效地控制在一个当地文化和生态环境可承受的范围内。民俗旅游的可持续发展,需要建立、利用、调整、激励若干相关保护机制,并充分发挥各自的效应,形成一个强大的推进其可持续发展的合力。这些保护机制主要有:

(一)政府干预机制

就民俗旅游资源与环保而言,国家和各级政府的作用至关重要。关于民俗旅游资源保护的政策、法规均要国家、政府制定、出台,且有各级政府部门组织实施。民俗旅游资源的开发项目要有政府部门来审批、监管,任何有损和破坏民俗旅游资源与环境的行为都要靠政府有关部门来纠正、打击。许多民俗旅游资源与环境的保护所需经费要靠各级政府部门来协调和筹集。从中国的发展历程来看,在民俗旅游资源保护上,国家、政府的作用占有主导地位。[①] 为了保护民俗旅游资源,国家相继出台了一些有关的条例、意见、通知等政府文件,这都反映了中国政府在积极促进民俗文化的传承。

(二)市场推动机制

随着人类经济、社会和文化全球化的迅猛发展,似乎地球上已经没有文化人类学中所谓的“远方”,尽管快速便捷的现代交通通信方式已把所有人们之间的地理距离拉近了,然而,不断城镇化的人们之间的心理距离却越来

① 参见:邓永进.论民族旅游可持续发展的战略重点与主要措施.云南民族大学学报(哲学社会科学版),2010(2)。

越远，产生了心理时间上的种种所谓的“远方”。在这种大环境下，越来越多的人对民族地区的奇风异俗、异质文化及生态环境产生兴趣，这种旅游趋势的发展，使许多民族对自己的文化和环境有了新的认识和觉悟。换言之，凭借市场这只有形的手，通过旅游需求，人们已经对自己独特的民俗文化重新审视，认识到了民俗旅游资源的潜在价值，一部分人已经获得不小的经济利益，故能够自觉地传承民俗文化，主动保护生态环境。例如，聪明的曼景兰傣族人抓住旅游市场机遇，建立了曼景兰傣味一条街，这条街后来不仅成为许多团队游客的一个必选用餐地点，而且成为当地人款待亲朋好友、政府接待嘉宾的一个好地方。它的成功之处就在于认识了民俗文化的价值，让游客享受了傣族文化。过去云南大理的白族对古城颇有历史感的石板路及两侧的传统民居并不在意，甚至将他们改造成水泥路，还拆了沿街的不少老宅子。随着旅游的发展，他们发现不少去古城的中外游客偏偏喜欢漫步于并不宽敞的小巷石板路，偏偏选择下榻于并不豪华、高大的民居旅馆，于是，他们开始改变过去的一些观念，及时修正了错误的做法。

（三）社区参与机制

如果当地居民不仅参与开发经营，而且参与信息分享，特别是参与决策、管理和利益分配的话，社区参与一定能极大地促进民俗旅游的可持续发展。实际上，民俗旅游产品在很大程度上依靠当地居民，所以在民俗旅游目的地的开发与运作中，社区参与，对于开发商与当地居民同甘苦的命运，对于实现共赢与保护资源和环境，对于生动展示民俗文化和凸显产品的吸引力，都具有十分重要而深远的意义。云南西双版纳傣族园较好地落实了社区参与机制，傣族园建立村民与公司利益共享机制，坚持“公司＋农户”运作模式，鼓励园内村民开发傣家竹楼旅馆、傣味餐厅、傣族旅游商品店、傣乡水果及烧烤摊等，团结、引导、帮助村民共同走旅游致富的道路，以实现傣族园的可持续发展。另外，在社区参与机制方面的成功典型——四川九寨沟旅游区，在开发、经营和管理中，较好地落实了社区参与战略。无论是在沟内，还是沟外，游客都能接触到大量的藏族同胞，在他们当中，有从事景区导游的，有从事景区保安的，有的是自主经营商店的老板，等等，从他们略带藏语口音的普通话中，游客感知的不仅仅是藏文化，还有旅游区管理者的理念，即共赢、可持续发展、文化是旅游产品的灵魂，等等。

（四）旅游管理机制

民俗旅游资源开发，可以说有什么样的管理就有什么样的环境和服务。民俗旅游社区与自然山水、文物古迹等其他旅游活动对象不同，除了具有物质旅游景观的一般特点外，还具有非物质的活态化和行为性的旅游景观特点。这些特点是以人及其人性为载体而存在,并动态发展着的。因此,民俗旅游社区的旅游管理机制相对于其他类型景区要更加完善,执行的力度更大。只有充分发挥旅游业管理部门的培训、调控和督察等功能与作用,才能在一定程度上抑制民俗旅游发展中的"不可持续因素"的发生和蔓延,而且,在较大程度上能够保障民俗旅游产品的质量。我国目前在一些民俗旅游社区出现了很多不可持续发展的现象,在很大程度上是由于管理力度不力所致。综观中外民俗旅游社区,这方面不乏其例。以广西桂林龙脊平安壮寨为例,由于旅游管理机制不完善,近年来,凡是到过广西龙胜平安寨的旅游者都会发现:这里原来如诗如画的梯田美景开始大量崩塌荒芜,小巧别致的壮族吊脚楼已经被大量的钢筋水泥高层建筑挤占,原来清爽的深山小寨及其溪河已经变得凌乱而拥挤,景区出现了明显的城镇化倾向。

(五)文化传播机制

一方面,鉴于文化的影响力,通过以电视为代表的大众传媒,以及民俗旅游目的地居民与游客的交流互动,可以唤起全民自觉保护民俗旅游资源的良好意识,并建立起有效的保护机制,只有这样,才能真正实现民俗旅游资源的可持续发展;另一方面,当今世界,民俗文化的碰撞、交融在所难免,民俗涵化、同化现象不可避免,然而通过民俗旅游,不少民众增强了民族自信心和文化自豪感,继而将其转化为传承、弘扬与创新本民族民俗文化的动力。

第三节 建立民俗风情旅游保护机制的意义

现代旅游业发展的历史还不算太长,特别是国内旅游业走向规范化经营还需要一个过程,目前,国内旅游业急需一套完善的保护机制,以约束旅游开发与管理中的一些失范行为,促进旅游业的可持续发展。建立行之有效的旅游保护机制,对旅游业发展与民族民间文化延续的重要意义几乎是不言自明的。

一、生态环境的不断改善

旅游与环境相互联系、相互依存,一方面,环境为旅游的开发提供了现实前提,旅游的发展将改善、美化资源环境,另一方面,伴随旅游而产生的环境污染,是我们必须要考虑的重要问题。我们必须明白,人类并不是天然地被赋予了从环境采掘资源的权力,在生态主义者看来,自然界的生命丰富多样，它们以其自身具有的价值构成了完整的生态系统，人类无权按照自己的意愿改变这种丰富和多样性，“除非是以一种负责任的方式满足自己生存的需要”①。作为环境的主要组成部分，自然景观和社会文化都是十分脆弱的，但是，随着旅游业的不断发展，人类已经以旅游开发的方式对环境造成了严重的破坏，一些旅游开发商对原生态景观超乎寻常地进行改造重组，旅游者的过分随意给环境带来了严重的污染。比如，尽管在世界遗产地修建观光索道已饱受争议，在张家界武陵源核心景区，当地政府还是于2002年斥巨资建造了创多项吉尼斯世界纪录的全暴露户外观光电梯，使景区的原始面貌发生了很大改变，不管当时的初衷是怎样的，这对当地原始景观的破坏已经无法挽回。

“中国风景园林学会”的多位专家指出，近年来，一些地方的错位开发，使不少国家级风景区人工化、商业化、城市化现象泛滥，有的风景区正蜕变为吃喝玩乐的游乐场，自然生态系统遭到空前破坏。② 建立旅游保护机制对于环境的意义就在于：规范旅游对环境的影响，争取最大限度地减少以旅游开发的名义对环境进行人为的破坏，使环境和旅游协调发展。

理性地发展生态旅游，我们可以以建立保护机制为契机，做到旅游和环境协调发展。关于旅游环保对策，主要集中在：通过法律、经济、行政和政策、宣传和教育、科学技术手段对环境进行保护等方面。为了达到保护环境的目的，还可以通过采取奖惩措施，如旅游税、旅游发展基金、旅游风景区资源费、补贴、信贷等措施。在对环境进行保护过程中，强化政府规范游客以及当地居民破坏旅游环境的管理职能，以达到环境管理的目的。在这方面，可以借鉴西双版纳傣族园景区的成功经验。开发商能够始终坚持保护与开发并举的原则，坚持社区参与开发与共享原则，同时采取了一些行之有效的保护措施，建立了部分村民的参与机制，有效地让当地居民参与到保护当地生态环境这一意义重大的行动中。与此同时，明确生态环境管理体制，强化生态旅游环境的管理职能，将保护措施落到实处。关于强化旅游环境管理的主要措施有：加强旅游环境政策、法规的制定、监督和执行；建立和健全统一领导下的分工协作的旅游环境管理体系；广泛开展各种宣传教育活动，增强公众、特别是领导者和管理者的环境意识；大力采取科技手段。

① 魏小安，张凌云．共同的声音：世界旅游宣言．北京：旅游教育出版社，2003：第477页。
② 同上。

二、民俗文化的有效传承

随着全球一体化趋势的加剧,传统民俗文化正面临着同化、衰微,甚至消亡的危险。民俗文化历经岁月的侵蚀已变得千疮百孔,在现代与后现代工业文明的冲击下,民俗文化与主流社会的距离更是不断拉大,如今,只能以自为的形式散乱地存在于社会生活的边缘,在大规模的旅游开发活动中,民俗文化已无法经受任何不负责任的践踏。目前,不少地方政府实施旅游开发战略,强调文化搭台、经济唱戏,一些开发商则把民族文化包装成商品出卖,如果任由此风蔓延,那么,就没有任何理由可以乐观地预言那些奇异的民族民间文化景观还能保持其固有的独特性。但是,人类别无选择,一方面,必须接受现代工业技术与科学,以推动广大落后地区的经济发展,另一方面,民俗文化也必须得到传承,因为那是在全球化浪潮中人类各民族的灵魂赖以栖息的居所。而文化如何才能得到有效的传承是一个需要认真探讨的问题。民俗文化的保护与旅游开发之间的关系是一种辩证统一的关系。我们在认可旅游开发可以促进民族地区经济发展的同时,是不可以回避这样的事实:旅游开发导致弱势民族文化受到经济实力较强的异文化的强烈冲击,浓厚的商业文化对传统朴实的民俗文化的冲击,以及一些宝贵的民俗文化资源在以经济利益为导向的旅游开发下已经流失、甚至是丧失。但是,我们也应该认识到:在科学、合理的政策指导,以及保护机制的有力监督下,旅游开发仍然是推动实现文化传承的一个有效手段,对民俗文化的保护与传承会起到积极的作用。旅游是民俗文化经济价值的转换器,并在旅游活动中宣扬民俗文化,挖掘民俗文化的价值,因此,可以增加民俗文化的价值,从而唤醒民俗文化主体的文化自豪感,进而增强民俗文化主体对民俗文化保护的自觉性与主动性。

旅游开发的首要任务应是保护和挖掘民俗文化资源,其次才是把民俗文化资源的文化价值转换为经济价值,获得经济利益。有效的制度设计和政策引导可以将旅游开发统一到文化保护的大系统内,协调保护民俗文化与获取经济利益的矛盾性;而制度创新、政策创新、经营理念的创新可以提高两者的内在统一性;建立起互相促进的良性循环机制,可以遏制民俗文化的流失与变迁速度。[①] 根据民俗文化的保护与旅游开发之间的辩证统一关系,旅游保护机制的建立与完善可以有效地解决实利与想象、经济与文化、

① 参见:吴育标,陈方正. 民俗文化与保护与旅游开发之间的辩证关系及保护主体的选择. 贵州民族研究,2009(6)。

开发与保护的矛盾冲突，它将及时惩治与纠正旅游开发活动中只重经济效益，不重文化效益的片面行为，为发展民族民间文化创造一个光明的前景。在我国各地相继开发出民俗旅游活动的项目中，江苏无锡市华西村开发江南水乡特色的民俗旅游、深圳中华民俗文化村，云南西双版纳傣族泼水节等，这些旅游开发项目，创意新颖，管理有序，成功地将旅游保护机制贯穿于整个项目的实施过程中，妥善处理各方关系，因此，取得了良好的经济效益和社会效益，增强了旅游业发展的后劲。事实证明，旅游保护机制的建立能有效保护当地的民族特色，有效地将民族民间文化永续开发与利用。

三、实现旅游业的可持续发展

对自然生态与文化生态的关注，实际上是对旅游业能否实现可持续发展的关注。可持续发展的问题，归根结底是资源与环境的问题。世界旅游组织对可持续旅游发展推出的定义是："在维持文化完整、保护生态环境的同时，满足人们对经济、社会和审美的要求。它能为今天的主人和客人们提供生计，又能保护和增进后代人的利益并为其提供同样的机会。"①

可持续发展旅游为旅游业的健康发展提供了一条基本原则，但是，它不能对商业性的景区经营行为形成强制性约束，在旅游业实际运作中，与可持续旅游发展原则背道而驰的案例不少。云南省香格里拉县的下给温泉，是近代热泉形成的典型地质景观，极具观赏性和科考价值，景区内的喷气（热气）孔尤为罕见。但在旅游开发过程中，在不了解喷气孔地质构造及规律的情况下，开发者企图将喷气孔变为"桑拿浴"场所，结果严重破坏了稀有旅游地质景观。该县的另一处地下泉——天生桥"彩泉"，因被"现代化"装饰而失去了"彩泉"再现的自然条件。②

旅游业的可持续发展有赖于自然和人文景观资源的保护和再生能力。如果让现有民族传统文化不断流失和趋同状况发展下去，而不采取有效措施加以保护，民族地区的旅游热潮是不可能持久的。因此，在开发中需要合理、有效地保护、利用民族文化资源，建立旅游保护机制。

旅游保护机制为旅游业的发展提供了完善的约束机制，建立旅游保护机制的意义就在于运用完善的保护机制，在必要情况下通过强制性的规范约束商业性的景区经营行为，把它有效地控制在一个当地生态环境可承受

① 张建萍：前引文，第66页。

② 参见：张文凌. 错位旅游开发破坏生态，云南最后净土遭劫难（http://zhidao.baidu.com/question/97149841.html）。

的范围内。要根据环境法律规定哪些部分严禁开发、哪些部分可以开发，可以开发的要确定开发的规模、开放的季节和可接待的人数等。对侵害自然资源者，加大执法力度，使其承担相应的民事和刑事责任。对生态环境负责，对当代人以及后代人负责，则应以负责任的方式对生态环境进行旅游开发，必须接受旅游保护机制的监督，确保自己真正担负起应负的责任，才能形成可持续发展的良好态势，才能真正使旅游业产生巨大的经济效益、社会效益和生态效益。

结 语

在我国一些少数民族地区，随着全球经济一体化趋势的加剧和民俗旅游开发的深入，一方面，民俗旅游的开发日益成为少数民族地区发展经济的一个必然趋势；另一方面，民族民间文化受到包括旅游经济在内的经济一体化趋势影响而出现的同化现象也日趋明显。民俗旅游发展和民族文化保护两者之间的矛盾也开始凸显如何才能做到既使民俗旅游持续发展，又使作为民俗旅游吸引物主体的民族文化受到保护和弘扬，就成为发展民俗旅游必须要解决的问题。开展生态旅游开发与民族民间文化保护整合研究的目的在于，以生态旅游观念为民族民间文化的开发与保护带来观念变革，注入新的活力。我们认为：

（1）生态旅游开发与民族文化保护是共生、相生的关系。民族文化特色鲜明与否是一个民族兴衰存亡的标志，它构成了一个民族赖以生存和发展的人文生态环境，长期以来与自然建立了互辅共生的关系，它能使具有特定文化的人类社会与自然产生相对的稳定和平衡，在本质上给人类带来正常发展的可能。而生态旅游的开发不仅可以给原住民带来经济效益，而且能促使本土民众主动地审视和阅读自己的文化，修正和重构自身的文化价值取向。通过旅游开发追求经济利益是民族文化保护的内在趋力，生态旅游则提供了一条保护民族文化的有效途径，因此，二者是相生发展的。

（2）旅游与生活一体化的构想旨在为建立充满生命活力的文化生态系统提供理论保证，也为民族民间文化指出了实现自我救赎的有效途径。民俗风情旅游的开发模式应是不断发展的，以生活的名义对旅游开发多重主体实施约束，以旅游相号召对旅游活动相关各方的生活方式加以引导，则有助于打破异质文化的界限，增进相互了解。

（3）商品化是民俗风情旅游产品的必然发展趋势。民俗文化、民俗风情旅游作为商品，具有价值和使用价值，其后者具有一般商品所不具备的独特特征，在当代消费主义思潮的影响下，这些特征已经发生重要的变异。认识并了解这一变异现象，对于民俗风情旅游转型、产业化发展具有重要意义。

（4）壮族文化作为一种民间型文化，它的内在特质基本不为外界所了解，甚至也不为它最有资格的继承人所多知，壮族风情旅游开发与壮族民间文化保护在其目标指向上存在着诸多共通之处。旅游与生活一体化的开发理念以人类学与生态学理论为先导，以产业融合为纽带，将为民俗风情旅游开发中和谐文化生态环境的构建提供重要的理论指导，有助于壮族民间文化的主体重建，更有助于壮族民间文化的重新发现与推广。

(5)构建政府有限主导、市场主体、部门协调、社区参与和本地学者介入的民俗旅游保护机制，制定行之有效的社区旅游伦理规范将匡正民俗风情旅游多重利益相关主体间的交易与博弈原则，促进社区的内部演化从自为走向理性，并为最终实现社区和谐创造条件。

总之，保护与开发是世界性的课题，至今还没有完全成功例子。本书的突破之处在于从生态的视角审视旅游活动和民族文化发展之间的关系。诚然，民族生态旅游并不适合所有地区。一个地区能否开展民族生态旅游，以及如何确定其合适的规模，必须取决于当地的面积、人口，以及自然和文化生态系统的敏感性。但无可否认的是，民族生态旅游无疑是一种推进生态意识和民族文化保护走向整合的一种可操作的旅游模式，它既可以为生态旅游增添文化内涵，提升生态旅游的文化品位，又可以为民族文化保护注入生态的理念，构建民族文化保护的生态模式，从而实现民族文化保护和生态旅游开发的双赢。

笔者着重对广西主要少数民族民俗旅游开发及其文化保护作描述性分析，对其他民俗的其他方面，由于时间和精力有限，只是略有涉及，因此，不是一个全面的对民俗旅游的研究。笔者选取的个案虽力求有代表性，仍不能避免其相对的片面性，而根据个案提出的解决对策对当地具体情况而言是适合的，但对于其他的个案情况不一定具有普适性。

民俗风情旅游是一个动态发展的过程，是一个需要花大力气，长期跟踪的研究课题。目前壮民族文化旅游的开发尚处于初级阶段，而笔者也仅限于对这一阶段的研究，因此，其结论在科学性上具有很大的局限性。一个旅游地的发展要经过多个阶段，其中发展期、稳定期、滞长期、复兴期或衰弱期的研究还有待于我们进一步跟进。民俗旅游产业化是本课题的综合性延伸，其造成的影响更是需要经过一个相对长期的观察，才能得出比较切合实际的结论，而这也正是笔者进一步研究的主要方向。

参考文献

中文参考文献：

[1] [美]纳尔逊·格雷本. 中国旅游人类学的兴起. 金露译. 青海民族研究,2011,(2).

[2] 陈鸣. 我国少数民族地区旅游资源的开发和利用. 地域研究与开发,1997,(1).

[3] 范能船,朱晓松. 近十年旅游文化研究综述. 旅游学刊,1992,(1).

[4] 龚锐. 从异域到本土——旅游人类学的西学东渐述评. 贵州民族学院学报(哲社版),2006,(4).

[5] 管宁生. 云南丽江纳西民族文化旅游资源开发. 地域研究与开发,1996,(3).

[6] 光映炯. 旅游人类学再认识——兼论旅游人类学理论研究现状. 思想战线,2002,(6).

[7] 韩敏. 全球化、旅游和文化重建//全球化下的中国与日本——海内外学者的多元思考. 中国社会科学院(编),北京:社会科学文献出版社,2003.

[8] 黄惠焜. 调整视角——让文化人类学积极介入云南旅游资源的开发. 云南民族学院学报(哲社版),1995,(3).

[9] 覃德清,戚剑玲. 西方旅游人类学与中国旅游文化研究. 广西民族研究,2001,(3).

[10] 贾光杰. 积极开发民族旅游商品. 中国民族,1987,(12).

[11] 姜文华. 论民俗旅游资源的利用和开发. 民俗研究,1990,(2).

[12] 金少萍. 云南少数民族妇女与旅游业的互动发展. 中央民族大学学报(哲社版),2003,(5).

[13] [美]库克·齐耶,夏正伟. 旅游的文化效应. 东南文化,1991,(6).

[14] 李春霞,彭兆荣. 彝族“都则”(火把节)的仪式性与旅游开发. 旅游学刊,2009,(4).

[15] 李世众. 人类学视野中的旅游现象. 探索与争鸣,1997,(11).

[16] 李旭东. 民族旅游的真实性探析. 桂林旅游高等专科学校学报,2008,(1).

[17] 刘丽川. 民俗学与民俗旅游. 上海:同济大学出版社,1990.

[18] 陆景川. 民俗旅游发展浅探. 民俗研究,1988,(2).

[19] 马翀炜. 文化符号的建构与解读——关于哈尼族民俗旅游开发的人类学考察. 民族研究,2006,(5).

[20] 马晓京. 民族旅游文化商品化与民族传统文化的发展. 中南民族大学学报(人文社会科学版),2002,(6).

[21] [美]麦康纳. 旅游者——休闲阶层新论. 张晓萍译. 南宁:广西师范大学出版社,2008.

[22] [美]纳尔逊·格雷本. 人类学与旅游时代. 赵红梅译. 南宁:广西师范大学出版社,2009.

[23] [美]纳什·戴尼森. 旅游人类学. 宗晓莲译. 昆明:云南大学出版社,2004.

[24] 潘盛之. 旅游民族学. 贵阳:贵州人民出版社,1997.

[25] 彭兆荣."参与观察"旅游与地方知识系统. 广西民族研究,1999,(4).

[26] 彭兆荣."东道主"与"游客":一种现代性悖论的危险——旅游人类学的一种诠释. 思想战线,2002,(6).

[27] 彭兆荣. 旅游人类学. 北京:民族出版社,2004.

[28] 彭兆荣."遗产旅游"与"家园遗产":一种后现代的讨论. 中南民族大学学报(人文社会科学版),2007,(5).

[29] 彭兆荣. 现代旅游中家园遗产的生态链——广西秀水村旅游开发潜伏的危机. 广西民族大学学报(哲社版),2007,(1).

[30] 彭兆荣. 遗产与旅游:传统与现代的并置与背离. 广西民族研究,2008,(3).

[31] 丘韬英. 湖南少数民族特色工艺品在旅游市场中的需求分析. 旅游学刊,1994,(1).

[32] 申葆嘉. 国外旅游研究进展(连载之一). 旅游学刊,1996,(1).

[33] 申葆嘉. 国外旅游研究进展(连载之二). 旅游学刊,1996,(2).

[34] 申葆嘉. 国外旅游研究进展(连载之三). 旅游学刊,1996,(3).

[35] 申葆嘉. 国外旅游研究进展(连载之四). 旅游学刊,1996,(4).

[36] 申葆嘉.《国外旅游研究进展》撰后记. 旅游学刊,1996,(5).

[37] 孙九霞. 旅游人类学在中国. 广西民族大学学报(哲社版),2007,(6).

[38] 孙九霞. 旅游人类学的社区旅游与社区参与. 北京:商务印书馆,2009.

[39] 陶伟,刘锋,刘家明. 宁夏回族民俗旅游资源开发研究. 地理科学进展,1999,(3).

[40] 王长文. 论少数民族地区旅游市场的开发. 经济问题探索,1985,(9).

[41] 王立纲,刘世杰. 发展我国具有民族特点的旅游事业. 社会科学战线,1980,(4).

[42] 王若. 从丽江看民族地区旅游资源的开发利用. 经济问题探索,1986,(12).

[43] 王筑生. 人类学与西南民族. 昆明:云南大学出版社,1998.

[44] 吴必虎. 西部旅游发展应高度重视生态环境、社会文化和经济影响问题. 桂林旅游高等专科学校学报,2003,(1).

[45] 吴鸿礼. 开发桂林民族风情旅游之我见. 旅游学刊,1990,(4).

[46] 吴忠才. 旅游活动中文化的真实性与表演性研究. 旅游科学,2002,(2).

[47] 吴忠军. 开发桂北、桂中民俗旅游论析. 广西民族研究,1997,(3).

[48] [美]瓦伦·L. 史密斯. 东道主与游客. 张晓萍译. 昆明:云南大学出版社,2002.

[49] 肖洪根. 国内旅游文化研究评述. 华侨大学学报(哲社版),1994,(1).

[50] 徐飞雄. 我国少数民族风情旅游资源特点及开发——试以湖南省为例. 经济地理,1990,(3).

[51] 徐慧. 试论旅游文化对旅游业的影响. 学术论坛,1987,(3).

[52] 徐新建. 人类学眼光:旅游与中国社会——以一次旅游与人类学国际研讨会为个案的评述和分析. 旅游学刊,2000,(2).

[53] 杨鹤书. 试论粤北民族旅游网络的兴建与第三产业的未来. 民族研究,1994,(6).

[54] 杨胜明. 乡村旅游? 反贫困战略的实践. 贵阳:贵州人民出版社,2008.

[55] [英]约翰·尤瑞. 游客凝视. 杨慧译. 南宁:广西师范大学出版社,2009.

[56] 俞慈韵. 论旅游文化. 东疆学刊,1986,(2).

[57] 彭顺生. 中国旅游人类学发展评述. 思想战线,2005,(1).

[58] 于光远. 旅游与文化. 瞭望,1986,(14).

[59] 张瑾. 民族旅游发展对少数民族妇女影响的人类学探讨——以贵州肇兴侗寨为例. 桂林旅游高等专科学校学报,2008,(2).

[60] 张晓萍. 从旅游人类学的视角透视云南旅游工艺品的开发. 云南民族学院学报(哲社版),2001,(5).

[61] 张晓萍. 西方旅游人类学中的"舞台真实"理论. 思想战线,2003,(4).

[62] 张晓萍. 民族旅游的人类学透视——中西旅游人类学研究论丛. 昆明:云南大学出版社,2005.

[63] 张晓萍. 旅游开发中的文化价值——从经济人类学的角度看文化商品化. 民族艺术研究,2006,(5).

[64] 赵红梅. 论仪式理论在旅游研究中的应用——兼评纳尔逊·格雷本教授的"旅游仪式论". 旅游学刊,2007,(9).

[65] 钟明喜. 发展民族风情旅游大有作为. 经济问题探索,1988,(12).

[66] 宗晓莲. 西方旅游人类学研究述评. 民族研究,2001,(3).

[67] 宗晓莲. 布迪厄文化再生产理论对文化变迁研究的意义——以旅游开发背景下的民族文化变迁研究为例. 广西民族学院学报(哲社版),2002,(2).

[68] 宗晓莲. 丽江古城居民客栈业的人类学考察. 云南民族学院学报(哲社版),2002,(4).

[69] 宗晓莲. 旅游开发与文化变迁——以云南省丽江县纳西族文化为例. 北京:中国旅游出版社,2006.

[70] 周亚庆,吴茂英,周永广等. 旅游研究中的"真实性"理论及其比较. 旅游学刊,2007,(6).

[71] 程金红,张金屯. 生态旅游的兴起和研究进展. 经济地理,2001,(1).

[72] [德]德里亚·利浦希客著. 著作权和邻接权. 联合国译. 北京:中国对外翻译出版公司,2000.

[73] 黄爱莲. 生态旅游开发与民族民间文化保护的整合性研究. 广西社会科学,2004,(12).

[74] 罗洪亮,周剑. 广西发展农业生态旅游的探讨. 广西师范学院学报(自然科学版),2003,(8).

［75］何景明，李立华.关于“乡村旅游”概念的探讨.西南师范大学学报（人文社会科学版），2002，（9）.

［76］黄爱莲.特色农业旅游与民族民间文化生态景观.广西社会科学，2005，（1）.

［77］孙业红等.少数民族地区农业文化遗产旅游开发探析.中国人口·资源与环境，2009，（1）.

［78］王欣等.基于全球重要农业文化遗产的旅游开发研究——以青田稻鱼共生农业系统为例.地域研究与开发，2006，（5）.

［79］李永乐等.世界农业文化遗产地旅游资源开发研究.安徽农业科学，2007，（16）.

［80］刘纬华.关于社区参与旅游发展的若干理论思考.旅游学刊，2000，（1）.

［81］潘秋玲，李九全.社区参与和旅游社区一体化研究.人文地理，2002，（4）.

［82］陈文娟.我国旅游宣传中存在的问题及对策.企业活力，2008，（10）.

［83］黄爱莲.民俗风情旅游与民族民间文化的自我拯救.广西社会科学，2005，（5）.

［84］唐晓云，赵黎明.社区生态旅游发展分析：基于利益相关者理论.西北农业科技大学学报（社科版），2006，（2）.

［85］黄爱莲.社区和谐与旅游发展利益相关主体的权力配置.江西社会科学，2007，（8）.

［86］黄爱莲.消费主义思潮与民俗风情旅游的商品属性学术论坛，2006，（4）.

［87］梁庭望.壮族风俗志.北京：中央民族学院出版社，1987.

［88］南宁地区文联等编.壮族风情录.南宁：广西人民出版社，1991.

［89］黄爱莲.壮族风情旅游与壮族民间文化主体重建.学术论坛，2005，（7）.

［90］韦复生.旅游：跨文化交流行为的分析方法.北京：中国经济出版社，2005.

［91］黄爱莲.论旅游保护机制在生态旅游开发中的作用.广西社会科学，2005，（4）.

［92］叶文，蒙春.生态旅游本土化（云南）.北京：中国环境科学出版社，2006.

英文参考文献:

[93] Black, R. , & Crabtree, A. Quality assurance and certification in ecotourism. Wallingford, UK: CABI, 2007 .

[94] Buckley, R. Environmental impacts of ecotourism. Wallingford, UK: CABI, 2004.

[95] Buckley, R. Ecotourism land tenure and enterprise ownership: Australian case study. Journal of Ecotourism, 2004, (3): 208 – 213.

[96] Dallen J. Timothy. The heritage tourist experience. Aldershot, Burlington, VT: Ashgate, 2007.

[97] David B. Weaver, Laura J. Lawton. Twenty years on: The state of contemporary ecotourism research [J]. Tourism Management, 2007, (28): 1168 – 1179.

[98] Deborah Che. Developing ecotourism in First World, resource – dependent areas. Geoforum, 2006, (37): 212 – 226.

[99] Fennell, David A. Ecotourism programme planning. Wallingford, Oxon, UK ; New York, NY: CABI Pub, 2002.

[100] Fennell, D. . Ecotourism: An introduction. London: Routledge, 2003.

[101] Fennell, D. , Uckley, R. & Weaver, D. . Ecotourism policy and planning. In D. Weaver, Encyclopedia of ecotourism. Wallingford, UK: CAB International, 2001.

[102] Fennell, D. & Weaver, D. The ecotourium concept and tourismconservation symbiosis. Journal of Sustainable Tourism, 2005, (13): 373 – 390.

[103] Greg Richards. Cultural tourism: global and local perspectives. New York : Haworth Hospitality Press, 2007.

[104] Garrod, B. & Wilson, J. Marine ecotourism: Issues and experiences. Clevedon, UK: Channel View, 2003.

[105] Hall, C. Michael. Tourism and politics: policy, power, and place. Chichester: Wiley, 1994.

[106] Hall C M, Lew, A. Sustainable tourism: A Geographical Perspective. Harlow: Addison Wesley Longman, 1998.

[107] Kirshen Blatt – Gimblett, Barbara. Destination culture: tourism, museums, and heritage. Berkeley: University of California Press, 1998.

[108] Myra Shackley. Managing sacred sites: service provision and visitor

experience. London ;New York :Continuum,2001.

[109] Myra Shackley. Visitor management: case studies from World Heritage sites. Oxford ;Boston: Butterworth Heinemann,1998.

[110] Nirari C'ardenas - Torres, Roberto Enr'? quez - Andrade, Natalie Rodr'? guez - Dowdell. Community - based management through ecotourism in Bahia de los Angeles, Mexico. Fisheries Research,2007,(84):114 - 118.

[111] Page, S. & Dowling, R. Ecotourism. London: Pearson Education,2002.

[112] Page S. Tourism and natural environment: Marine and ecotourism. Ryan C, Page S. Tourism Management: Towards the New Millennium. New York: Pergamon,2000.

[113] Regina Scheyvens. Ecotourism and the empowerment of local communities. Tourism Management,1999,(20):245 - 249.

[114] Robinson M, Boniface P. Tourism and culture conflicts. Wallingford: CABI Publishing,1999. 32 - 35.

[115] Zeppel, H. Indigenous ecotourism: Sustainable development and Management. Wallingford, UK: CABI,2006.